도시 목회
가이드

도시 목회 가이드

지은이 | 스티븐 엄 · 저스틴 버자드

옮긴이 | 장성우

초판 발행 | 2019. 10. 23

등록번호 | 제1988-000080호

등록된 곳 | 서울특별시 용산구 서빙고로65길 38

발행처 | 사단법인 두란노서원

영업부 | 2078-3333 FAX | 080-749-3705

출판부 | 2078-3332

책값은 뒤표지에 있습니다.

ISBN 978-89-531-3611-3 03230

독자의 의견을 기다립니다.

tpress@duranno.com www.duranno.com

두란노서원은 바울 사도가 3차 전도 여행 때 에베소에서 성령 받은 제자들을 따로 세워 하나님의 말씀으로 양육하던 장소입니다. 사도행전 19장 8 - 20절의 정신에 따라 첫째 목회자를 돕는 사역과 평신도를 훈련시키는 사역, 둘째 세계선교TM와 문서선교^{단행본 · 잡지} 사역, 셋째 예수문화 및 경배와 찬양 사역, 그리고 가정 · 상담 사역 등을 감당하고 있습니다. 1980년 12월 22일에 창립된 두란노서원은 주님 오실 때까지 이 사역들을 계속할 것입니다.

도시 목회
가이드

스티븐 엄·저스틴 버자드 지음

장성우 옮김

하나님은 사람들을 계속해서 도시로 향하게 하신다. 이에 따라 발생하는 사역의 필요와 기회에 대해 교회는 어떻게 반응할 것인가? 스티븐 엄과 저스틴 버자드는 도시에 관한 신선한 통찰과 매력적인 비전 제시, 그리고 성경에 근거한 사고를 통해 그와 같은 요구에 교회가 어떻게 반응할 수 있을지를 설명한다. 이 중요한 주제를 다루며 사려 깊은 작업을 수행한 그들에게 감사의 마음을 전한다.

마크 레이놀즈(Mark Reynolds),
리디머시티투시티(Redeemer City to City) 부디렉터

성경은 어느 동산에서 출발하여 한 도시에 이르는 여정이다. 그 이야기의 중간에는 두 도시, 즉 예루살렘에서부터 로마에 이르는 복음의 여정이 펼쳐진다. 바로 이복음으로 인해 각 도시는 변화되었다. 스티븐 엄과 저스틴 버자드는 매우 유익하게도 그 여정을 추적하면서 어떻게 그와 같은 성경 이야기에 동참하는 일이 가능한지를 예언자적으로 보여 준다.

존 오트버그(John Ortberg),
캘리포니아 멘로파크장로교회(Menlo Park Presbyterian Church) 담임 목사

도시 신학을 먼저 정립하지 않고는 효과적으로 도시에 교회를 개척하고 목회할 수 없다. 이 책은 도시의 중요성을 깨닫고, 그 도시 속으로 뛰어들고자 하는 지각 있는 리더들에게 필수적인 가이드가 될 것이다.

에드 스테처(Ed Stetzer),
라이프웨이리서치(LifeWay Research) 대표, *Subversive Kingdom*(전복시키는 나라)의 저자

최근 수년간 도시화와 도시 사역에 관한 책들이 줄기차게 쏟아져 나왔다. 그중 많은 책들이 전문적인 사회학 연구서 내지는 종합적인 방법을 담고 있는 매뉴얼로서 굳이 하나님의 역사를 그 안에서 찾아 볼 필요가 없는 내용이었다. 좀 더 간단하면서도 충분히 포괄적이며 또한 그 주장이 강렬하면서도 다른 동향이나 이슈까지 알려 주고 있는 책, 나아가 영원한 복음에 대한 확고한 신념과 순수하게 도시를 사랑하는 마음까지 담겨 있는 그런 책은 찾기 힘들었다. 이 책은 당신이 그 세부적인 내용에 동의하든 그렇지 않든, 바로 그처럼 찾기 힘든 특징을 두루 갖추고 있다. 미국의 동부와 서부에서 각각 신실한 사역을 감당하며 그리스도께 헌신해 온 두 명의 젊은 목회자가 쓴 이 책은 기존의 사회학 연구서나 노하우 매뉴얼이 아니라(물론 그런 특징도 다소 갖추고 있지만), 기독교인들로 하여금 새로운 시선으

로 도시를 바라보며 다음과 같이 부르짖게 만드는 명쾌한 메시지다. "이 산지를 내
게 주소서!"

D. A. 카슨(Carson),
트리니티신학대학원(Trinity Evangelical Divinity School) 신약학 명예 교수

만일 당신이 살고 있는 도시와 그 안에서 전파되는 복음, 그리고 기독교의 미래에
대해 깊은 관심을 가지고 있다면, 스티븐 엄과 저스틴 버자드가 저술한 이 통찰력
넘치는 책을 읽어 보라고 적극 추천하고 싶다. 이는 현시대를 살아가며 사역하는
모든 이들을 위한 필독서다.

스튜 스튜어트(Stew Stewart),
버지네트워크(Verge Network)의 창립자 겸 디렉터, 텍사스 오스틴스톤커뮤니티교회(Austin
Stone Community Church) 전략기획 목사

도시 발전은 곧 세계 발전으로 이어진다. 지금은 단지 도시에 사는 기독교인이 더
많아져야 할 때라기보다 자신이 살아가는 도시를 사랑하는 기독교인이 더 많아져
야 할 때다. 이 책은 21세기에 복음이 전파되는 과정에서 도시만이 아니라 그 도시
에 거주하는 신자들이 얼마나 중요한 역할을 하는지를 잘 보여 준다.

대린 패트릭(Darrin Patrick),
미주리 더저니교회(The Journey Church) 선임 목사, *For the City and Church Planter: The Man,
the Message, the Mission*(도시와 교회 개척자를 위하여)의 저자

당신이 예수님의 참 제자라면, '새 예루살렘'이라고 불리는 도시에 들어가는 일은 시간 문제다. 당신은 머지않아 행복한 도시인으로서 그곳에 살게 될 것이다. 이 책은 사람들을 영원한 도시로 인도하기 위해 애쓰는 길에서 듣게 되는 일종의 외침으로, 그 외침은 그와 같은 도시의 미래를 전망하도록 우리 마음을 일깨운다. 시골이든, 도시든, 외곽 지역이든, 사람들이 있는 곳이라면 어디든 기독교인이 필요하다. 그러나 세계적으로 도시화가 너무 빨리 진행되고 있어 도시를 섬기기 위한 특별한 사명이 교회에 요청되고 있는 상황이다. 보스턴과 실리콘밸리에서 각각 사역하는 두 목회자의 글은 내가 섬기는 도시에 대한 소명 의식을 새롭게 해 주었다. 이 책은 분명 당신이 속한 지역에 대해서도 동일한 마음을 품게 할 것이다. 혹은 점점 더 도시화되는 세상 속에서 새로운 도시를 향해 당신을 이끌어 가시는 하나님의 섭리를 깨닫게 해 줄지도 모른다.

데이비드 마티스(David Mathis),

디자이어링갓(desiringGod.org) 수석 편집자, 미네소타 시티스교회(Cities Church) 목사

당신이 이 책을 읽기 위해 도시에 거주할 필요는 없다. 심지어 이 책을 읽기 위해 도시를 사랑해야 할 필요도 없다. 하지만 당신이 알아야 할 사실이 있다. 바로 하나님이 도시를 사랑하시기 때문에 교회도 도시를 사랑해야 한다는 사실이다. 스티븐 엄과 저스틴 버자드는 다가오는 미래 도시에 존재하게 될 교회를 위해 희망차고도 설득력 있는 논의를 전개하며, 도시가 지니고 있는 여러 문제들까지 망설임 없이 다룬다.

콜린 핸슨(Collin Hansen),

TGC(The Gospel Coalition) 편집 디렉터, *A God-Sized Vision: Revival Stories That Stretch and Stir*(하나님처럼 큰 비전)의 저자

스티븐 엄과 저스틴 버자드는 이 시대에 도시가 지닌 중요성만이 아니라 왜 도시가 교회에 중요한가라는 문제에 대해서도 뚜렷하고 설득력 있는 논의를 펼쳐 교회에 큰 도움을 주었다. 그들은 도시와 관련된 풍부한 성경신학을 도출하며 탁월한 작업을 수행했는데, 이 작업은 문화에 대한 그들의 분석이 신중하고도 충실하게 마련된 설명 체계에 근거하고 있음을 보여 준다. 나는 이 책을 읽은 후 부동산 중개인을 불러 도시에 좋은 부지가 있는지 좀 알아봐 달라고 부탁하고 싶은 마음이 들었다. 도시는 오늘날 문화적 행위가 일어나는 장소일 뿐 아니라, 더욱 사려 깊고 진실하며 생기가 넘치는 사역이 절실하게 필요한 장소이기 때문이다. 이런 점에서 두 저자는 도시가 피해야 할 대상이 아니라 충만한 복음의 정신을 가지고 사랑해야 할 대상임을 말해 준다. 아마도 이 책을 읽은 후에는 이전과 같은 방식으로 도시를 생각할 수 없을 것이다.

리처드 린츠(Richard Lints),
고든콘웰신학대학원(Gordon-Conwell Theological Seminary) 교무부처장

이 책은 도시에 대한 열정뿐 아니라 세상에 확산되어야 할 복음에 대한 열정으로 가득하다. 사람들로 넘치는 도시는, 복음이 빚어내는 생활과 그 복음의 확장을 위해 전략상 매우 중요한 환경을 제공한다. 오늘날 미국 복음주의 진영에서 도시에 교회를 개척하는 일은 지속적으로 증가하는 추세에 있지만, 주요 도시로 인구가 유입되는 속도는 그보다 더 빨라지는 상황이다. 이런 상황에서 이 책을 통해, 도시 목회자들은 그들의 소명을 확고히 하며 활기를 되찾고, 교회 개척을 준비하는 사역자들은 새로운 도시를 알아보기 시작하며, (우리 교회와 같이) 도시의 외곽 지역에 자리한 교회들은 도심 속에 분립 개척을 시도하기를 기대해 본다. 이 책은 지금 당장 도시에 거주하는 사람들만이 아니라 앞으로 도시에 교회 개척을 하려는 사람들을 위해 쓰였다. 그렇다고 목회자만을 위한 책이라고 볼 필요는 없다. 당신이 현재에 또는 미래에 어떤 환경에 있든지 간에, 이 책은 세상을 다스리시는 그리스도를 위해 당신이 거주하는 지역과 당신이 받은 소명, 그리고 당신이 섬기는 교회에 대해 더욱 전략적인 생각을 하도록 도전할 것이다.

라이언 켈리(Ryan Kelly),

뉴멕시코 데저트스프링스교회(Desert Springs Church) 설교 목사

차 례

팀 켈러 서문

점점 커져 가는 도시의 중요성을 강조하며 세상의 미래는 결국 도시에서 형성된다고 주장하는 작가나 학자들이 많아졌다. 나는 거의 매주 그런 사람들의 글을 읽고 있다. 갤럽(Gallup)의 회장이자 최고경영자인 짐 클리프턴(Jim Clifton)은 미국의 국내 총생산이 줄고 새로운 일자리 창출이 부족한 현실을 지적하며, 그 해결책이 과연 무엇일지에 대해 다음과 같이 설명한 적이 있다.

> 만일 누가 나에게 "지금까지 당신이 검토한 모든 데이터에 비추어 볼 때, 현재의 난관을 타개할 수 있는 돌파구를 어디에서 찾을 수 있다고 생각합니까? 인터넷을 기반으로 한 산업에서 찾을 수 있을까요?"라고 묻는다면, 나는 이렇게 대답할 것이다. "대도시와 탁월한 대학교, 그리고 그로부터 배출되는 유능한 리더들의 강점이 결합된 환경에서 해결책을 찾을 수 있습니다. … 이 세 가지 요소의 기초는 단연 도시입니다. … 미국의 상위 100개 도시를 이끄는 리더십에 국가 경제의 미래가 달려있다고 하겠습니다."[1]

몇 해 전, 영국의 〈가디언〉(*The Guardian*) 신문은 "도시의 미래"(The Future of Cities)라는 제목이 달린 특집호를 발행했다. 거기서 한 논설가는 이렇게 말했다. "불과 10년 전만 해도 도시는 세계 경제에 기여하는 필수적인 요소로 여겨졌다. 그러나 이제는 상황이 바뀌었다. 오늘날은 도시가 곧 세계 경제다. … 세계에서 가장 큰 40개의 도시 혹은 그 주변을 아우르는 거대 도시권역이 전 세계 생산량의 3분의 2를 책임지고 있다."[2] 그리고 이 신문은 다음과 같은 통계를 발표했다.

- 유엔에 의하면, 전 세계적으로 거의 18만 명의 인구가 매일 도시로 이동한다. 이는 약 550만 명의 인구가 매달 도시로 이동한다는 셈인데, 말하자면 한 달마다 샌프란시스코 같은 해안 도시가 새롭게 형성된다는 것이다.
- 2050년에 이르면 아프리카 인구의 50퍼센트가 도시에 거주하게 될 것이다. 현재는 38퍼센트가 도시에 거주하고 있다.
- 향후 20년 안에 중국의 도시 인구는 현재보다 3억 5천만 명이 더 늘어날 전망이다. 이 수치는 미국의 전체 인구수를 능가한다.
- 세계 인구의 22퍼센트가 600개 도시 안에 살고 있다. 그리고 이 600개 도시가 전 세계 생산량의 60퍼센트를 감당하고 있다.
- 현재 인구 1천만 명 이상의 거대 도시는 23개다. 2025년에 이르면, 그 숫자가 36개로 늘어날 전망이다.[3]

〈포린 폴리시〉(*Foreign Policy*) 저널도 2010년 후반기에 도시에 관한 특집호를 내며 다음과 같이 밝혔다. "국가 시대는 끝났다. 이제는 도시 시대가 새롭게 시작됐다." 거기서 주요 기사들은 이렇게 예견했다. "21세기는 미국이나 중국, 브라질이나 인도가 아닌 도시가 지배하게 될 것이다. 점점 더 통제하기 어려운 시대를 맞아 국가보다는 도시라는 통치 영역을 기반으로 하여 세계 질서가 세워질 것이다. … 힘의 균형을 명분으로 한 19세기의 정치학이나 힘의 연합을 추구했던 20세기의 논리는 다가올 세계를 이해하는 데 전혀 유용하지 않다. 오히려 우리는 약 1천 년 전으로 시선을 돌려 카이로나 항저우 같은 도시들이 세계의 중심부를 차지하며 국경 없는 세상 속에서 대담하게 그 영향력을 행사했던 중세 시대에 주목할 필요가 있다."[4]

켄터키 주 루이빌에 소재한 남침례신학교(The Southern Baptist Theological Seminary)의 총장인 앨버트 몰러(Albert Mohler)는 〈파이낸셜 타임스〉(*Financial Times*)의 2010년 특별 보고서인 "도시의 미래"(The Future of Cities)라는 글을 읽은 후 다음과 같은 뚜렷한 어조로 반응했다.

> 이는 분명한 사실이다. 도시는 사람들이 있는 곳이다. 오직 3퍼센트의 인구만이 도시에 살던 시대가 있었는데, 그로부터 300년이 채 안 되어 80퍼센트의 인구가 도시 지역에 살게 되는 시대가 오고 있다. 따라서 교회가 도시 사역을 새롭게 배우지 않는다면, 결국 사회의 변두리로 밀려나 어떻게 도심 속으로 들어가야 할지를

모르는 상태로 전락할 것이다. 예수 그리스도의 복음은 이처럼 사람으로 넘쳐나는 도시에 헌신할 새로운 크리스천 세대를 요구한다. 앞서 밝힌 수치가 보여 주듯 이제는 다른 대안이 없다.[5]

이 글을 읽는 대부분의 독자들이 볼 수 있듯, 지금까지 도시의 중요성에 관해 인용했던 모든 주장들은 각계각층의 서로 다른 사람들이 쓴 글을 출처로 삼고 있다. 짐 클리프턴의 책은 친(親)미국, 친비즈니스 성향을 강하게 띠고 있다. 그의 주된 우려는 국제무대에서 꾸준히 쇠퇴하고 있는 미국 경제의 리더십에 쏠려 있다. 〈가디언〉, 〈파이낸셜 타임스〉, 〈포린 폴리시〉는 영국의 국제적이고 비종교적인 출판물로서 보수적인 견해와는 거리가 먼 입장에서 경제만이 아니라 정치와 문화의 미래에 대한 생각을 전달한다. 신학교 총장인 앨버트 몰러의 관심사는 교회의 사명에 있다. 그는 복음이 강력한 영향을 미쳐 수많은 사람들이 회심할 수 있는 방법이 무엇일지를 고민하며 그 메시지를 세상에 전달하고 싶어 한다.

이렇듯 서로 다른 관심사를 가진, 서로 다른 사람들인데도, 도시의 중요성에 대해서는 놀랍게도 한결같이 동의한다. 그들은 전부 "도시가 발전함에 따라 세계가 발전한다"라고 주장하며, 이 세상을 살아가는 방식에 어떤 영향을 끼치고자 하는 사람이라면 반드시 도시로 가야 한다는 뜻을 전달한다.

이 사실은 특별히 앨버트 몰러와 같이 가능한 한 많은 자들을 그리스도께로 인도하려는 사람들에게 중요한 의미를 지닌다. 흔히 미국에 있는 기독교인들은 도시에 대해 부정적인 생각을 가지고 있다. 몇몇 선교 단체의 간부들은 수년 동안 나에게, "이제 우리는 (서구 사회에서 재건되는 도시들만이 아니라) 전 세계에서 급성장하는 도시들에 선교사들을 파송해야 한다"고 말했다. 현재 도심 속에 살고 있는 미국 기독교인은 극소수다. 물론 사람들이 사는 모든 지역에 교회가 있어야 하지만, 세계 인구가 빠른 속도로 대도시에 몰려들고 있는 상황을 간과해서는 안 된다. 그 속도는 교회가 도시에 생기는 속도보다도 빠르다. 따라서 우리는 많은 기독교인들에게 도시를 더 깊이 이해하며 관심을 가지고 살펴보도록 요청해야 한다. 또한 도시에 거주하며 사역하는 일에 대해서도 고려하도록 요청해야 한다.

나의 동료인 스티븐 엄과 저스틴 버자드는 그 모든 내용을 이 책에서 두루 다루고 있다. 이 책은 도시가 왜 중요한지를 논증하는데서 나아가 도시가 존재하는 독특한 방식과 거기서의 생활과 사역이 어떻게 성공적으로 이루어질 수 있는지를 이해할 수 있도록 도와준다. 두 저자가 각자의 지혜와 경험을 모아 이 중요한 문제를 다룬 책을 출간하게 되어서 무척 기쁘다. 이 책은 알기 쉽게 쓰였으면서도 성경적으로 그리고 신학적으로 탄탄한 근거를 가지고 저술되었다. 그러니 즐겁게 읽으며 마음껏 배우기를 바란다.

프롤로그

도시는 그 어느 때보다 중요한 장소가 되었다. 인류 역사상 어떤 시대에도 지금과 같이 도시에 많은 사람들이 살지는 않았다. 세계 인구의 과반수가 도시에 거주하는 시대는 지금까지 없었다.

도시는 언제나 인류 역사에 핵심적인 역할을 감당했다. 도시는 오랫동안 문화의 발전, 영향, 혁신을 경험할 수 있는 유력한 장소로서 사람들에게 희망을 주거나 피난처가 되어 주었으며 때로는 새로운 출발을 할 수 있는 기회를 제공해 주었다. 하지만 오늘날처럼 도시에 인구가 집중되어 그 영향력과 중요성이 부각된 때는 없었다.

세상은 변화되고 있다. 도시의 성장은 역사상 가장 거대한 규모로 이루어지고 있다. 세계 전역을 도시가 뒤덮고 있으며, 그 흐름은 역전되지 않을 전망이다. 이 새로운 현실 곧 새로운 세상은 지금까지 유래 없는 기회를 기독교인에게 제공해 준다.

도시는 세계를 형성한다. 도시에서 발생한 일은 도시에만 머무르지 않고 널리 퍼진다. 그래서 도시가 발전함에 따라 광범위한 문화가 함께 발전한다. 도시를 공장이라고 생각해 보자. 공장에서 생산된 상품은 선적되어 세계 곳곳으로 운송된다. 그렇게 선적된 상품은 공장의 울타리를 넘어 여러 장소에서 펼쳐지는 사람들의 생활에 영향을 미친다. 이처럼 도시도 무엇인가를 내보낸다. 그 결과, 영향을 끼친다. 도시는 외곽 지역이나 시골 마을 그 어떤 거주지보다도 훨씬 더 큰 힘을 갖추어 무엇인가를 내보내고 영향을 미친다. 그렇기 때문에 도시는 중요하다.

특히 21세기의 도시는 문화와 경제 발전의 중심지다. 도시는 대중, 경제 자원, 비즈니스, 예술, 대학, 정책, 연구와 개발 등 현대 사회를 규정하는 모든 문화적 상품을 생산하는 장소다. 이제는 런던이나 홍콩에서 일어나는 문제가 시카고의 외곽 지역에서 발생하는 사건보다 미국의 금융 시장에 더 큰 타격을 준다. 실리콘밸리에서 이루어지는 기술 혁신이 마닐라, 도쿄, 케이프타운을 비롯하여 그 주변 지역과 각국에 금세 영향을 미친다.

도시는 더 이상 자신을 둘러싸고 있는 지역만을 형성하지 않는다. 이미 말했듯이, 전 세계를 형성한다. 이 새로운 세계는 예수 그리스도의 복음을 인간의 모든 생활 영역에 전할 수 있는 기회, 곧 이제까지 전례가 없던 새로운 기회를 교회에 제공하고 있다.[1] 하나님은 도시 안에서 새롭고 큰일들을 행하시며 이에 참여하도록 누군가를 부르신다.

그런데 지금까지 도시에 관한 책들은 흔히 도시를 오해하거나 잘못된 모습으로 묘사하는 경우가 많았다. 도시를 주제로 삼은 기독교 서적들도 도시에 관한 포괄적인 분석을 제공하기보다 (범죄나 노숙 등) 도시의 문제들에만 집중하며 어떻게 도시 사역이 그러한 문제를 해결할 수 있을지를 설명하는 데에 주력했다. 그 결과 의도적이었든 아니었든 간에, 도시는 기회와 축복의 장소가 아닌, 문제의 장소로 묘사되었다. 하지만 현실은 다르다. 기독교인이 일반적으로 그리고 있는 모습과 달리, 도시는 더 거대하고 아름다운 공간이다.

즉 사람들이 살아가고 일하면서 새로운 도전을 할 수 있는, 그야말로 놀랍고 역동적이며 흥미진진할 뿐 아니라 활기 넘치는 장소다. 이와 달리 수많은 기독교인이 품고 있는 도시에 대한 개념은 "범죄와 타락과 유혹으로 가득 찬 불편하고 복잡한 장소"인데, 바로 이러한 개념을 우리는 이 책을 통해 몰아내고 제거하고자 한다.[2]

도시는 서로 다른 유형의 사람들 간에 상호 교통이 이루어지는 다채롭고 빽빽한 장소다. 거기에는 다양한 문화와 각기 다른 세계관 및 직업을 가진 사람들이 살고 있다. 그래서 각 개인은 다른 거주자들이 가진 전제나 신념 혹은 전문 지식과 계속해서 접촉하기 때문에 자신의 문화적 전제나 종교적 신념 또는 소명 의식을 더 분명히 정립하지 않을 수가 없다. 가령 미국 중서부의 교외에 위치한 소규모 백인 중산층 마을에서 기독교인으로 성장한 20대 청년이 고등학생을 가르치고자 하는 바람을 안고 보스턴 시내로 오게 되면, 그는 수업 첫날부터 거의 모든 인종과 문화와 사회적 지위 및 관점을 가진 학생들을 가르치는 교사로 성장할 수 있는 기회를 갖게 된다. 도시에서 마주치는 이와 같은 현실은 다른 장소에서는 펼쳐지지 않는다.

도시는 결코 단조로운 장소가 아니다. 아무것도 똑같은 상태로 그냥 머물러 있지 않다. 지속적인 움직임이 일어난다. 세계 인구의 다수가 도시에 살게 되면서 이제 도시는 세계인이 생활하며 교육받고 비즈니스를 추진하는 장소가 되었다. 이 풍부하고 다채로운 도시의 DNA는 거대한 문화가 조성되는 환경을 이루어 낸다. 비록 이런 환경이 우상을 만들고 문화에 대한 우월감을 부추길 수도 있지만, 도시는 하나님이 그 백성을 향해 품으신 계획에서 늘 핵심적인 자리를 차지했다. 그래서 이 망가진 세상이 회복되기를 바라는 우리의 소망에서 도시가 제외될 수 없는 것이다.

성경에서 처음으로 언급되는 도시란, 다름 아닌 도망자가 된 가인이 세운 도시다(창 4:17). 그래서인지 우리는 도시가 타락 때문에 생긴 그릇된 장소라고 생각하는 경향이 있다. 하지만 이런 가정은 성경 이야기를 오해한 데서 비롯되는 결과다. 성경은 도시가 하나님의 계획과 목적에 의해서 발명된 장소임을 가르쳐 준다.

삼위일체 하나님은 남자와 여자를 그분의 형상대로 창조하셔서 자신의 임재를 세상에 대변하는 존재가 되게 하셨다. 그리고 남자와 여자를 그렇게 창조하신 후에는 그들이 성취해야 할 사명을 주셨다. 이를테면 하나님이 하시던 창조 사역을 인류가 이어가도록 명하신 것이다. 곧 남자와 여자에게 생육하고 번성하여 땅에 충만할 뿐 아니라 동산을 경작하고 발전시키라는 문화적 사명을 주셨다. 이는 결국 도시를 건설하라는 사명으로 볼 수 있다. 이 사명은 사람들이 함께 살고 일하면서 생육, 번성, 발전, 계발, 번영 등을 이룰 수 있는 거주 환경을 조성하라는 부르심이었기 때문이다.

그렇기에 성부, 성자, 성령, 삼위일체 하나님은 인류 공동체의 성장을 언제나 기뻐하시는데, 바로 그 성장으로부터 자연스럽게 나타나는 결과물이 도시라고 할 수 있다. 즉 도시는 하나님이 인류에게 주신 문화적 사명을 통해 처음부터 이루고자 하신 의도된 결과물이다. 하나님의 아들이 이 땅에 오셨을 때, 그분은 지상에 있는 한 도시에서 사역하셨다. 그리고 이 땅에 다시 오실 때에는, 새로운 도시 곧 하나님과 사람이 더불어 거주하는 '거룩한 도시'와 함께 오실 것이다(계 21장). 이처럼 성경은 우리로 하여금 도시인이 되어 예수님처럼 도시 안에서 사역할 뿐 아니라 그 도시에서 이루어지는 상업과 문화에도 의미 있는 공헌을 해야 한다는 사명을 깨닫게 한다.

사람들이 도시를 대하는 태도에는 크게 두 가지 모습이 있다. 한 가지는 도시에 가까이 가지 않으려는 태도다. 이런 태도를 취하는 사람들은 도시를 위험하고 위협적인 장소라고 생각하기 때문에, 꼭 도시에 가야 할 이유가 있을 때에만 그 안으로 발을 들여놓는 모험을 감행한다. 다른 한 가지는 도시를 이용하는 태도다. 이런 태도를 취하는 사람들은 도시를 흥미롭고 유익한 장소라고 생각하기 때문에, 이익을 얻기 위해 최대한 도시를 활용한다. 이를테면 도시를 통해 재화와 업적과 경력을 쌓거나 생활 환경을 바꾸거나 혹은 관광객이 되어 다양한 문화 상품들을 누리기도 한다.

하지만 성경은 그런 일반적인 태도와는 다른 방식으로 도시를 대하도록 가르친다. 곧 우리에게 도시에 들어가 거주하며 그 발전에 기여해야 한다고 가르친다(렘 29장). 다시 말해 도시를 기피하기보다 그 안에서 발생하는 일들을 이해하고 그에 참여해야 한다고 가르친다. 또 여행객처럼 단순히 둘러보기보다는 거기에 뿌리 내리고 정착하라고 요구한다. 더 나아가 도시를 이용해 그저 이익을 챙기려 하기보다 예술, 비즈니스, 법률, 문학, 음악, 의료, 교육, 금융 등 각계의 분야를 통해 도시의 생활과 발전에 공헌하라고 요구한다. 이렇듯 성경의 요청은 결국 우리가 살아가는 도시의 공익을 추구하게 만든다. 이는 세상 문화에 대항하는 소명(a countercultural call)이다. 이 소명은 도시를 우리의 가정처럼 여기고 소중히 돌보도록 촉구한다.

세계에 있는 도시들은 그 규모와 영향력 면에서 날로 성장하고 있다. 그런 만큼 도시에서 자리 잡고 활동하는 교회와 사려 깊은 기독교인들이 많이 필요하다. 정말 세상 문화가 복음을 통해 새롭게 변화되어 우리가 살아가는 세상의 회복이 이루어져야 한다고 믿는다면, 우리는 도시로 가야 한다.

우리가 살아가는 이 시대는 매우 독특한 특징을 보여 주고 있다. 역사상 그 어떤 시대와 달리 초대교회 당시와 비슷한 환경을 보여 주고 있다. 사도행전을 읽어 보면, 마치 우리가 살아가는 세상처럼 도시가 많이 등장하고 여러 사상으로 다원화되어 있으며 대륙 간 왕래도 활발하여, 그야말로 다양하고 역동적이며 급속도로 변화하면서 발전되는 세상의 모습을 엿볼 수 있다. 바로 그 2천 년 전에 하나님은 도시를 통해 그분의 교회를 세우셨다. 이런 점에서 사도행전은 도시를 통해 복음이 지리적으로 확산되는 여정을 다룬 이야기라고도 할 수 있다. 그 이야기에 등장하는 예루살렘, 에베소, 고린도, 로마는 모두 복음이 전파되고, 제자들이 생기며, 교회가 세워진 장소를 대표한다. 그 도시들 안에는 기독교인이 있었고 그들로 인해 각 도시는 더 건강한 사회를 이루게 되었다.

그런데 당시에 그 도시들은 전략상 서로 잘 엮여 있어서 그 주변 지역에도 다가가기가 용이했다. 오늘날도 마찬가지다. 이제는 도시로 가야 세상에 다가갈 수 있는 시대가 되었다. 그 어느 때에도 세계 인구의 다수가 도시에 있었던 적은 없었다. 그 어느 때에도 도심 지역의 권력과 중요성이 지금처럼 부각된 적이 없었다. 이제 우리가 목격하는 세상은 초대교회 당시의 조건과 유사하면서도 그 규모가 거대해진 환경을 보여 준다. 이 환경이 제공하는 기회는 엄청나다. 물론 하나님은 2천 년 전에 하신 일을 오늘날에도 재현하실 수 있다. 아니, 그보다 더 위대한 일을 이 시대에 하실 수 있다. 그분은 살아 계신 하나님이며 우리가 살아가는 도시는 복음이 확장될 수 있는 엄청난 잠재성을 지니고 있기 때문이다.

우리는 저자로서 이런 말을 가볍게, 아무런 계획 없이 하지 않는다. 우리는 경험자의 입장에서 이 책을 저술했다. 그리고 여기에 기록된 모든 내용을 현실에 적용하며 지금도 그 실효성을 확인하고 있다. 우리 두 사람은 각자 영향력 있는 도시 안에서 교회를 개척한 후 담임하고 있는 목회자로서 우리가 살고 있는 도시에 구속 사역을 행하시는 하나님과 그분의 권능에 모든 것을 맡겼다.

사실 우리 두 사람은 복음과 도시와 교회에 대한 사랑을 품고 있다는 점, 그리고 둘 다 키가 크다는 점을 제외하고는 비슷한 부분이 별로 없다. 사실상 거의 모든 부분이 다르다. 그런데 우리가 공동으로 저술한 본서의 장점이 거기에 있다고 생각한다. 우리는 서로 다른 인생을 살아온 경험자로서 이 책을 함께 쓰게 되었다.

스티븐 엄은 동부 해안가, 저스틴 버자드는 서부 해안가 출신이다. 스티븐은 세계에서 가장 학구적인 도시인 보스턴에 사는 반면, 저스틴은 세계에서 가장 혁신적인 도시인 실리콘밸리에 살고 있다. 스티븐은 아시아계 미국인으로서 비주류 문화에 속한 자가 겪을 수밖에 없는 어려움을 알고 있다면, 저스틴은 백인 미국인으로서 주류 문화의 일원으로 성장했다. 또 스티븐은 40대 중반, 저스틴은 30대 초반이다. 스티븐은 보스턴 시내에서 한창 성장하고 있는 장로교회를 10년 동안 이끌었고, 저스틴은 10년 간 사역을 한 후 이제 막 1년이 된 초교파 교회를 실리콘밸리 중심 지역에 개척했다(여기서 두 저자의 나이와 목회 경력의 연수는 2012년을 기준으로 한다-역자 주). 스티븐은 주로 정장을 입는 데 비해, 저스틴은 티셔츠를 즐겨 입는다. 그리고 스티븐에게는 세 딸이 있지만, 저스틴은 세 아들을 두고 있다. 이밖에도 두 사람의 차이는 더 많다.

그럼에도 우리는 좋은 친구이며, 전 세계의 각 도시에서 하나님이 행하시는 사역만 생각하면 가슴이 뛴다. 그래서 도시를 중심으로 진행되고 있는 바로 이 전략적인 사역을 다른 사람들도 알고 공유하기를 바라는 마음에서 본서를 저술했다. 그러므로 이 책을 통해 복음이 도시에 확산되는 세계적인 운동에 대한 비전을 더 많은 신자들이 마음속에 품게 되기를 바란다.

끝으로 우리가 이 책에서 살펴보게 될 내용을 소개하면 다음과 같다. 먼저 1장에서는 '오늘날 세상에서 도시의 중요성은 어떠한가?'라는 질문에 구체적인 답변을 하게 된다. 여기서 우리는 도시의 과거와 현재와 미래를 개관하며 도시의 정체성을 확인하는 작업을 하려고 한다. 2장에서는 도시의 기능을 살펴볼 것이다. 특히 '도시가 왜 그처럼 중요한 역할을 하는가?'라는 물음을 던지며 도시가 나타내는 문화적 우위성을 설명해 주는 몇 가지 일반적인 특징들을 알아보고자 한다. 3장에서는 과연 성경이 도시에 관해 가르치는 내용이 무엇인지를 확인하는 결정적인 작업을 하게 될 것이다. 그런 후에 마지막 세 장에 걸쳐서는, 도시에서 사역하는 자들이 겪게 되는 다양한 이슈들을 점검해 볼 것이다. 예를 들어 4장에서는 상황화의 과제에 대해 살펴보고, 5장에서는 도시를 지배하는 이야기 또는 세계관에 어떻게 관여해야 하는지를 알아보며, 마지막으로 6장에서는 우리가 살고 있는 도시에서 사역할 때 어떤 비전을 가져야 하는지를 생각해 보고자 한다.

—

WHY

CITIES

MATTER

Part 1

도시가
왜 그토록
중요한가

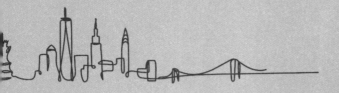

1장

도시의
중요성

"21세기에 관해 앞으로도 기억하게 될 사실은 … 바로 시골의 농촌 생활권에서 도시 환경으로 옮겨 가는 대규모의 인구 이동이 일어났다는 것이다. 우리는 일종의 전면적인 도시 인종(a wholly urban species)을 이루어 이 세기를 마감하게 될 것이다."[1]
더그 손더스(Doug Saunders)

도시의 모습

일요일 아침 10시 경의 모습이다. 세계 최고의 연구 성과를 자랑하는 대학에서 박사 과정에 재학 중인 한 여학생이 지하철을 타고 보스턴 시내로 향한다. 늘 그러하듯, 지하철은 미국에서 상위 5위를 차지하는 MIT(Massachusetts Institute of Technology)를 지나친다. 이 학교는 현재까지 77명의 노벨상 수상자를 배출한 기관이다.[2] 만일 반대 방향으로 두 정거장을 갔다면, 하버드대학교(Harvard University)에 도착했을 것이다.

그러나 그녀가 시내로 가는 이유는 다름 아닌 교회에서 예배를 드리기 위해서다. 지하철이 찰스강(Charles River)을 지난 후 그녀는 다음 정거장에서 내려 이제 막 24시간 교대 근무를 마친 한 친구를 만난다. 그는 미국에서 가장 오래되고 유명한 병원에 속하는 매사추세츠 종합병원(Massachusetts General Hospital)에서 내분비학과 레지던트로 근무 중이다.[3] 자신을 회의론자라고 공언하는 그는 어떤 체계를 갖춘 종교에 대해 약간의 불편함을 느끼지만, 두 명의 크리스천 동료들이 보여 주는 평범한 모습으로 인해 신앙적인 대화에 마음을 조금 열게 되었다.

그는 지하철을 타고 온 여학생과 함께 한 정거장을 더 가서 파크스트리트 역(Park Street Station)에서 내린 후, 미국에서 가장 오래된 공원인 보스턴 광장(Boston Common)을 지난다.[4] 그리고 역사적인 장소인 씨어터 지구(Theatre District) 주변을 돌아가면 나타나는 한 건물에 들어가 엘리베이터를 타고 6층으로 올라간다. 그렇게 시간을 맞추어 장소에 도착한 그들은 설립된 지 10년이 된 어느 교회의 주일예배에 참석한다.

외과 의사, 변호사, 정신과 의사, 운동선수, 작곡가, 교사, 투자가, 벤처 사업가, 교수, 제빵 기술자, 엔지니어, 간호사, 기업가, 컴퓨터 전문가, 학생 등 여러 분야의 직업을 가진 이들이 근교에서 찾아와 함께 모여 복음을 듣고 그에 반응한다. 그들은 다양한 민족적, 종교적, 사회경제적 배경을 가지고 있다. 그중 많은 사람들이 새롭게 기독교인이 되었다. 약 다섯 명 가운데 한 명 정도는 기독교에 대해 알아보고 있는 공공연한 회의론자다. 예배가 끝나면, 그들은 도시 전역으로 흩어진다. 어떤 이들은 근처의 차이나타운에서 식사하기 위해 몇 구역을 지나간다. 또 다른 이들은 이른 오후에 열리는 레드삭스(Red Sox) 야구 경기의 첫 투구를 보기 위해 펜웨이파크(Fenway Park)로 서둘러 향한다. 이 도시는 극장과 라이브 음악에서 뿜어져 나오는 에너지, 사람들로 붐비는 상가와 호황을 맞은 금융센터, 그리고 끊임없이 발전하고 있는 의학, 기술, 예술 분야의 혁신성과 독창성으로 인해 생명력이 넘친다.

아마도 더 유명한 건물이나 병원 또는 대학이나 회사 등을 언급할 수도 있겠지만, 이런 특징들보다 더 인상적인 특징은 이 모든 것들이 편리하게도 반경 3km 안에 다 집약되어 있다는 것이다. 이

지경 안에는 약 22만 5천 명의 인구가 거주한다.[5] 심지어 이 지역은 460만 명의 인구가 살고 있는 보스턴 전체 지역의 중심부 역할을 담당하는 일부 구역일 뿐이다.[6] 과연 무엇이 이 좁은 구역에 이처럼 탁월한 특징들을 가져다주었을까? 무엇이 그와 같은 권력과 영향력의 집중을 가져왔을까? 왜 혁신적이고 독창적인 진보가 이 지역에서 일어났을까? 이런 질문들에 답하기 위해서는, 도시를 이처럼 중요하게 만드는 요인이 무엇인지를 다양한 수준에서 이해해야 한다.

따라서 이 장에서는 도시를 중요하게 만드는 요인에 관한 여러 가지 질문들을 살펴보고자 한다. 다음과 같은 질문들을 생각해 볼 수 있을 것이다. 오늘날 세계에서 도시의 위치는 어떠한가? 역사적으로 도시는 어떤 역할을 수행해 왔는가? 도시는 우리의 미래에 중요한 영향을 미칠 것인가? 복음을 전하는 교회가 도시에서 만날 수 있는 기회와 도전은 무엇인가? 분명 이런 질문들을 다루기란 쉽지 않다. 그러나 이는 필수적이면서도 매우 흥미로운 질문들이다.

여기서 놀라운 사실은, 위에서 묘사했던 보스턴에서 볼 수 있는 모습이 단지 그 지역에만 국한된 현상이 아니라는 점이다. 한 가지 예를 들면, 우리는 어느 도시에서나 사람들로 붐비는 광경을 자주 본다. 이는 전 세계에 걸쳐 일어나는 현상으로서 훨씬 더 거대한 규모로 사람들이 운집되기도 한다. 이런 사실은 인간이 가진 성향, 곧 더 넓고 쾌적한 환경에서 살 수 있다고 하더라도, 인구가 밀집되고 에너지가 넘치는 도시에 모여 인파를 형성하고자 하는 경향성을 보여 준다. 이처럼 사람이 함께 모이는 현상에 대해 이렇게 말할 수 있을 것이다. "광대한 면적의 공간이 있는 지구에서 우리는 도시를 선택하고 있다."[7]

이 장에서 우리는 도시의 역사, 도시에 관한 예측, 그리고 도시를 도시로 만드는 요인에 대해 함께 살펴보고자 한다.

도시의
과거 역사

어떤 의미에서, 인간은 늘 도시에 모여 살았다고 할 수 있다. 창세기의 서두부터 사람들은 도시를 건설하는 자들로 등장한다. 에덴 동산에서 추방된 지 한 세대 안에, 인류는 도시를 세운다. 이는 도시를 건설하는 일이 우리가 가진 본성의 일부였음을 의미한다(창 4:17). 더 넓은 세계사를 살펴보더라도, 언제나 도시가 인류와 함께해 왔음을 알 수 있다. 도시는 인간이 이룩한 문화에서 늘 중요한 자리를 차지해 왔다.

비록 도시의 기원에 관한 구체적인 정보는 초기 인류사의 세부적인 내용만큼이나 뚜렷이 확인하기 어렵지만, 우리가 아는 바는 인간이 최초로 정착하여 사는 데 있어 종교가 필수적인 역할을 했다는 것이다. 원시적인 도시 사회는 일종의 성지와 같은 도시 국가(shrine city-states)의 특징을 지니고 있었다.[8] 어떤 사회나 종교를 막론하고, 초기 인류 역사에서 도시에 정착하여 생활 환경을 형성하는 데는 사제 계층이 중요한 역할을 했으며, 그 초창기 도시들의 중심부에는 한결같이 종교의 흔적이 발견된다. 이렇듯 종교가 문화 속에 자리하면, 상업과 정치와 권력이 뒤따라 일어나게 된다. 다시 말해 도시를 도시로, 즉 "신성하고, 안전하며, 활기찬"[9] 장소로 만드는 요인은 종교 지도자 및 기관에 의해 발전되고 유지되었다. 바로 이 종교의 핵심적인 역할 때문에, 오늘날 도시 계획 전문가들은 종교야말로 초기의 도시 형성에 있어 주요하고 결정적인 원리였다고 간주한다. 즉 "도시가 궁극적으로 존재하는 이유"[10]가 종교에 있었다는 것이다. 앞서 언급한 성지와 같은 도시 국가를 엿볼 수 있는 가장 이른 예는 그 연대가 대략 주전 5천 년경으로 추정된다. 이는 현대의 대도시보다는 훨씬 작은 규모이지만, 도시 사회를 구성하는 모든 필수적인 요소들이 거기서 발견된다.[11]

이 도시 역사의 초기 단계를 지나면, 도시는 훨씬 더 규모가 커지고 빠른 속도로 발전하게 된다. 도시화의 첫 번째 물결은 큰 국가나 제국의 수도 역할을 담당했던 제국 도시들의 등장과 함께 시작되었다.[12] 이런 도시들 가운데 전설적인 지위를 차지한 첫 번째 경우는 바벨론(Babylon)이다. 성경을 읽어 보면, 그 도시가 하나님의 성읍과 그분의 백성을 대적하는 주요 상대라는 사실을 알게 된다(렘 20-21장; 계 18장). 또한 셀레우키아(Seleucia)와 안디옥(Antioch) 및 "최초의 …

세계적인 도시이자 최상의 헬레니즘 문화가 혼합된 장소인"[13] 알렉산드리아(Alexandria)의 발전을 가져온 알렉산더 대왕의 제국적 비전도 빼놓을 수 없는 내용이다. 그러나 도시화의 첫 번째 물결에서 가장 위대한 성취는 단연 최초의 대도시라고 할 수 있는 로마(Rome)다.

성경과 교회 역사를 살펴보면 알 수 있듯이, 로마 제국의 수도는 세계사에서 중대한 역할을 감당했다. 로마는 거의 5세기 말까지 지배적인 도시로 군림했으며, 이후로는 콘스탄티노플(Constantinople)이 유일한 제국 도시로 남게 된다. 로마 제국의 멸망 후에는, 중국이나 이집트와 같은 동방 지역에서는 도시가 발전했지만, 서방 지역은 암흑기(the Dark Ages)를 맞이하게 된다.[14] 서양 역사의 가장 어두운 시기가 도시 부재(不在) 상황과 맞물려 발생했다는 것은 우연이 아니다. 도시 지역을 개발하며 발생되는 보안, 경제, 신성한 공간 등이 부재할 때, 개인은 스스로를 부양할 수밖에 없는 처지에 이르며 결국에는 총체적인 쇠퇴를 피할 수 없게 된다.

도시화의 두 번째 물결은 중세 시대의 중후반기에 걸쳐 나타나는데, 이 시기에는 인구, 상업, 문화, 교육의 발전이 유럽 도시들, 특히 파리(Paris)와 베니스(Venice)와 밀라노(Milan) 등에서 융성하게 일어났다.[15] 이처럼 성장하는 도시들 가운데서도 종교는 여전히 중요한 위치를 차지하고 있었다. 다시 말해, "중세 도시의 심장부에는 성당이 있었다."[16] 그러나 또 한편으로 이 시기는 상업이 도시를 형성하는 새로운 중추적인 요인으로 등장하는 과도기이기도 했다.[17] 그리하여 새롭게 부여된 사회적, 경제적 자유로 인해 도시의 성장이 이루어졌고, 동시에 로마 가톨릭 교회와 같은 종교 권력 기관의 통치에 대한 의문도 자연스럽게 발생하게 되었다. 바로 이 도시화의 물결이 최고조에 이르렀을 때, 프로테스탄트 종교개혁이 일어났다. 이 개혁은 "독특하게도 도시에서 발생한 사건"[18]이었다. 곧 인쇄 기술의 발명으로 대량의 성경책과 소책자들이 인구가 많은 도시와 마을로 퍼지게 되었다. 모든 신자의 제사장권과 세속 직업의 유효성 등이 재천명되자, 도시 생활의 새로운 윤리 체계가 형성되었다. 그 결과로 도시는 기술, 생산, 사회생활 등의 측면에서 다가오는 시대를 바라보며 진보하는 길로 나아갔다.[19]

그렇다면 도시 역사의 다음 단계는 무엇일까? 바로 도시화의 세 번째 물결은 종교적 자유의 확장, 상업 시장의 성장, 그리고 논란의 여지가 있지만 인도, 아프리카, 남미의 광대한 지역에 대한 식민 지배와 더불어 찾아왔다. 그리하여 산업 도시(the industrial city)가 탄생하게 되었다. 기계, 운송 수단, 생산 방법 등에 혁신을 가져다준 산업혁명으로 인해 도시의 인구와 재화는 폭발적으로 늘어났다. 그리고 상업이 도시의 새로운 중심부를 차지했다. 오늘날 런던(London)이나 뉴욕(New York)과 같은 대도시들도 이 시기에 큰 이득을 거머쥐게 되었다.[20] 이와 같은 산업 도시 현상은 20세기 초까지 전 세계적으로 확장되며, 도쿄(Tokyo), 베를린(Berlin), 상트페테르부르크(St. Petersburg)와 같은 도시들의 엄청난 성장으로 이어졌다.[21] 그런데 문제는 이러한 도시의 진보와 더불어 도시의 타락이 발생한다는 데 있었다. 도시는 인간이 가진 최고의 가능성만이 아니라 최악의 잠재성까지 보여 주는 거대한 거울과 같기 때문에, 20세기에 일어난 대규모의 극악무도한 사건들은 그 사건들이 발생한 도시의 거대한 규모에 부분적으로 기인한다고 설명할 수 있다. 그리고 산업 도시는 간단히 말해서 지속되기가 어렵다. 예를 들어 디트로이트(Detroit)나 버펄로(Buffalo)와 산업 도시는 자체적으로 갱신되기 어려운 국면에 처했는데, 이는 결국 인간의 발명보다 물질의 생산에 더 높은 가치를 부여하면 도시가 번성하기 어렵다는 사실을 보여 준다.

도시는 인류 역사의 처음부터 존재했다. 그렇다면 앞으로도 존재할 것인가? 아니면 산업 도시를 통해 확인했듯이, 모든 도시는 서서히 쇠퇴하게 될 것인가? 또는 최근 역사에서 도시가 전반적으로 상향 궤도에 올라섰다고 생각할 만한 어떤 희망찬 이유가 있는가? 현재 우리는 어디에 서 있으며, 또 어디로 향하고 있는가?

도시의
현재와 미래

이제 우리는 도시화의 네 번째이자 가장 거대한 물결에 대해 알아보아야 할 순서에 와 있다. 이 네 번째 물결은 인구 1천만

이 넘는 대도시(megacity)와 여러 대도시가 함께 연결된 광역 도시(megalopolis), 그리고 탈식민 도시(postcolonial city)와 세계 도시(global city) 등으로 특징지어지는 시기다. 이 시기에 나타나는 현상은, 도시가 과거 어느 때보다 더 커지고, 더 다양해지고, 더 영향력을 갖추고, 더 혁신적이 되며, 더 세계화될 뿐 아니라, 더 빠르게 진보한다는 것이다. 상하이(Shanghai)에서 모스크바(Moscow), 런던(London)에서 뭄바이(Mumbai), 뉴욕(New York)에서 서울(Seoul), 상파울루(São Paulo)에서 카이로(Cairo)에 이르기까지, 전 세계는 그 어느 때보다 더욱 도시화되었다. 도시를 향한 인류의 행진이 새로운 지점에 이르게 된 것이다. 1900년에는 세계 인구의 14퍼센트만이 도시 지역에 살았는데, 그 비율은 1950년에 이르러 30퍼센트로 증가하게 되었다. 그리고 2008년에 세계 인구는 균등하게 도시 지역과 시골 지역에 사는 사람들로 양분되었으며, 마침내 2011년에는 도시 지역에 사는 사람들이 더 많아지게 되었다.[22] 선진국에서는 놀랍게도 평균 74퍼센트의 인구가 도시에 살고 있다.[23]

현재 상황에 대한 이러한 분석이 부인할 수 없는 사실이라면, 우리는 자연스럽게 다음과 같은 질문을 하게 된다. 이 거대한 규모의 도시화는 우연적인 현상인가? 아니면 다가오는 시대에도 세계적으로 지속될 패턴인가? 도시화가 이제는 정점을 찍고 역사의 추는 다시 시골의 농경 사회를 지향하게 될 것인가? 아니면 미래에도 계속될 도시화로 우리의 시선을 이끌 것인가?

앞선 진단이 미래의 현실을 있는 그대로 반영하지는 않겠지만, "가장 신뢰할 만한 예측은 이미 확립된 동향을 따라가는 견해다."[24] 이런 차원에서 20세기 및 21세기 초반의 부인할 수 없는 동향을 주시하는 연구자들은 거의 예외 없이 21세기와 그 이후에도 세계는 계속해서 점점 더 도시화될 것이라고 결론을 내린다. 예를 들어 세계 인구 전망에 관한 유엔 인구국(the UN Population Division)의 총체적인 연구에 따르면, 2050년까지 세계는 68.7퍼센트의 도시화를 이루게 될 것이다.[25] 더 개발된 지역에서는 그 비율이 86.2퍼센트까지 이르게 된다.[26] 놀라운 사실은, "21세기 중반까지 세계의 도시 인구는 2004년의 세계 전체 인구와 같은 수준에 이르게 된다"[27]는 것이다. 이 예측은 우리가 미래에 경험할 도시가 어떤 상태에 이를지를 보여 준다는 점에서 놀랍다고 할 수 있다.

이 성장은 특히 개발도상국이 있는 지역에서 가장 뚜렷하게 나타난다고 기록되어 있다. 가령 2009년에서 2050년에 이르는 동안, 아시아에서 도시 인구 비율은 41퍼센트에서 64퍼센트로 증가하게 된다. 이는 시골 인구가 대략 5억 3천 1백만 명으로 감소하는 반면, 도시 인구는 16억 7천만 명으로 증가하게 된다는 의미다.[28] 앞으로 다가올 이 변화에 대한 또 다른 증거는 중국이 최근 주요 도시 국가로 전환되고 있다는 데서 찾을 수 있다.[29] 여러 가지 측면에서 이런 전망은 환영할 만한데, 특히 "모든 국가에서 도시화와 번영 사이에는 거의 완벽할 정도로 밀접한 상관성이 있다"[30]는 사실에 비추어 볼 때 그러하다. 물론 이에 따라 새로운 도전과 문제가 발생하겠지만, 도시는 자체적인 문제에 대한 해결책을 고안하는 독특한 역할을 수행한다. 우리가 사는 세계의 경제적인 재화, 기술적인 혁신, 문화적인 발전은 모두 도시가 도시 생활의 문제를 검토해 낼 수 있는 능력에 어느 정도 기초해서 이루어진 것이다. 그리고 도시가 그 문제에 대한 해답을 찾는 일에 실패할 것이라고 생각해야 할 이유는 없다.

간단히 말해, 이 모든 현상들은 매우 도시화된 미래를 예견하고 있다. 그렇다면 다가오는 미래를 잘 맞이하기 위해 도시에 관해 알아야 할 내용은 무엇인가? 또한 도시에 점점 더 집중되는 영향력을 사용해서 무엇을 해야 하는가? 오늘날 문화에서 도시를 그만큼 영향력 있게 만드는 요인은 무엇인가? 그리고 이러한 도시화 현상은 복음 전파를 위해 어떤 기회를 제공하는가? 이제 우리는 이러한 질문들에 대한 답변을 찾아보고자 하는데, 특히 도시의 구조와 의미와 목적을 고찰하는 데 도움이 되는 큰 범주들을 알아보고자 한다.

도시의
형성

과거와 현재, 그리고 다가오는 미래는 도시가 수많은 형태와 규모를 지닌 역동적인 사회라는 개념을 우리에게 전달해 준다. 이런 도시가 보편적으로 공유하는 특징은 매우 많은 사람들이 자신의 의지에 따라 서로 근접한 거리에서 살기로 결정하는 데서 나타난다. 이는 도시의 본질적인 특징이다. 결국 도시란 사람들이 서로 근접한 거리에서 살고, 일하면서, 활동하기로 결정할 때 형성된다. 여기서 도시에 대한 에드워드 글레이저(Edward Glaeser)의 정의를 참고해 볼 만하다. "도시란 사람들 사이에 물리적 공간이 부재한 상태를 일컫는다. … 즉 근접함(proximity), 빽빽함(density), 친밀함(closeness)으로 그 상태를 표현할 수 있다."[31] 그는 심지어 "도시는 바로 사람들이다"[32]라는 주장을 하는 데까지 나아간다. 우리는 이 주장이 옳다고 생각한다.

　만일 도시가 그처럼 서로 근접한 거리에서 살기로 결정한 사람들이라고 한다면, 인간이 그렇게 사는 방식을 그렇게 살지 않는 방식보다 더 선호하는 이유에 대해서는 어떻게 설명할 수 있을까?《도시, 역사를 바꾸다》(*The City: A Global History*)의 저자 조엘 코트킨(Joel Kotkin)은 사람들이 도시를 건설하는 이유를 이해하는 데 필요한 세 가지 포괄적인 범주들을 다음과 같이 제시한다. 곧 도시는 '안전한'(safe) 환경을 제공하고, '사회적인'(social) 활동을 촉진하며, '신성한'(sacred) 대상에 대한 우리의 이해와 의식에 영향을 미친다는 것이다.[33] 다른 말로 표현하면, 도시란 권력(power), 문화(culture), 영성(spirituality)의 중심부라고 할 수 있다. 이제 이어지는 내용에서 우리는 '무엇이 도시를 도시로 만드는가?'라는 질문에 답변하기 위해 바로 이 세 가지 범주들을 다루고자 한다.

도시, 권력의 중심부

역사는 우리에게 도시를 출현시킨 결정적인 요인 중 하나가 바로 안전에 대한 필요였다는 사실을 보여 준다. 하비 콘(Harvie Conn)은 최초의 도시들에 대한 예를 들며, 피난처의 개념을 권력의 보좌였던 도시에 대한 사상과 관련 지어 설명한다.[34]

> "도시의 성벽은 도시가 사람들을 보호하는 장소임을 상징했다. … 규모가 크든 작든 도시 국가는 문명의 산실이자 권력의 중심부였다."[35]

말하자면, 법이 없던 세상에서 안전을 추구하고자 한 활동이 사람들을 서로 모이게 했고 그 결과 그들은 스스로를 안전하게 지켜 줄 사회 구조를 건설한 것이다. 즉 성벽, 군대, 법률, 정부, 상업 등이 안전한 인간 사회를 이룩하는 데 중요한 요소들인데, 이 모든 요소들이 도시에 의해 개발되었다. 오늘날에도 이런 구조들과 그로부터 파생된 요소들이 곧 권력을 측정하는 수단이 된다.

현재 개발된 사회에 살고 있는 대부분의 사람들은 도시를 더 이상 피난처라든가 보호처와 같은 장소로 생각하지 않지만, 덜 개발된 지역에서 이미 개발된 도시로 사람들이 계속해서 이주하는 현상은 우리가 사는 세상에서 도시가 여전히 그와 같은 기능을 하고 있다는 사실을 보여 준다. 통치가 체계적으로 이루어지는 사회에서 살 수 있는 기회, 합리적으로 돈을 벌 수 있는 기회, 훌륭하게 건설된 주거 환경에 거주할 수 있는 기회 등은 수많은 사람들로 하여금 시골에 있는 고향을 떠나 전 세계의 도시를 향해 이동하게 만드는 요인이 된다. 이런 갖가지 측면에서, 도시화는 권력의 중심부를 향한 이주의 결과라고 볼 수 있다.[36]

안전과 재화와 훌륭한 통치 등이 확산될 수 있는 구조가 세워지면, 도시는 번성한다. 미국을 예로 들면, 통치와 방위의 중심부에서 (워싱턴 DC 같은) 도시가 탄생한 역사는 필연적인 결과라고 할 수 있다. 또한 경제적 이득을 확보하는 일이 가능한 지역에서 (뉴욕이나 로스앤젤레스 같은) 또 다른 주요 도시들이 성장한 역사도 당연한 결과다. 사람들은 안전과 보호를 위해 도시로 모인다. 그리고 이런 권력 구조들에 대한 근접성을 계속 확보하기 위해 도시에 남는다. 그렇게 도시에 정착하고 나면, 사람들은 도시가 진보하는 데 의미 있게 공헌할 수 있는 방법들을 생각한다.

도시가 지닌 경제적인 중요성을 살펴보는 일은, 도시 지역에 집중되는 권력의 정도를 가늠해 볼 수 있는 한 가지 방법이다. 리처드 플로리다(Richard Florida)에 따르면, "미국의 경우, 전체 경제 생산량의 90퍼센트가 대도시권에서 발생하는데, 그중 23퍼센트는 상위 다섯 군데의 대도시권에서만 이루어진다."[37] 세계 경제 역시, 마흔 군데의 대도시권에 의해 주도된다. 세계 인구의 6.5퍼센트만 살고 있는 상위 열 군데의 대도시권이 세계 경제 생산량의 43퍼센트를 담당한다.[38] 놀랍게도, 뉴욕과 같이 고도로 발전된 대도시의 경제 생산량이 멕시코나 인도와 같은 개발도상국의 전체 경제 생산량을 능가한다.[39] 이처럼 경제 생산량의 집중화에 대해 논의하다 보면, 불평등이나 빈곤의 문제가 제기될 수밖에 없다. 하지만 다음 장에서 살펴보게 되겠지만, 도시는 사람들을 빈곤하게 만든다기보다 오히려 빈곤에서 벗어날 수 있는 다양한 기회를 제공함으로써 빈곤한 사람들을 도시 안으로 끌어들인다.[40] 즉 "대부분의 사람들에게 도시는 문제가 아니라 그에 대한 해결책이다."[41]

　지금까지 소개한 각종 수치를 통해 우리가 강조하고자 하는 바는, 도시에 집중된 영향력과 권력의 정도다. 그렇다고 우리는 기독교 사역이 그와 같은 권력 구조들에 의해 정의되어야 한다고 말하려는 게 아니다. 실제로는 복음이 도시에 자리하게 될 때, 그 복음은 오히려 도시에 만연한 권력의 오용과 남용에 대해 도전하게 된다. 또한 우리는 경제 생산량이 높은 지역이 그렇지 않은 지역보다 더 큰 본래적인 가치를 지닌다든지 혹은 복음을 받아들이기에 더 나은 자격을 갖추고 있다고 말하려는 것도 아니다. 이 모든 내용을 통해 의도하는 바는, 우리가 살아가는 세계에서 도시가 얼마나 중요한지를 예증하는 것이다. 도시는 안전, 통치, 경제적 기회를 제공하는 권력의 중심부로서, 지속적으로 세계 인구의 다수를 끌어들이게 된다. 여기서 문제는 '과연 복음을 전하는 교회와 기독교인이 도시화되는 세계 속에서도 존속할 것인가?'이다. 바로 이 문제를 다루기 위해 우리는 도시의 또 다른 특징인 문화적 자본의 집중화에 대해서도 살펴봐야 한다.

도시, 문화의 중심부[42]

"도시를 중요하게 만드는 요인은 무엇인가?"라는 질문을 던질 때 재빨리 떠오르는 중대한 주제는 바로 도시가 문화의 중심부라는 것이다. 이 주제를 이해하기 위해 우리의 일상생활이 어떤 형태로 이루어지는지를 생각해 볼 필요가 있다. 예컨대 서구 사회에서는 대중음악이 외곽 지역에 있는 사람들의 일상에 영향을 미치기도 전에 도시에서 먼저 작곡되고 생산되며 공연된다. 심지어는 도시 생활을 비웃으며 작은 시골에서 누리는 삶을 낭만적으로 예찬하는 미국의 전통 음악조차도 그 대부분은 (내슈빌과 같은) 도시에서 만들어진다. 마찬가지로 (로스앤젤레스와 뭄바이에서 수출되는) 텔레비전이나 영화, (뉴욕과 파리와 밀라노에서 선보이는) 패션, (실리콘밸리와 도쿄에서 개발되는) 기술 등도 모두 도시의 산물이다. 만일 라이브 극장에서 최고의 공연을 보고 싶다면, 가까운 시내로 가면 된다. 우리가 좋아하는 스포츠 팀 역시 도시 안에 구단을 두고 있다. 최고의 교향악단, 박물관, 연구 기관, 그리고 세계적인 수준의 레스토랑도 거의 언제나 도시에서 찾을 수 있다. 당연히 휴대폰, 전자책 단말기, 컴퓨터, 가전기기, 자동

차도 전부 다 도시에서 디자인되고 생산된다.[43]

우리가 왜 이런 예들을 제시하겠는가? 도시를 선전하기 위해서일까? 물론 아니다. 당신이 도시를 예찬하는 사람이든 미심쩍게 바라보는 사람이든, 도시야말로 우리가 살아가며 경험하는 문화를 형성하는 주된 환경이라는 사실을 말하려는 것이다. 만일 당신이 현대 문화의 이기들 가운데 어느 것이라도 받아들인다면, 당신은 그저 도시에서 형성되는 문화의 수혜자만이 아니라 그에 의존하고 있는 수용자라고 말할 수 있다. 결국 도시를 제거하면, 문화가 제거된다. 당신이 속한 문화가 사라진다는 말이다. 바꿔 말해 도시로 들어가면, 문화가 창조되는 심장부로 들어가게 되는 것이다.

여기서는 도시의 중요성을 이해할 때 전형적으로 빠지기 쉬운 (도시 대 외곽 지역 식의) 이분법적 접근을 넘어 그 중요성을 설명해 보려고 한다. 한동안 그와 같은 이분법이 도시와 그 주변의 개발 지역에 관한 논의를 전개할 때 늘 적용되어 왔는데, 거의 도움이 되지 않았다. 따라서 그런 이분법보다는 도시와 외곽 지역 간에 존재하는 상호 작용에 대한 확고한 이해가 우리에게 필요하다. 예를 들어 "왜 젊고 활기찬 미국인들이 외곽으로 가기 위해 도시를 떠나는가"(Why America's Young and Restless Will Abandon Cities for Suburbs)라는 아티클에서 코트킨은, 스물다섯에서 서른넷에 이르는 전형적으로 도시 인구를 구성하는 젊은 층 가운데 상당수가 외곽 지역으로 이동하게 될 것이라는 주장을 제시했다.[44] 그 이유는 "이십 대 청년들이 나이를 먹게 되면 결혼을 하거나 사업에 뛰어들거나 정착을 하게 될 뿐만 아니라 아이들까지 키우게 되기 때문"이라는 것이다. 충분히 그럴듯한 설명이다. 그런데 우리가 이런 내용을 어떻게 받아들이고 또 어떻게 그에 반응할지에 대해서는 좀 더 생각해 봐야 한다.

만일 '도시 대 외곽 지역'의 관점에서 이 설명을 받아들이게 되면, 외곽 지역을 선호하는 입장에서는 이렇게 반응할 수 있다. "그래, 도시가 부상하는 지역이 아니야. 결국 대다수는 교외로 나가서 살게 된다고."

반대로 도시 지역을 선호하는 입장에서는 도시에서 누리는 특권이 상실된다며 슬퍼하거나 혹은 도시를 빠져나가는 사람들을 안 좋은 시선으로 바라볼 수 있다. 그러나 이런 이분법적 관점보다 더욱 합리적인 관점은, 도시와 외곽 지역 간에 일종의 소통과 상호 작용이 일어난다고 보는 관점이다. 이는 그 소통이 실제로 '도시를 문화의 중심부'로 만드는 수준에 이르기까지 매우 적극적으로 진행된다고 보는 관점이기도 하다.

외곽 지역은 도시에 의해 형성된 문화만이 아니라 '사람들'도 받아들이게 된다. 그 사람들은 외곽 지역으로 이주하더라도, 결국 도시로 출근해서 일하거나, 도시에서 그들에게로 전달되는 문화적 콘텐츠를 받아보거나, 도시에서 익힌 기술을 외곽 지역에서 사용하여 성공을 거두거나, 또는 도시에 있을 때 습득한 세계관으로 자신의 삶과 주변 세계를 만들어 간다. 분명한 사실은, 세계 인구가 도시를 중심으로 한창 증가되는 상황에서 도시의 외곽 지역이 점점 더 그 지역과 연결된 도시의 영향을 벗어날 수 없게 되리라는 것이다. 결국 그 어느 때보다, "도시가 발전함에 따라 문화가 발전한다"[45]는 말이 현실화되어 가고 있다.

도시, 예배의 중심부

우리는 도시가 또한 예배의 중심부로 기능한다는 사실을 생각해 봄으로써 도시의 영향력에 대한 논의를 심화시킬 수 있다. 탁월한 도시역사학자 루이스 멈포드(Lewis Mumford)는 도시의 종교적인 요소가 심지어 경제적이거나 물리적인 요소보다 선행했다고 설명한다. "도시의 기원은 … 어떤 의식을 행하는 모임 장소였다는 추측에서 설명할 수 있는데 … 왜냐하면 그 장소가 '영적'이거나 초자연적인 힘을 … 즉 인생의 일반적인 과정 너머에 있는 더 광대한 우주적인 의미를 나타내는 힘을 한 곳에 집중시키기 때문이다."[46] 도시의 신성한 측면은 "도시가 존재하는 이유 그 자체인데, 이는 그 신성한 역할을 가능하게 하는 경제적인 측면과도 분리될 수 없다."[47] 결국 도시는 인간이 자신의 궁극적인 의미를 도출하고자 하는 대상에 기초해서 세워진다는 설명이다. 이를테면 모스크를 중심으로 하든, 금융 지역을 중심으로 하든, 성당을 중심으로 하든, 유흥가를 중심으로 하든 간에, 모든 도시는 그 나름의 '신'(god)에 대한 경의를 표하며 건설된다는 것이다.

초고층 빌딩이 등장하며 전통적인 교회의 첨탑을 가리는 도시의 형국이 마치 종교의 몰락을 상징한다고 생각하며 슬퍼하는 사람들이 있다.[48] 물론 서구 문화가 전통적인 종교와 멀어지고 있는 것은 사실이지만, 우리는 늘 영적인 존재로 남을 수밖에 없는 이유가 있다. 팀 켈러(Tim Keller)나 데이비드 폴리슨(David Powlison) 같은 저자들이 상기시키듯, 변화될 수 없는 인간의 마음 상태는 바로 무엇인가를 예배하고자 하는 경향성이기 때문이다.[49] 소설가 데이비드 포스터 월리스(David Foster Wallace)의 말처럼, "성인이 되어 하루하루 경험하는 삶의 현장 속에는 사실상 무신론이 있을 수 없다. 즉 예배하지 않는 삶이란 있을 수 없다. 모든 사람은 예배한다. 우리의 유일한 선택 사항은 무엇을 예배하느냐다."[50]

결국 문제는 우리가 예배하고 있느냐가 아니다. 문제는 우리가 무엇을 예배하고 있느냐. 마찬가지로 도시가 예배의 중심부인지 여부는 문제가 되지 않는다. 도시는 언제나 그 안에 살아가는 사람들이 최고의 가치로 여기는 대상들을 기반으로 삼아 세워져 왔다. 문제는 도시가 예배하고 있는 대상이다.

세계적인 수준의 도시들은 그 자체의 인구 밀도만 감안해도 세상에서 가장 큰 종교 공동체라고 할 수 있다. 그렇다면 그 안에서 사람들은 무엇을 예배하고 있을까? 도시인들은 "권력, 명성, 소유, 특권, 안락과 같은 거짓된 신들에게로 향한다."[51] 가령 워싱턴 DC의 전반적인 모습에서는 권력의 추구가 뚜렷하게 나타난다. 그 도시에 거주하는 대부분의 사람들이 경험하는 일상은 권력에 의해 형성된다. 어떤 사람이 의원 선거에 출마한다든가, 명성 있는 박물관의 역사를 대중에게 공개할 수 있는 열쇠를 가지고 있다든가, 입법 기관의 새로운 인물들을 대상으로 로비 활동을 한다든가, 또는 펜타곤에서 군사력을 시험하며 측정한다든가 하는 모든 일들이 성공의 관건이 된다.

이런 차원에서 우리 인생은 다름 아닌 예배의 질서(the order of worship) 내지 도시의 예배 형식(the urban liturgy)을 반영하는 삶의 양식으로서, 바로 도시의 '우상'에 의해 결정된다고 할 수 있다. 이 사실은 우리가 살고 있는 도시의 우상이 무엇이든 간에 변함이 없다. 우상에 관한 그레고리 비일(Gregory Beale)의 견해를 빌린다면, 도시는 그 도시가 경외하는 대상을 닮아 가며 그 결과로서 파멸 또는 회복에 이르게 된다.[52]

한 도시의 전체적인 이야기는 수많은 개인들의 이야기가 엮여 만들어진다는 사실을 고려해 보면, 예배의 중심부로서 도시가 갖는 개념이 얼마나 복잡해지는지를 알 수 있다. 도시는 그 가장자리까지 온갖 예배자들로 채워져 있는 예배의 중심부라고 할 수 있다. 여기서 그 예배자들은 다름 아닌 자신의 삶에 충만한 의미를 가져다준다고 생각되는 대상에 자기 인생을 바치는 사람들을 의미한다. 이에 더해 도시에서는 수없이 많은 종류의 예배를 선택할 수 있기에, 도시에서의 생활 자체가 영적 개방성(spiritual openness)을 키우는 길이 된다. "도시는 영적 탐구심을 일으키는 경향이 있는데, 거기에는 선한 탐구심과 악한 탐구심이 다 포함된다. 혼란과 분투와 도시에서 일어나는 모든 일들이 사람들로 하여금 종교적인 탐구자가 되게 만든다."[53] 다시 말해 도시는 예배하는 사람들로 채워진 예배의 중심부인데, 그 모든 예배자들은 새로운 예배의 대상을 찾는 일에 마음이 활짝 열려 있는 자들이다.

이와 같은 영적 개방성을 위험하다고 생각하는 사람이 있을 수 있겠으나, 기독교인이라면 이러한 현상을 흥미롭게 여길 필요가 있다. 1세기 당시에 급속한 복음의 확장을 가져온 상황적인 배경에도 도시가 가진 영적 개방성이 자리하고 있었다. 크레이그 블롬버그(Craig Blomberg)는 기독교의 빠른 성장을 낳은 주된 요인에 대해 다음과 같이 언급한다. "국가 간의 장벽을 뛰어넘는 세계주의적인 영적 분위기가 특별히 도시에서 고조되었다. 과거의 민족적인 차이와 정체성은 무너져 내리고 있었으며, 사람들은 그 변화를 메울 수 있는 새로운 종교나 사상에 목말라했다. 복음은 그런 분위기에서 여러 가지 필요를 느끼고 있던 사람들을 만족시켜 주었을 것이다. … 이처럼 다양한 문화들 간의 소통을 가로막던 장벽이 제거된 상황은 새로운 세계관이 확산된 일과 밀접한 관련이 있다."[54]

마찬가지로 오늘날 도시화의 세계적 현상은, 교회가 1세기 이후로 지금까지 볼 수 없었던 복음의 확장과 그 영향력 증대를 위한 엄청난 기회를 제공해 준다. 복음은 우리가 사는 도시에서 들려주는 모든 뒤틀어진 이야기를 다시 쓸 수 있는 유일한 이야기이다. 바로 그 복음 안에서 예배는 올바로 정립되어 다시 생명력을 갖추게 된다. 그리고 무엇보다도, 복음에서 제시되는 하나님이야말로 모든 예배자들이 진정으로 찾기를 갈망하는 대상이다. 따라서 사람들이 도시에서 예배의 대상을 찾아다닐 때, 우리는 그들에게 복음을 전할 수 있는 기회를 얻는 것이다.

결론

이번 장의 내용을 통해 도시의 중요성을 분명히 확인하게 되었다. 인간의 과거와 현재 역사는 권력과 문화와 예배의 중심부로서 도시에 필적할 만한 환경이 없다는 사실을 보여 준다. 미래에도 사람들이 점점 더 모여들고 그 수효가 많아질 도시는, 이 세상의 목적과 의미를 추구하는 이야기들을 주도하고 만들어 내며 제공하는 역할을 하게 될 것이다. 이는 우리가 번영하는 대도시의 한복판에 살든 혹은 도시에서 동떨어진 지역에 살든 상관없이 적용되는 사실이다. 이런 상황에서 모든 기독교인에게 주어지는 도전은, 세상의 영향이 집중되는 그곳에서 복음을 전할 것인가 아니면 그 도시가 일으키는 현상들에 단순히 반응할 것인가 하는 문제다. 확신하건대 복음은 단지 우리로 하여금 반응하게 하는 수준에서 더 나아가 도시의 문화가 만들어 내는 이야기 속으로 아름답게 침투하게 만든다. 왜냐하면 복음에는 도시의 상황에 적용되어 그 안에 있는 사람들의 마음을 근본적으로 변화시킬 수 있는 능력이 있기 때문이다. 그렇다면 이 복음으로 도시에 어떻게 접근할 것인지를 구상하기 전에, 왜 도시가 오늘날 세계에서 그처럼 막강한 영향력을 행사하는지를 확인하는 일이 필요하다. 따라서 도시의 중요성에 대한 검토를 마친 우리는 이제 그 중요성을 낳는 특징이 무엇인지를 다음 장에서 살펴보도록 하겠다.

토의를 위한 질문

1. 당신은 도시에 대해 어떤 선입견을 가지고 이번 장을 읽기 시작했는가? 또한 당신의 사회적 지위나 성장 배경은 도시를 바라보는 관점에 어떤 영향을 주었는가?

2. 세계는 점점 더 도시화된다는 내용에 대해 어떻게 반응하게 되는가? 바로 그 세계의 도시화가 급속하게 진행되어 이미 눈앞에 이르렀다면, 당신은 어떤 자세로 그에 대응하겠는가?

3. 도시가 권력의 중심부라는 사실을 어느 정도로 실감하는가? 그리고 도시에서 일어난 정치적인 혹은 경제적인 결정의 파급력을 얼마나 자주 느끼고 있는가?

4. 당신이 개인적으로 경험하는 문화 영역에서 도시의 영향을 직접적으로 받는다고 여겨지는 분야는 어디인가? 미디어인가? 스포츠인가? 아니면 특정 상품인가? 또한 도시의 영향을 받아 형성된 문화 시장에서 당신은 어떤 콘텐츠를 소비하고 있는가?

5. 당신이 사는 도시가 우상을 버리고 유일하신 참 하나님께로 돌아선다면, 어떤 일이 일어나겠는가? 즉 그곳에 사는 시민들이 돈과 명예와 권력을 이기적으로 추구하는 대신 하나님께 헌신하는 예배자가 된다면, 그 도시에 어떤 변화가 일어나겠는가?

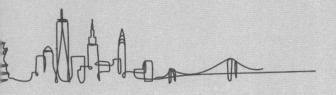

2장

도시의
특성

"도시의 찬란한 역사는 인류가 이룩할 수 있는 위대한 문명을 나타냄과
동시에 그 안에 공존하는 우리의 교만도 함께 드러낸다. … 도시의 혁신
은 그 가치를 창조할 수 있을 뿐 아니라 파괴할 수도 있다."[1]

　에드워드 글레이저(Edward Glaeser)

활발하게 움직이는
세계

우리는 21세기가 그 이전의 어느 시대보다 더 유동적이라는 사실을 알고 있다. 최근 미국 경제의 동향은 많은 사람들이 대체로 "본거지에 머물고 있는"² 상태를 반영하지만, 오랫동안 사람들을 한 지역에 붙들어 매던 경계선은 이미 제거되었다.

우리가 알고 경험하다시피, 인간의 유동성은 철도의 건설과 함께 본격화되어 자동차와 비행기의 등장으로 확대되었으며, 최근에는 이동전화와 인터넷을 비롯한 커뮤니케이션 기술을 통해 극대화되었다. 이러한 발전 양상은 장소에 대한 우리의 사고방식에 엄청난 변화를 불러일으켰다. 이에 대해 사회학자인 리처드 플로리다는 이렇게 평가했다.

이 모든 기술은 경계선 없는 세계를 우리에게 약속하게 되었다. 우리로 하여금 지리적인 제약에 얽매이지 않고 사람들이 붐비는 도시에서 나와 좀 더 전원적인 환경으로 이동할 수 있는 조건을 제공해 주었다. 그 결과 비옥한 토양이나 자연적인 항구 또는 원자재 확보 등에 국한되어 도시와 문명이 형성되던 과거는 지나갔다. 첨단 기술이 지배하는 오늘날 세계에서는 우리가 원하는 곳이라면 어디든 가서 살 수 있다. 이처럼 점차 대중화되고 있는 견해에 따

르면, 장소는 더 이상 이전과 같은 의미를 지니지 않게 되었다.[3]

토마스 프리드먼(Thomas L. Friedman)의 베스트셀러인 《세계는 평평하다》(The World Is Flat)는 일반적인 서구인이 생각하던 장소에 대한 관념을 크게 바꾸었다. 이를테면 이제 우리는 각기 집에서 일을 하면서 전 세계에 걸쳐 자신과 비슷한 생각을 가진 사람들에게 사적인 견해를 나누며 수익을 창출하는 세계를 바라보고 있다.

또 세계 곳곳에 있는 잠정적인 고객들과 영상으로 회의한 내용을 이따금씩 사무실에 전화를 걸어 보고하는 직원을 생각해 볼 수도 있다. 물론 이 직원이나 고객들은 서로 다른 지역에 있는 커피숍에 들러 각자 차를 마시며 일할 수 있다. 그렇기 때문에 우리는 특정 장소나 도시를 필요로 하지 않게 된다. 이것이 프리드먼의 주장이다.

그런데 플로리다에 따르면, "이는 설득력은 있지만 틀린 설명이다." 앞선 장에서 살펴보았듯이, 도시화의 현상은 상승세에 있으며 우리의 미래를 결정하고 있을 뿐 아니라, 어쩌면 누군가에게는 역설적으로 들릴지 모르겠지만, 세계화와 더불어 그 현상이 진행되고 있다. 분명 이 세계에는, 어디든지 원하는 곳에 가서 생활하며 일할 수 있는 사람들이 많이 있겠지만, 그 사람들 중 대부분이 살기로 선택하는 장소는 다름 아닌 인구가 빽빽하게 들어찬 도시다.

우리는 1장에서 '도시란 무엇인가?'라는 가장 근본적인 질문에 답해 보았다. 그리고 그에 대한 답변을 찾아가는 과정에서 도시란 권력과 문화와 예배의 중심부라는 사실을 알게 되었다. 이제 이번 장에서 추구하고자 하는 목표는, 그렇다면 '왜' 도시가 그와 같은 역할을 하는지를 알아보는 것이다. 왜 도시는 인구 집중과 기술 혁신을 위한 구심점이 되는가? 왜 도시는 문화와 교육 배경이 서로 다른 사람들을 연결시키는 최적의 환경이 되는가? 왜 도시는 세계적인 예술과 경제 활동이 일어나는 주도적인 장소가 되는가?

이제 곧 살펴보게 되겠지만, 도시가 지닌 특징들, 말하자면 (무엇인가를 끌어당기는) '자석'과 (음량을 높이는) '확성기'와 (세상을 움직이는) '엔진'에 비유될 수 있는 도시의 고유한 특징들을 통해서만 도시가 인간 문화에 그토록 중요한 역할을 하는 이유를 설명할 수 있다. 더 나아가 우리는 이 특징들이야말로 복음이 세계적으로 확산될 수 있는 전례 없는 기회를 제공해 준다는 사실을 또한 확인하게 될 것이다.

자석과 같은
도시

현재 당신이 사는 도시에 세 가지 유형의 사람들이 이주해 왔다고 가정해 보자. 먼저는 음악적 소질을 갖춘 여학생이다. 그녀는 자신이 다니던 지방의 명문 고등학교 오케스트라에서 제1바이올린 연주자로 활동했다. 그러다가 지금은 도시에 설립된 전문 음대에 들어가려고 알아보는 중이다. 다음은 30대 후반의 남성이다. 그는 원래 살던 고향에서 인종, 경제적 지위, 생활 양식, 그리고 다른 이들이 이상하게 여기는 취미 등을 가지고 있다는 이유로 소외당했다. 이 때문에 그 지역에서는 불편함을 느껴 결국 도시로 이동했다. 마지막으로는 무엇에 열중해야 할지 아직 정하지 못한 사람이다. 그는 지난 4년 간 네 개의 도시를 돌아다니며 지내다가 이제 막 새로운 도시에서의 생활을 꿈꾸며 이주해 왔다. 곧 현재 누릴 수 있는 즐거움을 늘 쫓아다니는 사람이다.

이 사람들이 도시로 이동하게 된 동기는 각기 다르지만, 이 모든 경우를 한데 묶을 수 있는 공통점은 바로 그들을 이끄는 도시의 매력이라고 할 수 있다. 도시는 출세나 사회적 신분의 변화를 추구하는 사람들에게 약속과 소망과 자신의 계획을 성취할 수 있는 기회를 제공한다. 그리고 특정 인종이라고 차별하지 않는다. 더 나아가 새로운 이주자가 들어오지 못할 만큼 폐쇄적이지도 않다. 오히려 누구에게나 가능성과 잠재력을 일깨워 준다. 이런 식으로 도시는 사람들을 끌어당기는 자석처럼 기능한다. 아래에 이어지는 내용들은 도시로 이끌리는 사람들을 대표하는 세 가지 유형을 부연하는 설명들이다.

성공지향적인 사람들을 끌어당기는 도시

앞서 소개한 첫 번째 이주자는 성공을 추구하는 유형에 속한다. 이미 언급한 바와 같이, 그 여학생은 교외에 위치한 고등학교 오케스트라에서 최고의 바이올린 연주자로 활동했다. 그녀는 거기서 지역 음악대회에 출전해 좋은 결과를 내곤 했다. 그 결과 수석으로 졸업하게 된 그녀는, 이제 자신이 전문 음대에 들어갈 수 있는 실력과 자질을 갖추었다고 느끼며 선생님과 친구들에게 그 사실을 입증해 보이고자 한다. 그동안의 고된 훈련이 자신을 여기까지 오게 했고, 그 훈련은 도시에서도 자신이 어떤 연주자인지를 드러내 주리라고 생각한다. 그런데 왜 '여기'인가? 왜 '도시'에 오게 되었는가? 아마도 이 질문에 대해서는 도시에서만 찾을 수 있는 학교, 프로그램, 교수, 오케스트라의 이름을 거명함으로써 답변할 수 있을 것이다. 사실 어떤 학과를 선택하든, 해당 분야에서 가장 명석하고 성공적인 기여를 하는 인재를 배출하는 시스템은 도시에서 발견된다. 그러나 한 개인이 이런 시스템에 이끌리는 동기는 표면적으로 관찰되는 정도보다 더 심층적인 수준에서 형성된다. 이는 흔히 야망이라고 일컫는, 인간이 가진 독특한 기질과 관련되어 있다. 즉 도시는 이런 야망을 품고 있는 사람들이 가득 찬 장소다.

이 사실은 프랭크 시나트라(Frank Sinatra)가 부른 노래의 후렴구, 바로 "뉴욕, 뉴욕"이라는 가사에 잘 표현되어 있다. 이 노래에서 찬란한 뉴욕 생활과 그 도시가 주는 기회를 찬양하는 시나트라는 이렇게 외친다. "여기서 성공할 수 있다면, 어딜 가도 성공할 수 있으리." 그런데 시나트라와 같이, 우리도 직관적으로 알고 있다. 사람들이 자기를 실현하며 꿈을 이루고 가장 깊은 갈망을 채울 뿐 아니라 새로운 일을 시작하여 경력을 쌓기 위해서는 도시로 간다는 사실을 말이다. 이런 이유로 인해 도시에는 학생, 비혼자, 젊은 부부, 기업가, 이주자, 그리고 소위 '창의 계층'(the creative class)이라고 불리는 전문인으로 가득 채워져 있다. 이런 측면에서 도시는 재능인을 끌어당기는 자석과 같다. 그러니 유명해지고 싶다면, 대도시보다 더 적합한 장소는 없다.

물론 그렇다고 해서 성공을 추구하는 사람들에게 도시가 아무 어려움도 주지 않는 장소라는 말은 아니다. 위에서 예로 들었던 바이올리니스트 여학생은 처음으로 지하철역에 갔다가 자기보다 재능 있는 음악가들이 거리 공연을 해도 한 시간에 몇 달러밖에 받지 못하는 광경을 보고 충격을 받을 수도 있다. 게다가 주변 소리에 파묻혀 그 연주마저도 들리지 않는 현장에 서 있다면, 그 절망감은 이루 말할 수 없이 클 것이다. 이와 마찬가지로 고등학교 때는 최고의 스타로 인정받던 선수가 대학에 와서는 벤치에 앉아 시간을 보내는 경우가 많다. 또는 청년 시절에 야심찬 도전으로 시작한 레스토랑 사업이 완전히 망해 도시에서 떠나는 경우도 있다. 이처럼 성공을 지향하는 사람들에게 주목받지 못하거나 무시당하는 경우보다 더 괴로운 상황은 없다. 언젠가 윌리엄 제임스(William James)는 다음과 같이 설명했다.

만일 우리가 속한 사회에서 실패하여 그 사회의 모든 구성원으로부터 전혀 주목받지 못하는 경우가 실제로 발생한다면, 이보다 더 끔찍한 형벌은 없을 것이다. 문을 열고 들어가도 아무도 돌아보지 않고, 말을 걸어도 아무도 대답하지 않으며, 무엇을 하더라도 아무도 신경 쓰지 않는다면, 자신을 정말 그렇게 '죽은 사람 취급하며' 아예 존재하지 않는 것처럼 행동한다면, 얼마 가지 않아 우리 마음에서는 깊은 분노와 무력한 절망감이 일어나게 될 것이다. 그에 비하면, 잔인한 육체의 고문이 나을지도 모른다.[4]

이는 성공을 지향하는 사람들이 경험할 수 있는 도시의 어두운 측면을 보여 준다. 도시는 사람들을 끌어당기면서 동시에 그들을 고립시키기도 한다. 또한 성공을 약속하는 듯 보이지만 실패가 뒤따르기도 한다. 그렇게 꿈을 환영하면서도 재빠르게 꿈을 산산조각 낼 수 있는 장소가 도시다. 그래서 도시에서 이름을 날리고자 하는 사람 중 대부분은 누구도 자신의 목소리에 귀를 기울이지 않는다는 사실을 깨닫는다. 그 결과, 그들 안에 있던 불안과 함께 우상이 드러난다. 바로 이 지점에서, 우리는 복음을 들고 그들의 삶으로 들어가야 한다. 그래야만 스스로 쟁취하려는 명성이 아니라 복음 안에서 주어지는 참된 이름을 받아들이게 된다. 즉 성공을 추구하는 사람들은 새로운 마음과 정체성을 내면에서부터 갖도록 역사하시는 하나님을 알고 그분의 좋은 소식(복음)을 들어야만 한다.

그런데 이 복음은 그처럼 어려운 시련을 도시에서 만나는 야심적인 사람들만이 아니라, 어딘가에 피난처가 필요한 소외된 사람들을 위한 소식이기도 하다.

소외된 사람들을 끌어당기는 도시

앞서 도시에 이끌리는 두 번째 유형으로 소개했던 사람은, 원래 살던 마을에서 적응하지 못하고 여러 가지 이유로 소외된 남성이었다. 예를 들면 자신의 인종, 직업, 재정 상태, 라이프스타일 등이 문제가 되어 소외를 겪게 되었다. 바로 이 남성은 어떤 이유로든 외곽이나 시골 지역에서 적응하지 못하고 또 그곳에서는 만족감도 얻지 못하는 사람들을 대표하는 경우라고 할 수 있다.

일단 이 남성도 그 전에 소개한 바이올린 연주자만큼이나 실은 큰 야망을 품고 있는 사람이라는 점을 간과해서는 안 된다. 그가 자신의 삶에 필요한 변화를 위해 멀리 떨어진 도시까지 이주해 왔다는 사실 자체가 그 점을 말해 준다. 이는 서로 다른 유형의 사람들 간에도 중첩되는 모습이 있을 수밖에 없다는 사실을 보여 준다. 하지만 여기서 우리는 특별히 '소외된 사람들을 끌어당기는' 도시의 특징을 살펴봄으로써 아직까지 설명하지 않은 바로 이 두 번째 유형에 속한 사람들의 모습을 집중적으로 생각해 보고자 한다.

일단 소외된 사람들이 도시로 몰리는 이유는, 자신들과 공통된 '언어'를 사용하는 사람들이 도시에 많기 때문이다(여기서 저자는 다민족

문화를 이루고 있는 미국 사회를 기준으로 설명한다-역자 주). 사회적 언어든 문화적 언어든 혹은 실제적 언어든, 도시에는 수많은 언어가 사용되고 있는데, 이는 외곽 지역이나 시골에서는 경험할 수 없는 현상이다. 가령 소수 민족에 속하는 사람이 작은 마을에서 살게 될 경우, 자신의 모국어로 이야기하며 문화를 공유할 수 있는 상대는 얼마 되지 않는 자기 가족밖에 없다. 그렇기 때문에 그 지역에서는 인종 차별을 경험하게 될 가능성이 높다.[5] 이와 달리, 도시는 동일한 언어를 사용하는 사람들을 만날 수 있는 기회를 여러 차례 제공한다. 도시는 다양한 인구가 빽빽하게 들어차 있기 때문에 경제적으로, 사회적으로, 문화적으로 소외된 사람들에게 피난처가 되어 안정감을 느끼게 해 주며, 이런 환경은 작은 마을에서는 거의 경험할 수가 없다.

도시가 제공하는 새로운 경제 활동의 기회는 단지 성공을 지향하는 전문직업인들만이 아니라 출세하기를 원하는 가난한 사람들까지 끌어당긴다. 어쩌면 많은 이들에게 도시라는 개념은 빈곤과 동의어처럼 여겨질지 모른다. 또는 이 책을 통해 도시의 중요성을 살펴보며, 이런 의문을 가졌을지 모른다. '도시는 빈곤의 악순환이 형성되고 가속화되는 장소가 아닌가?' 이는 자연스러운 의문이다. 왜냐하면 빈곤의 실태는 외곽 지역보다 도시에서 더 즉각적으로 드러나기 때문이다. 그런데 흥미롭게도, 도시는 부유한 사람들과 가난한 사람들이 공존하는 장소다. 글레이저에 따르면, "도시는 그 자체가 가난한 사람들을 만들기 때문이 아니라, 인생을 개선할 수 있는 전망을 보여 주며 가난한 사람들을 '끌어모으기' 때문에 빈곤한 자들로 채워지는 것이다."

그러므로 "우리는 가난한 사람들이 너무 없는 지역에 대해 오히려 걱정해야 한다. '왜 이 지역은 빈곤한 자들이 찾아올 만한 매력이 없는 것일까?' 하고 말이다."[6] 도시는 그 어떤 장소보다도 경제적으로 어려운 사람들을 이끄는 역할을 한다. 왜냐하면 생활을 개선할 수 있는 여지를 많이 제공하기 때문이다. 이처럼 도시에 가난한 사람들이 모이는 현상 또한 기독교인이 복음을 전하며 도시를 섬겨야 하는 중요한 이유가 된다.[7]

사람들이 도시를 찾아가는 데는 사회적인 요인도 한몫을 한다. 흔히 도시에는 다른 지역보다 관용적이고 사고가 열려 있는 사람들이 많기 때문에, 작은 마을에서는 관심을 받지 못했던 예술가들이 도시를 찾게 된다. 심지어 시골보다 도시에 동성애자의 비율도 더 높게 나타난다는 연구가 있다.[8] 이처럼 도시는 사회적으로 소외된 여러 부류의 사람들에게 안식처를 제공함으로써 도시가 역사적으로 수행해 온 안전한 피난처로서의 기능을 지금도 이어가고 있다.[9]

물론 도시가 약속하는 번영과 관용 이면에는 그 약속이 이행되지 않았을 때 경험할 수밖에 없는 불만족이 자리하고 있다. 대부분의 사람들은 도시에 올 때 품고 있던 경제적 어려움을 완전히 극복할 수 있을 만큼 충분한 돈을 벌지 못한다. 그리고 많은 도시들은 각 개인들이 빈곤을 넘어 번영을 누릴 수 있도록 이끌어 주는 필수적인 시스템을 갖추고 있지 않다. 또한 관용도 극단적인 수준까지 이르면 심각한 사회 병리 현상을 초래하게 된다.[10] 비록 도시가 소외된 사람들을 위해 엄청난 가능성을 열어 주기는 하지만, 그 자체로 완전한 만족을 주지는 못한다.

모험적인 사람들을 끌어당기는 도시

세 번째 유형은 상대적으로 그 수가 적고 또 그런 만큼 어떠한 사람들이 그에 속한다고 딱 꼬집어 말하기가 어렵다. 따라서 성공 지향적인 사람이라든가 소외된 사람과 같은 유형으로는 파악되지 않는 사람들을 설명하기 위해 이 유형을 사용하도록 하겠다. 이에 대해 우리는, 앞서 잠시 언급된 도시를 찾아온 예술가와 같은 이들을 생각해 볼 수 있다. 곧 창조적이고 기존 질서에 순응하지 않으며 간혹 도피적이거나 자유로운 정신을 가지고 있는 이들이 색다른 경험과 참신한 도전을 하기 위해 도시로 몰려든다.

모두가 비슷한 생활을 하는 시골보다 서로가 이질적인 특성을 드러내는 도시는 모험 정신이 투철한 사람, 여기저기 배회하는 사람, 그리고 전위 예술 따위를 즐기는 사람 등을 도심으로 끌어모은다. 이러한 도시는 전통 문화가 남아 있는 시골보다 "도덕적인 상대주의나 세련된 생활 양식 혹은 도전적인 문화라든가 다양한 성적 취향을 추구하는 이들"에게 더욱 호의적인 장소다.[11] 따라서 기존 가치관에 순응하지 않는 사람들의 경우, 보편적이지 않은 그들의 라이프스타일도 허용해 주는 도시로 이주하기 마련이다. 그래서 더욱 이색적인 경험을 추구한다든가 작은 시골 마을에서는 오해받고 용인되지 않았던 정체성을 만들어 간다. 이와 같은 환경에서는 "개성, 자기 표현, 그리고 차이에 대한 개방성이 … 동질성이나 순응성 또는 '어딘가에 스스로를 맞추는' 태도보다 더 환영받는다."[12]

우리가 이 장에서 곧 살펴보겠지만, 흔히 도시와 문화는 이처럼 위험성을 감수하고 창의적인 활동을 하거나 새로운 모험을 감행하는 자들로 인해 큰 발전을 이루게 된다. 그러나 이 세상의 그 어떤 도시도 모험적인 정신을 안고 그곳으로 이주해 온 사람들의 갈망을 충분히 만족시켜 주지는 못한다. 다시 말해, 그들의 갈망을 지속적으로 깊이 충족시켜 줄 만큼 건강하게 구축된 다원적인 환경이나 조화로운 경험 또는 순수한 정체성은 어디에서도 찾을 수 없다는 것이다. 오직 기독교만이 어떤 모험적인 사람이라도 영원히 만족할 수 있는 도시가 임한다는 비전을 제시한다. 이는 그런 유형에 속한 자들에게도 복음을 선포할 수 있는 문이 활짝 열려 있다는 사실을 의미한다.

이렇게 하여 우리는 자석과 같은 도시의 특징을 살펴보았다. 이제는 도시를 그처럼 영향력 있게 성장하게 하는 또 다른 조건이 무엇인지 알아보도록 하겠다.

확성기와 같은
도시

우리가 어떤 시각으로 도시를 바라보든 반드시 인정해야 할 사실이 있다. 그것은 성공지향적인 사람과 소외된 사람과 모험적인 사람 등 다양한 유형의 사람들이 서로 근접한 장소에 살며 함께 일할 때, 놀라운 일들이 일어나게 된다는 사실이다. 어느 도시를 막론하고 사회적, 이념적, 직업적 차이를 가진 여러 부류의 사람들을 계속 연결시킴으로써 인구 밀도를 높일 수 있는 도시가 그 강점을 드러내게 마련이다. 이런 차원에서 세계적인 수준의 도시들은 그곳에 거주하는 사람들이 지닌 기술과 재능과 아이디어를 널리 퍼뜨리는 확성기와 같은 역할을 한다. 이때 그 도시들은 도시에서만 나타나는 두 가지 현상인 '밀집성'(density)과 '다양성'(diversity) 간의 상호 작용을 이해하고 활용함으로써 그 역할을 수행하게 된다.

도시의 밀집성

뉴욕 주에 살고 있는 총 인구의 42퍼센트가 뉴욕 시에 살고 있다는 사실에 대해 생각해 보자. 뉴욕 시는 고작 305평방 마일 면적으로, 뉴욕 주 전체 면적의 0.6퍼센트밖에 차지하지 않는다. 바로이 도시에 거주하기 위해 그 수많은 사람들이 터무니없이 높은 비용을 치르고 있다는 사실은, 전 세계에서 도시라고 불리는 좁은 공간 안에 매우 독특한 일들이 일어나고 있음을 보여 주는 증거가 된다. 과연 사람들이 군집하여 도시에서 함께 살 때 어떤 일들이 일어날 것인가? 그리고 도시의 인구 밀도는 해결이 필요한 문제인가? 아니면 활용 가능한 자산인가?

사람들로 빽빽이 들어찬 도시는 많은 이들에게 걱정을 안겨 준다. 예를 들어 승객들로 늘 붐비는 지하철이나 입주자로 넘쳐 나는 아파트 단지를 생각하며 도시는 기본적으로 변동이 심하고 불안전한 환경이라고 여길 수 있다.[13] 그런데 도시가 그처럼 시민들로 가득한 상태에 있음에도, 시골이나 외곽의 주거 환경보다 살기 좋다는 데에 점점 더 많은 사람들이 동의하고 있음도 사실이다. 왜 그러한가?

우리가 서로 근접한 거리에서 살기로 결정하는 주된 이유는, 다른 사람들과 수시로 대면하여 소통할 수밖에 없는 도전적인 환경이 우리를 더욱 창조적이고 혁신적이며 생산적으로 만들기 때문이다. 한마디로, 창조력과 상상력이 상호 교통을 통해 증진되기 때문이다. 서로 교제하는 능력이야말로 우리를 인간답게 만드는 조건 중 하나이며, 우리는 이런 교제를 다른 어떤 환경보다 도시에서 더 자주 하게 된다.[14] 글레이저의 표현을 빌리면, 우리는 "곁에 있는 사람들을 통해 학습하는 존재다."[15] 이는 점점 더 테크놀로지가 지배하는 세상에 우리가 살고 있음에도 불구하고, 아니 어쩌면 바로 그렇기 때문에, 도시는 그 어느 때보다 더욱 중요한 의미를 띠게 되었다는 사실을 의미한다. 우리 "곁에 있는" 사람들이 도시보다 더 많은 지역은 없기 때문이다.

우리는 친구나 동료들에게 자신의 아이디어를 나누고 그들의 비평이나 교정을 받는 일이 어떤 경험인지 잘 알고 있다. 이때 우리는 그 사람들이 진정으로 우리의 생각에 관심을 가지고 창조적인 자극을 줄 때 우리가 지닌 아이디어가 처음보다 더 나은 상태로 발전하게 된다는 사실을 깨닫는다. 아이디어의 힘이란 공유할 때 발견되기 때문이다. 이는 저술의 세계에서 곧잘 경험되는 진리다. 지금 이 책을 예로 들더라도, 우리 두 사람은 도시에 관한 책을 쓰고 싶다는 마음을 가졌을 때 혼자 작업하는 게 아니라 공동으로 저술하면 더 나은 책이 나오리라고 확신했다. 또한 우리는 다른 친구들이나 편집자들에게 원고를 검토해 주기를 부탁하기로 했다. 이런 과정 덕분에, 지금 당신의 손에 들려 있는 이 책은 혹 스티븐이나 저스틴 둘 중 한 사람이 아무 피드백 없이 혼자 저술했더라면 나왔을 책보다 더 나은 작품이 되었다.

도시에서는 그처럼 아이디어를 나누고 정교하게 다듬는 일이 모든 산업과 분야에 걸쳐 날마다 일어난다. 분명하게 도시화된 환경에서만 생각과 발명과 노동과 생산에 대한 개인과 기업의 잠재적 능력이 극대화된다. 이런 조건을 두고 어느 도시학자는 "사람들이 빽빽할 때 분출되는 에너지"[16]라고 표현했다. 만일 우리 자신의 생각이 타인의 생각과 충돌하게 되면, 그 결과는 생각의 확대(amplification) 또는 증가(multiplication) 둘 중의 하나로 나타나게 된다.

즉 두 사람의 생각이 만나 새로운 생각이 잉태되는 과정에서 우리의 사고는 더욱 강화된다. 경쟁의 요소가 첨가되어 평상시와 다른 성장과 발전을 이룰 수 있는 상태에 이르기 때문이다. 분명 서로의 생각이 창조적으로 교환되는 과정에서 갈등이 일어날 때도 있지만, 실은 이 갈등이야말로 창의적인 생산과 더불어 타인에 대한 공감력을 끌어올릴 수 있는 기회를 제공한다. 그리하여 인구가 많은 도시에 모여 있는 재능인들을 통해 혁신이 일어나는 것이다.[17]

도시의 다양성[18]

그렇다면 생각의 확대와 증가를 보여 주지 않는 도시에 대해서는 어떻게 이해해야 할까? 어쩌면 당신은 디트로이트(Detroit)와 같은 도시를 떠올릴지 모른다. 이 도시는 위에서 설명한 창조적인 에너지를 결여하고 있는 상태로서 앞선 설명을 반증하는 사례가 되기 때문이다.[19] 게다가 회복을 위해 몸부림치는 도시가 디트로이트와 같은 자동차 산업 도시만이 아니라는 사실을 감안한다면, 높은 인구 밀도가 인간의 창의력을 증진시키는 동력이 된다는 설명이 과장된 주장처럼 들릴 수도 있다. 그렇기에 이런 질문을 던지게 된다. '과연 미국의 러스트 벨트(Rust Belt)에 있는 산업 도시들은 무엇을 결여했기에 세계적인 수준으로 부상한 해안가 도시들에 밀려 그처럼 쇠퇴하게 되었을까(러스트 벨트란 과거에는 미국 제조업의 중심지 역할을 했으나 최근에는 사양길로 접어들게 된 중서부와 북동부 일대의 공업 지대를 가리킨다-역자 주)?'

그런 도시들의 높은 인구 밀도가 지닌 잠재적인 에너지가 상실된 한 가지 이유는 동질성(homogeneity)이라는 현상에서 찾을 수 있다. 예를 들면 한 도시에 있는 모든 사람들이 똑같은 일을 하고, 똑같은 논리를 따라 사고하며, 똑같은 생활을 하게 된다면, 인구가 얼마나 촘촘히 모여 있든 간에 그 도시는 장기적인 존속에 필요한 혁신적인 동력을 상실하게 된다. 가령 도심에 공장을 두고 있는 전통적인 제조업 도시는 높은 인구 밀도를 보여 주기는 하지만, 오로지 공장 직원들의 노동력만을 필요로 하는 한 가지 산업에 의존하고 있기 때문에, 쇠락하는 일이 시간문제가 되는 것이다. 결국 수많은 이들이 다른 직업을 구하기 위해 도시를 떠나게 되고, 남아 있는 이들은 일자리도 없고 도시를 회생시킬 만한 기술도 없는 상태가 된다. 이는 결코 제조업이 중요하지 않다거나 부적절한 산업이라는 뜻이 아니다. 제조업만이 아니라 금융, 학계, 서비스 분야에 대해서도 동일한 설명을 적용할 수 있다. 인구로 가득한 도시가 그 인적 자원의 다양성을 상실하게 되면, 장기적으로 쇠퇴할 수밖에 없는 길을 간다는 게 요지다. 도시학자인 제인 제이콥스(Jane Jacobs)는 도시에 관한 고전적인 작품에서 이 사실을 다음과 같은 결론으로 잘 요약했다. "많은 사람들로 활기차고 다양한 성격을 지닌 도시는 회복의 씨앗을 자체적으로 품고 있다고 볼 수 있다. 왜냐하면 그 외부에서 발생하는 문제나 필요에 대응할 수 있을 만큼 충분한 에너지를 가지고 있기 때문이다."[20]

다양성이 없는 인구 증가는 덧셈과 같다. 단순히 숫자만 느는 일에 불과하다. 즉 도시는 과도한 규모로 확장되는데 거주자가 서로 비슷하다면, 새로운 거주자의 추가는 그저 숫자만 증가하는 결과를 낳을 뿐이다. 이때는 인구 증가가 경제 성장이나 기술 혁신 또는 기반 시설의 확대를 가져오지 않는다.

그러나 다양성이 있는 인구 증가는 곱셈과 같다. 도시는 그 자체로 거대하지 않더라도 거주자의 생각과 직업과 생활이 다양하다면, 이는 곧 도시의 번영으로 이어진다. 아이디어와 산업과 제도가 모두 발전하게 된다는 말이다.

따라서 도시 안에 다양성이 사라지면, 사람이 늘어날수록 손해이고 결국에는 도시가 회복될 수 있는 기반도 남지 않게 된다. 하지만 다양성이 유지된다면, 혹 인구가 감소하더라도 그 다양성이 낳는 번영의 결과로 인해 도시에는 손해가 발생하지 않는다. 현재 성장하는 도시들이 건설되어 그렇게 존속할 수 있는 이유는 여러 사람들과 아이디어와 사상과 산업과 벤처기업 등이 그 안에 자리하고 있기 때문이다. 여기서 확성기라는 메타포를 사용하자면, 도시의 밀집성은 그 기계의 전원 장치라고 할 수 있고 다양성은 음량 스위치라고 볼 수 있다. 일단 도시가 빽빽한 인구로 들어차 있어야 그로부터 의미 있는 생산 자체가 가능해진다. 이때 도시가 지닌 다양성은 그 생산 가능성을 더 크게 실현할 수 있도록 볼륨을 높여 주는 수단과 같다.

이와 같은 다양성이 지닌 효과는 개인과 개인 간의 만남에서 더 자주 경험되기도 한다. 우리는 흔히 자신과 '같은' 사람들과 함께 있기를 좋아하지만, 특정 종류의 성장과 발전은 자신과 '다른' 사람들과 시간을 보낼 때 일어난다.[21] 사람들이 지닌 차이에 대해 대략적인 예를 들어보면, 서양인에게는 동양인한테는 없는 문화적 전제가 자리하고 있다. 일반적으로 말해, 동양은 공동체의 연합이나 결속을 선호해 온 반면 서양은 자율적인 개인을 더 중요시해 왔다. 따라서 서양인은 자신의 생각과 다른 견해가 있을 때 그 견해가 개인적으로 의미 있게 와닿지 않으면, 자신이 내린 판단이 곧 표준이며 타인과의 관계를 이해하는 올바른 방식이라고 단정해 버린다. 분명 동양인에게는 이와 반대의 논리가 적용될 수 있을 것이다.

동질성을 추구하는 환경과 달리, 대부분의 도시들은 자신과 '다른' 사람들과 가까운 거리에서 살 수 있는 기회를 제공한다. 그래서 음악가와 엔지니어가 교제하고, 기술 개발자와 역사학 교수가 어울리며, 과학자와 신학자가 만난다. 그리고 동양인과 서양인이 서로 마주친다. 물론 도시에 있는 사람들이 항상 그렇게 상호 교통만 하며 살아가지는 않는다. 간혹 고립이나 심지어는 격리까지 일어나는 장소가 바로 도시가 될 수도 있다. 그럼에도 다양한 교류를 제공하는 기회는 언제나 도시에 존재한다고 볼 수 있다. 시민들이 혹 그러한 기회를 매번 이용하지 않더라도 말이다. 대부분의 교외 지역이나 시골에서는 다양한 교제나 관계를 도시와 같은 수준으로 경험할 수 없을 뿐 아니라 아예 선택조차 할 수 없는 경우가 흔하다.

요약하면, 도시의 '밀집성'에 잠재되어 있는 강력한 효과는 그 '다양성'을 얼마나 증진시킬 수 있느냐에 따라 다르게 나타난다. 곧 도시가 지닌 두 가지 특성이 상호 작용을 일으킬 때, 모든 생활과 문화 영역에서 사람들이 가진 잠재력은 널리 드러나게 된다. 또한 그처럼 시민들이 지닌 재능과 기술과 아이디어를 확장시키며 도시가 번영할 때, 도시는 그 결과가 좋든 나쁘든 세상을 움직이는 엔진처럼 작동하게 된다.

엔진과 같은
도시

성공지향적인 사람과 소외된 사람과 모험적인 사람이 다 함께 인구가 밀집되고 상호 다양성이 존재하는 도시로 몰려든다면 어떤 일이 일어나겠는가? 또 확성기와 같은 도시의 볼륨을 올려 인간의 독창성과 창의성이 증진되도록 한다면, 그 결과는 어떠하겠는가? 이제 우리가 설명하려는 내용은, 도시가 번영하게 되면 그 안에 확보된 인적 자원을 활용하여 세상을 움직이는 엔진의 역할을 수행하게 된다는 것이다. 분명 도시는 자석으로서 모든 유형의 사람들을 끌어당기고 또한 확성기로서 그 시민들의 발전과 번영을 위한 환경을 제공한다. 그렇다면 이제는 엔진으로서 한데 어우러진 시민들의 재능과 기술과 창의력을 취하여 세상을 이끌어 가는 기술, 산업, 문화의 동력으로 전환시킨다. 따라서 이어지는 내용을 통해 우리는 어떻게 도시라는 엔진이 작동하며 또한 우리를 어디로 이끌어 가고 있는지를 알아보고자 한다.

연료: 창의력

이미 설명한 바와 같이, 세상 그 어디에도 최첨단 도시에서만큼 각종 아이디어와 혁신과 산업이 서로 만나는 장소는 없다. 언제나 도시는 변화와 발전이 일어날 수 있는 최적의 장소였으며, 지금 이 시대에는 더더욱 그러하다. 19세기에 일어났던 폭발적인 도시 성장은 산업 혁명의 혜택을 누리는 지역에서만 가능했지만, 오늘날 급속도로 이루어지는 세계적인 도시화 현상은 전혀 다른 조건에 따라 일어나고 있다. 그 조건은 바로 창의력이다. 많은 사람들이 지적하듯이, 더 이상 세계는 상품을 제조하는 산업에 의해 돌아가지 않는다. 이제는 아이디어가 세계를 이끈다.[22]

창의력은 세계가 계속해서 전진하도록 만드는 연료와 같다. 그리고 도시만큼 이 연료가 풍부하게 발견되는 곳도 없다. 영국에서 기술 혁신이 일어나는 위치를 살펴본 기념비적인 연구인 '창의력의 지리적 분포'(The Geography of Creativity)를 참고해 보면, 창의적인 작업이 영국에서 집중적으로 이루어지는 지역은 거의 예외 없이 인구 밀도가 높은 도시라는 사실을 알 수 있다. 그러니 당연하게도, 그중에서 한 도시가 "영국의 창조력이 발산되는 본산지로서 … 최고의 우월성"을 띠고 있다고 보고된다. 바로 런던(London)이다. 런던에는 단지 일반적인 우월성만이 아니라 수준 높은 창조적인 활동 부문이 형성되어 있다. "런던은 모든 분야의 가치사슬(value chain)에서 일어나는 가장 창조적인 활동을 전문화한다(가치사슬이란 가치 창출을 위한 기업의 생산 활동이 사슬처럼 엮여 있는 상태를 일컫는다―역자 주). … 물론 다른 지역에서도 높은 수준의 창조적인 분야가 밀집된 현상이 나타날 수 있지만 … 그런 지역에서는 창조적인 가치사슬의 기능이 잘 발휘되지 않는다. … 런던은 영국의 어떤 지역보다도 '창의력의 강도가 더 강하게' 나타난다. 즉 우리가 '창조적인 활동'이라고 정의할 만한 분야에 종사하는 직업인의 비율이 더 높게 나타난다."[23]

이 사실은 비단 영국뿐만이 아니라 그 국경을 넘어서까지 발견된다. 각종 연구는 실제로 우리가 프리드만이 예견한 '평평한 세계'(flat world)가 아니라, 플로리다가 명명한 '뾰족한 세계'(spiky world)에 살고 있다는 사실을 보여 준다.[24] 뾰족한 세계란 사람과 재화와 다른 자원들이 특별히 도시에 집중되어 있는 세계를 말하며, 이 세계에서는 가장 많은 에너지가 집약된 상품이 바로 기술 혁신이 된다. 창조적인 생각과 활동에 엄청난 에너지가 집중된다. 도시에 밀집되어 있는 벤처 자본 회사(즉 창의적인 아이디어나 기술에 돈을 투자하는 회사)는 "20분 규칙"이라고 불리는 룰을 보여 준다. 이는 "벤처 자본 회사의 사무실로부터 20분 거리 안에 있는 기업만이 높은 위험성을 감수하

고도 투자할 만한 대상으로 간주된다"는 규칙이다.[25]

결국 이 거리 밖에서 이루어지는 아이디어란 투자할 만한 대상으로 고려되지 않는다는 것이다. 그렇다면 왜 벤처 자본 회사는 손실 가능성이 있는 자금을 도시 안에서, 그것도 20분 거리 안에서 이루어지는 아이디어에만 제한해서 투자하는 것일까? 그 이유는 만일 어떤 아이디어가 정말로 주목할 만하고 투자할 만한 가치가 있다면 도시에서 성공하게 되어 있다는 사실을 그들이 잘 알고 있기 때문이다. 그러니 혹 (도시 엔진을 작동시키는 연료인) 창의력을 개발하여 어떤 일을 하고자 한다면, 당연히 도시로 가야 한다.

당신은 이렇게 생각할지도 모른다. '그래, 창의력이 열쇠라는 말이군. 또 창의력은 주로 도시에서 생겨나고. 그렇다면 대체 무엇이 도시에서 이루어지는 아이디어를 그처럼 강력하고 영향력 있게 만드는 것일까?'

기능: 경쟁

자동차의 가속 페달을 밟으면, 보닛 아래에 장착된 엔진이 움직이며 연료를 에너지로 바꾸는 작업을 한다. 휘발유를 운동 에너지로 전환하는 것이다. 이처럼 도시라는 엔진은 그 연료가 되는 창의력을 다름 아닌 경쟁을 통해 운동으로 전환한다. 이런 차원에서 경쟁은 창의력을 그 다음 단계로 나아가도록 만들며, 도시에 문화 자본(cultural capital)이 집중되는 현상을 전반적으로 설명해 주는 개념이라고 할 수 있다(문화 자본이란 경제 자본인 재화와 같이 소유자의 자산 가치에 포함될 수 있는 생활 양식이나 배경 등 해당 문화에서 가치를 두는 모든 요소를 일컫는다-역자 주).

　보통의 작은 마을을 생각해 보자. 그곳에는 레스토랑, 학교, 컴퓨터 수리점, 식료품 가게 등이 모두 한 군데씩 있다. 이로써 주민들의 일상에 요구되는 필요가 채워진다. 이 자체로만 본다면, 이 마을은 살아가기에 부족함이 없는 그저 편안한 장소처럼 여겨진다. 물론 우리가 지금까지 설명한 창의력과 같은 연료도 그 안에 가지고 있을 수 있다. 그런데 한 가지 부족한 게 있다. 바로 '경쟁'이다. 도시에서 그토록 많이 일어나는 경쟁이 이 마을에는 없다. 이곳의 식료품 가게는 이를테면 30여 년 이상 홀로 그 마을에 식품을 공급하는 역할을 해 왔다.

　한편으로 이 가게는 마을의 안정된 생활에 핵심적인 기능을 수행하는 것처럼 보일 수 있다. 그러나 또 한편으로 이 가게는 시대에 뒤쳐져 있을 뿐 아니라 보유하고 있는 제품도 제한되어 있다고 평가받을 수 있다. 그 오랜 독점 기간 동안 경쟁할 필요가 없었기에, 이 가게는 틀에 박힌 장사를 해 왔을 터이고, 마을 주민들의 입맛도 이 가게에서 살 수 있는 식품에만 길들여져 있을 게 분명하기 때문이다. 그러므로 만일 여러 식품을 구입할 수 있는 대형 마트가 들어서기라도 한다면, 지금까지 이 가게가 누리던 호황은 순식간에 끝나게 된다.

　도시에서 펼쳐지는 상황은 이와 다르다. 서로 다른 차이가 있는 여러 사람들이 모일 때 발생하는 창의력이 효과적인 경쟁을 불러

일으키기 때문이다. 도시의 다양성은 차이를 요구하는데, 이 차이는 바로 도시의 밀집성으로부터 나타난다. 회사, 병원, 레스토랑, 박물관을 비롯한 모든 시설이 언제나 도전에 직면하여 서로 경쟁하지 않으면 시민들의 필요를 제대로 채워 줄 수 없는 상황 속에 놓여 있다. 그래서 모든 분야의 리더들은 경쟁이 장애가 아니라 '혜택'이 된다는 사실을 누구보다 잘 알고 있다. "특별히 재능 있고 독창적인 사람들이 모일 때 아이디어는 더욱 자유롭게 일어나며, 그 결과 개인과 단체의 역량은 엄청난 수준으로 향상된다. 말하자면, 각 개인의 역량을 모두 합한 정도보다 더 높은 수준에 이르게 되는 것이다."[26]

그렇기 때문에 "인구 1백만 명 이상의 도시에 살고 있는 미국인이 그보다 작은 도시에 살고 있는 미국인보다 평균 50퍼센트 이상의 높은 생산성을 드러낸다."[27] 이는 당연히 더 높은 임금을 받는 이유가 되기도 한다.

따라서 창조적이고 능숙한 사람들이 도시에서 벌이는 경쟁은 그 경쟁에 참여한 이들에게 혜택을 가져다주게 된다. 간혹 창조적인 경쟁에서 빚어지는 마찰은 그 창의력이라는 연료를 다름 아닌 문화를 진전시키는 힘으로 바꾸는 메커니즘이 된다. 그렇다면 그 결과가 과연 어떠하겠는가? 가령 도시에 있는 창조적인 사람들은 그릇된 방향으로 세계를 몰아가게 될 것인가? 아니면 인류의 번영을 위한 도시의 모습을 보여 주게 될 것인가?

효과: 번영 또는 기근을 향한 질주

최근 일반 도시학자들은 도시 생활이 주는 혜택에 관해 의미 있는 주장을 해 왔다. 앞서 소개된 에드워드 글레이저의 《도시의 승리》에 달린 부제목은 도시에 대해 점점 더 확산되고 있는 일반적인 낙관론을 잘 표현한다. "우리의 가장 위대한 발명품인 도시는 어떻게 더 풍요롭고 더 편리하며 더 친환경적이면서 더 건강할 뿐 아니라 더 행복한 삶을 우리에게 가져다주는가"(*How Our Greatest Invention Makes Us Richer, Smarter, Greener, Healthier, and Happier*).

이러한 긍정적인 견해에 더하여, 세계적으로 늘어나고 있는 생태계 문제를 해결할 수 있는 대안까지도 도시에서 찾는 이들이 있다.[28] 어떤 경우에는 거의 종교적인 어조를 띠고 논의를 진행하여 도시가 곧 우리의 미래이며 소망이라고까지 주장한다. 바야흐로 우리는 "도시가 불러온 새로운 황금시대"[29]로 진입하고 있다. 이는 곧 우리가 제대로 된 도시로 이주하기만 하면, "행복하고 성공적인 삶을 살 수 있는 가능성을 극대화할 수 있다"[30]는 말이다.

이처럼 낙관적인 전망은 분명 20세기 중후반에 활동한 도시학자들이 내놓았던 균형 잡힌 설명과는 대조를 이룬다. 가령 루이스 멈포드와 제인 제이콥스 같은 학자들은 도시에 관한 그들의 고전적인 작품에서, 도시에 대한 깊은 애정을 표현하면서도 정말 도시가 우리에게 약속하는 미래를 실현할 수 있을지에 대해서는 어느 정도의 의문을 계속 드러냈다.[31]

따라서 최근 도시학자들이 강하게 제시하는 주장을 볼 때, 이런 질문을 하지 않을 수 없다. '과연 도시는 그 주민들을 위해 무엇을 할 수 있는가?' 이제 이 장의 결론을 향해 나아가면서, 우리는 바로 그 질문에 대한 답변을 제안하고자 한다. 즉 지상에 있는 도시가 궁극적인 피난처와 성취와 소망을 그 시민들에게 제공해 주지 못하는 것은 사실이다. 그러나 도시는 하나님의 일반 은총으로 인해 인류의 번영에 기여할 수 있을 뿐 아니라, 우리가 하나님과 완전한 교제를 이루며 행복을 누리게 될 미래 도시를 예시하는 역할을 할 수 있다.

이 점을 염두에 둔 채 최근 도시학자들이 내비치는 낙관주의를 보게 되면, 그 견해가 일정 부분은 현실에 근거하고 있음을 알 수 있다. 그 현실이란, 도시가 인류의 번영을 위한 이상적인 장소가 될 수 있다는 것이다. 우리는 이 사실을 시편에서 확인하게 된다. 시편을 살펴보면, 번영을 묘사하는 창조 세계에 관한 표현들("샘물", "풍성한 소출", "크게 번성하게" 등)이 바로 하나님이 그 백성을 위해 예비하신 지상의 성읍과 관련하여 사용되는 모습을 확인할 수 있다(시 107:4-9, 35-38). 또한 예레미야 선지자도 유배당한 하나님 백성의 번영을 곧 이방 도시의 안전과 연결하여 설명했다. "그 성읍이 평안함으로 너희도 평안할 것임이라"(렘 29:7). 마찬가지로 우리는 이 시대의 도시가 성장하는 모습을 보며, 하나님의 일반 은총이 가져다준 축복과 장차 임하기로 약속된 도시의 예시를 함께 발견하게 된다.

도시는 놀라운 창의력과 경쟁력이 공존하는 장소로서, 새로운 발명과 혁신을 일으키는 자리까지 우리를 이끌어 갈 수 있는 능력을 가지고 있다. 이런 면에서 전 세계에 있는 위대한 도시들의 지난 역사와 현재 상태를 연구하는 일은 곧 "인류의 발전을 연구하는 일과 동일하다"[32]고 할 수 있다. 따라서 우리는 도시에서 발견되는 모든 축복에 대해 진정으로 감사해야 한다. 도시라는 엔진을 통해 세상의 진(truth), 선(goodness), 미(beauty)가 더욱 드러나게 될 때, 기독교인은 하나님이 그 도시에 베푸신 은혜를 증거할 수 있다. 이러한 방식으로 도시는 유일하신 참 하나님을 예배하게 만드는 기회를 우리에게 수도 없이 제공한다. 또한 아래에서 살펴보게 되겠지만, 기독교인은 도시 전체가 즐거워하기를 소망하며(잠 11:10)[33], 이 세상의 공익을 위해 힘쓰는 자들이 되어야 한다.

그러나 이미 제시한 바와 같이, 궁극적인 차원에서 도시는 우리를 만족시킬 수 없다. 실제로 도시는 깨지고 망가져 있기 때문에, 거기서 우리의 예배를 온전히 실현하기에는 무리가 있다. 게다가 도시는 진정한 번영보다도 문화 '공해'(cultural 'pollution')를 일으킬 때가 많다. "도시의 찬란한 위용은 인류가 이룬 위대한 성취를 보여 주면서 동시에 인간의 교만도 함께 드러낸다."[34] 결국 인류의 번영을 위한 엔진으로 기능할 수 있는 도시가 인간의 죄성을 따라 움직이게 되면, 도시는 불의와 탐닉과 우상숭배의 온상지가 되고 만다. 이에 필립 베스(Philip Bess)는 다음과 같이 균형 잡힌 관점을 제시했다. "탁월한 도시와 인간의 번영 사이에는 분명한 상관성이 있다. 우리는 도시가 없었다면 누리지 못했을 생활을 지금 도시에서 누리고 있다. 하지만 최고의 도시라 할지라도 사람을 선한 존재로, 행복한 존재로 만들지는 못한다."[35]

도시는 문화를 만들어 내는 엔진으로서 번영 아니면 기근으로 우리를 이끌어 갈 수 있다. 여기서 문제는 우리의 예배와 관련된다. 곧 도시에 있는 시민들이 하나님의 은혜에 감사하는 마음으로 활기차게 살아갈 때, 도시는 번영하고 즐거워하게 된다. 그러나 그 주민들이 자신만의 이익과 쾌락과 판단에 빠져 산다면, 결국 도시는 자기에게만 몰두하여 부패하고 만다. 이처럼 도시의 행복이 예배의 대상과 직결된 문제라면, 이 사실은 점차 도시화되는 세상 속에 복음을 안고 들어갈 수 있는 진입점이 과연 어디에 있는지를 시사한다고 볼 수 있다.

복음 전파의
관문이 되는 도시

도시화와 도시의 특징에 관해서는 더 많은 이야기를 나눌 수 있다. 따라서 우리가 이러한 주제를 철저히 다루었다거나 그에 대해 결정적인 주장을 제공했다고 말할 수는 없다. 관심 있는 독자들이 참고할 만한 해당 주제의 아티클이나 책이 많이 출간되어 있다.[36] 또한 본서의 뒷부분에도 추천 도서의 목록을 실어 놓았다. 다만 우리는 복음의 능력이 어떻게 사람을 변화시키는지를 잘 알고 있는 교회 개척자이자 담임 목회자로서 본서를 저술했다. 그러므로 이 책에서 우리의 관심사는 도시의 역사적, 사회-문화적, 경제적 차원을 이해하는 수준을 넘어선다. 지금까지 다룬 내용에 비추어 결국 우리가 던지고자 하는 질문은 이것이다. '세계의 급속한 도시화와 그 도시가 지닌 특징 및 점증하는 영향력은 과연 21세기와 그 이후로도 복음을 전하는 기독교인들에게 어떤 도전과 기회와 사명을 제공해 줄 것인가?'

우리는 세계가 점점 더 도시화되고 있다는 사실을 확인했다. 그리고 도시는 영적 호기심을 가진 사람들을 끌어당기고 있으며, 이 과정에서 세상의 문화적 관심사와 예배의 대상까지 드러내는 역할을 한다는 사실을 알게 되었다. 따라서 오늘날 기독교 사역과 문화 활동은 전략적으로 도시를 중심으로 이루어져야 한다고 말할 수 있다. 그렇다면 이제 우리는 복음의 확장과 영향에 관심을 두고 있는 기독교인들이 과연 어떻게 도시에 접근해야 하는지 묻지 않을 수 없다.

이와 관련하여 다음 장에서는 성경이 도시를 어떻게 바라보고 있는지부터 살펴보고자 한다. 그리고 이 책의 나머지 부분을 통해 복음이 우리로 하여금 도시화와 그에 수반되는 모든 현상에 대해 관심을 가지게 만들 뿐 아니라 그에 반응할 수 있도록 우리를 철저히 준비시킨다는 사실을 확인하고자 한다. 도시는 그 자체로 중요하지만, 그 안에 사는 시민들로 인해 타락하고 망가져 있음을 잊어서는 안 된다. 그렇기에 도시는 그리스도 안에서 새롭게 되어 하나님과의 관계를 회복할 수 있는 은혜를 필요로 한다(롬 8:19-21; 골 1:20).

즉 기존의 가치관을 전복시키고, 연약한 자들을 돌아볼 뿐 아니라, 예배의 질서를 다시 세워 마침내는 세상을 구속하고자 하시는 그리스도의 사역이 도시 안에 절실히 필요하다. 바로 이런 사역을 경험하지 못했기에, 사람들은 돈과 권력과 안락을 우상으로 삼는다. 그리고 절제하지 못하는 이기적인 욕망을 따라 끊임없이 세상을 방황한다. 그러면서 하나님이 주시는 자원과 창의력을 오용한 결과, 사회에는 불평등과 불의가 만연하게 되었다. 하나님은 도시에 창조적인 선의의 경쟁을 통해 성장할 수 있는 조건을 허락하셨다. 하지만 흔히 사람들이 수고하는 목적은 인류의 번영을 가져다주는 탁월한 정신보다도 자기중심적이고 이기적인 소비 심리에 맞추어져 있을 때가 많다.

우리는 도시의 진정한 필요란, 성경에 약속된 바와 같이 세상을 구속하고자 하시는 하나님의 계획에 의해서만 총체적으로 채워질 수 있다고 믿는다. 다시 말해 오직 복음만이 도시의 필요를 온전히 충족시킬 수 있다. 그 좋은 소식의 메신저로 부름 받은 교회는 세계의 각 도시에서 일어나는 복음 운동에 기꺼이 참여해야 하는 사명을 안고 있다. 바로 이 가슴 뛰는 비전을 살펴보기에 앞서, 성경이 도시를 어떻게 바라보는지부터 확인해 보자.

1. 왜 어떤 이들은 자석과 같이 도시로 이끌리는 데 반해 다른 이들은 그렇지 않는다고 생각하는가? 그리고 최근 증가하고 있는 도시로의 이주 현상에 대해 어떻게 설명하겠는가?

2. 도시는 사람들로 빽빽하고 소음이 넘치는 장소다. 이처럼 인구가 밀집된 장소에서 누릴 수 있는 혜택은 무엇인가? 또한 이웃과 근접한 거리에서 사는 당신의 생활 환경은 그들과 복음을 나누는 방식에 어떤 변화를 가져다주는가?

3. 왜 인간은 자신과 '같은' 사람들만이 아니라 '다른' 사람들과 더불어 살아갈 때 성장하는가? 당신은 어떤 사람들에게 더 매력을 느끼는가? 혹 당신과 '다른' 사람들을 만나게 되었을 때, 복음에 대한 이해와 경험이 더 풍성하게 된 적이 있었는가?

4. 도시가 정말 세상을 이끌어 가는 엔진과 같다면, 당신은 그 엔진이 지금까지 세상을 이끌어 온 방향에 대해 어떻게 생각하는가? 과연 도시는 스스로의 약속에 부합한 방향으로 나아가고 있는가? 그리고 당신이 살고 있는 도시에서는 희망과 절망 중 어떤 징후가 더 눈에 띄는가?

5. 세계의 급속한 도시화와 커져가는 도시의 영향력은 복음중심적 기독교인에게 사역에 대한 도전과 기회와 사명을 제공하는가? 혹시 전 세계의 도시들이 점차 복음 전파를 위한 관문이 되리라는 주장이 현실과 동떨어진 생각처럼 여겨지는가?

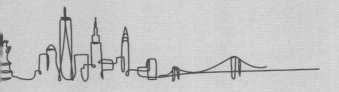

3장

성경과
도시

"새 예루살렘은 … 재창조된 에덴동산이다. 하나님이 창설하신 에덴동
산의 목적이 바로 그 도시를 통해 성취된다. 이처럼 우리는 한 동산에서
시작하여 어느 도시에 이르게 된다. 인류를 향한 하나님의 목적이 바로
도시에 있기 때문이다."[1]
팀 켈러(Tim Keller)

우리는 자신이 살아가는 환경의 가치를 과소평가할 때가 많다. 우리의 직업이라든가 도시에 살고 있는 친구들에 대해서는 감사하는 마음을 가지면서도, 유독 자신이 속한 지역에 대해서는 그 가치를 제대로 파악하지 못한다. 성경이 도시와 같은 장소를 신성하게 취급하고 있다는 사실을 깨닫지 못하는 것이다. 하지만 장소는 매우 중요하다. "장소란 본질적으로 인간 존재를 위한 개념이기"[2] 때문이다. 에드워드 케이시(Edward Casey)는 어떤 장소 안에 있다는 상태가 무슨 의미인지를 다음과 같이 설명했다. "무엇이든 존재한다는 것은 … 장소를 차지한다는 것이다. 그 범위가 얼마나 좁든 또는 그 시간이 얼마나 짧든, 장소를 차지할 수밖에 없다."[3]

이제 우리는 성경 이야기에서 도시와 같은 장소의 중요성을 어떻게 다루는지를 개관하며, 하나님이 자신의 구속 계획에 도시를 포함시키신 목적이 무엇인지를 생각해 볼 것이다.

구약성경이 말하는
도시

창세기에 등장하는 최초의 도시, 에덴동산

고대 근동 세계에서 도시를 건설하는 일은 매우 중요했다. 성경에서 도시를 세우는 작업은 질서와 협력과 자원의 개발을 추구하는 일만이 아니라, 생명을 낳고 아름다운 환경을 조성하여 하나님의 형상에 부합한 삶을 세상에서 실현하는 일과 관련된다. 하나님이 아담과 하와에게 땅을 정복하고 다스리라고 명령하시며 처음으로 문화 사명을 주셨을 때부터(창 1:28), 이미 생산을 위한 장소의 개발이 인간에게 필요했다는 사실을 엿볼 수 있다.

노르베르트 로핑크(Norbert Lohfink)는 "땅을 정복하라"는 말씀이 "부당한 파괴 행위를 가리키는 게 아니라 땅에서 번성하고 확장되는 과정을 일컫는다"[4]고 설명했다. 즉 하나님은 이 땅의 자원을 돌보고 관리하는 청지기의 역할을 아담과 하와에게 맡기신 것이다. 그리하여 농업, 건축, 예술, 과학, 가정생활, 비즈니스, 상업 등을 일으키기 위해 그들에게 스스로의 능력을 이용하여 동산을 개발하고 발전시키라는 사명을 구체적으로 주셨다. 이는 결국 하나님의 통치 아래 그분을 영화롭게 하는 문명을 창설하라는 부르심이었다.[5] 이처럼 사람을 에덴이라는 특정 지역 안에 두신 일은 하나님께 장소가 얼마나 중요한지 보여 준다.

또한 "사람이 자신을 둘러싼 환경과 상호 작용을 하는 일은 장소가 발전적이고 문화적인 성격을 가질 수밖에 없음을 의미한다."[6] 이와 같이 장소는 인간의 갈망과 뗄 수 없는 개념이고 인간이 하는 모든 일은 장소를 차지하기에,[7] 하나님은 문화 창달과 장소 확장을 위한 원료로 가득했던 동산 안에 사람을 두신 것이다. 그리하여 사람이 장소 없이 헤매지 않고, 오히려 장소 안에 정착하도록 계획하셨다.

고든 웬함(Gordon Wenham)은 고대 근동의 배경이 창세기 2장에 관한 정보를 제공하는지 분명치 않지만, 흔히 미개발된 황무지가 아닌 도시에 있는 큰 공원으로 묘사되는 메소포타미아나 이집트에 있던 동산들이 에덴동산의 이미지를 이해하는 데 도움이 될 수 있다고 주장했다.[8] 이런 주장에 대해 바솔로뮤(Bartholomew)도 다음과 같이 말하며 동의했다. "모든 설명에 비추어 볼 때 확실한 사실은 고대에 동산이란 개발을 위해 구획된 지역을 의미했다는 것이다. ⋯ 따라서 우리는 에덴동산을 어떤 원시적인 환경이 아니라, 오히려 담장으로 울타리가 쳐진 동산이 아름답게 조경되어 그 안에 잘 가꾸어진 과수원이나 밭들까지 갖추고 있는 이미지로 생각해 볼 수 있다. 고대 근동 세계가 내포하는 도시의 개념을 감안한다면, 에덴에 건물이 있었다고 봐도 무방하다."[9]

이런 해석을 너무 독창적이고 공상에 가깝다고 여길지 모르겠지만, 메리데스 클라인(Meredith Kline)도 문화의 발전은 도시의 건설이나 개발에 근거하고 있다는 사실에 동의했다. 이러한 의미에서 하나님은 완전히 창조적인 도시 건설자로서 에덴동산이라고 하는 최초의 도시에서 인간과 함께 거하셨던 분이라고 이해될 수 있다.

그렇기에 창세기에서 그려지는 동산의 이미지는 계속 이어지는 성경 이야기를 통해 도시의 이미지로 발전된다.[10] 이를테면 한 시편 기자는 에덴동산에 흐르던 강을 암시하며(창 2:10), 이렇게 선언했다. "한 시내가 있어 나뉘어 흘러 하나님의 성 곧 지존하신 이의 성소를 기쁘게 하도다"(시 46:4; 이 구절에서 "성"이라고 번역된 단어는 대부분의 영어 성경에서 '도시'를 의미하는 단어로 번역되었다-역자 주). 이와 같은 에덴의 이미지는 스가랴에서도 사용되는데, 바로 "생수가 예루살렘에서 솟아나"는 날이 그려진다(슥 14:8). 이 모든 강과 물과 시내와 넘쳐 나는 샘물은 다 생명을 상징하며, 미래에 이루어질 낙원과 같은 동산의 완전한 회복을 묘사한다. 그리고 첫 동산에 있던 두 가지 요소인 강과 생명나무는 결국 하늘에서 임할 거룩한 도시인 새 예루살렘에 눈에 띄게 자리한다(계 22:2).

이처럼 하나님이 처음부터 인간에게 주신 사명은 도시를 세우는 일이었다고 볼 수 있다. 그래서 이 사명이 처음으로 성취된 결과물 중 하나가 다름 아닌 동산의 지경을 넘어 도시를 세운 일로 나타났던 것이다(창 4:17). 이런 차원에서 아담과 하와는 인류와 가정의 역사뿐 아니라, 도시와 문화의 역사까지 일으킨 시조가 되었다.

한마디로 동산 안에 있던 인간은 도시 안에서 자라도록 계획된 존재였다. 따라서 "동산에 있던 부부는 생육하여 도시의 시민들을 형성해야 했다. 또한 그들은 자신들이 거주할 구조물을 만들어 가며 주변 환경에 대한 통치권을 확대했으며, 이 과정에서 지상의 자원을 개발한 결과 도시라고 하는 물리적인 건축 공간이 탄생했다."[11] 그러므로 도시는 동산에서 이루어지던 생활, 노동, 관계 등이 더욱 확장된 버전이라고 볼 수 있다. 땅을 정복하고 다스리며 질서 정연한 문화적 환경을 구축해 가던 인류의 DNA가 바로 도시의 DNA로 전수된 것이다. 그리하여 여러 사람들이 모여 도시에서 생활하는 거대한 공동체가 출현하게 되었다. 그렇기 때문에 "도시는 문화적으로 형성된 인간 집단"[12]이라고 표현할 수 있다.

이와 같이 하나님은 자신의 대리자이자 피조 세계를 돌보는 관리자로서 인간을 창조하셔서 지구의 자원을 활용하여 문화를 창설하고 문명을 건설하게 하셨다. 마치 하나님처럼, 그분의 형상을 지닌 인간도 무질서 가운데 질서를 세워 가도록 부름 받은 것이다.[13] 그러므로 인간은 동산에 있는 원료를 사용하여 생명이 번성할 수 있는 환경을 이룸으로써 하나님께 영광을 돌려야 했다. 다시 말해 아담과 하와는 하나님의 형상, 즉 그분의 창조적이고 개척적인 행동을 반영해야 하는 존재로 지음 받았으며, 이러한 특징은 바로 하나님이 주신 원료를 사용하여 문화를 창조하는 행위를 통해 드러날 수 있었다.[14]

또한 하나님은 목적과 의도를 가지고 도시를 계획하셨다. 곧 사람들이 한데 모여 이 땅의 자원을 관리하며, 그 결과로 문화와 문명을 세워갈 수 있는 장소로 도시를 계획하신 것이다. 이는 하나님이 창조 세계에 대해 처음부터 품고 계신 큰 계획이었다. 그렇다면 도시에 대한 하나님의 계획과 관심은 인간의 타락으로 인해 과연 변경되었을까?

성경이 도시를 어떻게 바라보는지는 창세기 4장에서부터 분명히 제시된다. 여기서 가인은 동생 아벨을 살해한 후에(8절), 하나님의 면전을 떠나 "에덴 동쪽"에 거주하게 된다(16절). 거기서 그는 도시를 세우고, 아들의 이름을 따라 그 도시의 이름을 짓는다(17절; 이 구절에서 "성을 쌓고"라고 번역된 어구가 대부분의 영어 성경에서는 '도시를 세우다'라는 의미로 번역되었다-역자 주). 성경은 이 본문에서 처음으로 도시를 언급한다. 그런데 성경에서 가인이 부정적인 인물로 등장하기 때문에, 많은 사람들은 그 부정적인 측면이 도시에도 반영되어 있을 거라고 가정한다. 하지만 "이 도시를 건설한 행위는 … 자신의 힘을 과시하려는 행동이 아니라 세상에서 피난처를 찾으려는 노력의 결과였다."[15]

다시 말해 가인은 훗날에 하나님이 이스라엘 백성에게 도시를 세우라고 명령하시는 이유와 동일한 이유에서 도시를 세웠던 것이다. 즉 살인자와 같은 죄인을 보호하는 피난처로 도시를 세웠던 것이다(민 35장; 수 20장). 이렇듯 가인은 자기 자신을 보호하려는 차원에서 도시를 건설했을 뿐이지만, 그를 통해 도시를 피난처로 세우고자 하신 하나님의 계획은 성취되고 있었다.

이런 차원에서 클라인은 도시를 향한 하나님의 계획에 죄의 영향이 미쳤음에도 불구하고 도시의 선한 목적이 상실되지 않았다고 설명했다.

도시는 … 타락한 인간의 사악한 발명품으로 여겨져서는 안 된다. … 인간의 문화가 도시의 형태를 갖추는 일은 처음부터 인류에게 주어진 궁극적인 목표였다. … 따라서 인류가 역사 가운데 존재하는 과정은 도시의 구조를 띠게 되어 있다. … 결국 창조 시에 주어진 문화 사명은 도시를 세우라는 사명으로 볼 수 있다. 인간의 타락 이후로도 도시는 여전히 인류에게 이로움을 주는 피난처로 존재한다. 그렇기에 타락하여 낙원에서 추방된 인류는 황량한 광야 같은 환경이 아닌 도시로 이끌리게 되었다. … 이처럼 도시를 통해 주어지는 일반 은총은 타락한 세상을 위한 치유책이 된다. 이를테면 도시는 사람들이 지닌 역량과 강점과 재능을 한데 모은다. 이는 창조 세계의 자원을 개발하는 과정에서 상호 협력을 이끌어 내려는 차원을 넘어, 외부 공격에 맞설 수 있는 방어력을 구축하고 땅의 저주로 빈곤해진 자들의 구제와 복지를 실현할 수 있는 행정 공동체로 기능하기 위해 필요한 일이 된다.[16]

이러한 도시의 합법적인 역할과 존재의 목적은 하나님으로부터 주어진다. 인간에게 "생육하고 번성하여 땅에 충만"할 뿐 아니라 그 "땅을 정복하"고 "다스리라"는 사명을 주시면서 그럴 수 있는 능력을 부여하신 분이 하나님이시기 때문이다(창 1:28-29). 바로 그 "하나님은 창조 세계에 하나의 도시를 세워 그 도시로 하여금 온 땅에 그분의 영광을 드러낼 계획을 가지고 계신다. 그러나 타락한 인류는 자율성을 주장하며 하나님을 섬기는 장소에서 자기 영광을 추구하는 장소로 도시를 전락시키고 있다."[17] 이와 같은 반역과 그에 따른 저주에도 불구하고, 성경은 새로운 도시 환경을 구축하여 인류의 지경을 넓히려는 하나님의 계획이 변경되지 않는다는 사실을 보여 준다.[18]

여러 장을 지나 창세기 11장으로 가면, 인류는 더 이상 하나님께 영광 돌리는 사회를 세우는 데 관심이 없는, 말하자면 하나님을 위한 도시 건설자로 일하지 않는다. 그 대신 자기 이름을 내는 도시, 즉 그 꼭대기가 하늘에 닿는 성을 세우고자 한다(4절). 이처럼 죄악된 동기로 건설되는 도시를 우리는 성경에서만이 아니라 세상에서도 보게 되는데, 혹 그렇게 세워지는 도시라고 하더라도 그 도시가 가지는 능력은 하나님으로부터 주어진다. 하나님이 도시를 계획하신 분이기 때문이다. "도시가 악한 목적을 이룰 수 있는 능력을 갖춘 이유는 하나님이 도시에 문화를 형성할 수 있는 능력을 주셨기 때문이다. 다시 말해, 도시를 악한 장소로 만드는 요인은 도시 자체에 있지 않고, 그 도시가 지향하는 목적에 있다."[19]

이처럼 인류 역사는 도시를 향해 진행되고 있다. 세계사와 구속사의 중심에도 사람들로 북적이는 도시가 자리하고 있다. 성경의 마지막 두 장은 새 하늘과 새 땅이 도시의 모습으로 등장하여 때가 이르면 하나님의 백성이 그 도시에 거주하게 되리라는 사실을 보여 준다. "또 내가 새 하늘과 새 땅을 보니 처음 하늘과 처음 땅이 없어 졌고 … 또 내가 보매 거룩한 성 새 예루살렘이 하나님께로부터 하늘에서 내려오니 … 내가 들으니 보좌에서 큰 음성이 나서 이르되

보라 하나님의 장막이 사람들과 함께 있으매"(계 21:1-3; 이 본문에서 "성"이라고 번역된 단어가 대부분의 영어 성경에서는 '도시'를 의미하는 단어로 번역되었다—역자 주).

이 도시는 태초에 하나님이 창조하신 세계가 회복되어 더 발전된 모습을 띠고 있다. 그래서 에덴동산의 풍요로움을 보여 주던 두 가지 상징물인 생명의 강(창 2:10)과 생명나무(창 2:9)가 새롭게 회복된 동산인 새 예루살렘에서도 그 한복판에 자리한다. "또 그가 수정 같이 맑은 생명수의 강을 내게 보이니 하나님과 및 어린양의 보좌로부터 나와서 길 가운데로 흐르더라 강 좌우에 생명나무가 있어 열두 가지 열매를 맺되 달마다 그 열매를 맺고"(계 22:1-2). 이에 대해 하비 콘은 다음과 같이 해석했다.

> 이 도시는 하나님이 에덴동산을 통해 이루고자 하신 목적이 성취되었음을 보여 준다. … 또한 이 도시는 하나님의 낙원이 완성된 모습을 나타낸다. … 즉 타락 이전 에덴의 순수한 상태가 그리스도 안에서 회복된 모습을 바로 이 미래의 도시가 보여 준다. 결국 저주 아래서도, 인간의 문화 사명은 끝까지 지속된다는 사실을 알 수 있다.[20]

만일 아담이 에덴동산에서 범죄하지 않았더라면, 그는 하나님이 창조 세계에 허락하신 풍부한 문화적 자원을 개발하여 결국에는 요한계시록 21-22장에 묘사된 그 완벽하고 영원한 도시를 세웠을 것이다. 에덴동산은 오늘날 뉴욕이나 샌프란시스코 또는 런던과 같은 탁월한 도시가 인간의 죄와 반역으로 인한 영향을 받지 않았다면 드러냈을 법한 모습을 예시하는 그림과 같다.

이렇듯 도시를 건설하는 일은 사회가 발전하면서 생긴 우발적인 과정이 아니라 하나님이 처음부터 구상하고 계획하신 작업이라고 할 수 있다.

약속의 땅과 가나안 정착

구약성경에서 '도시'를 의미하는 단어는 범위가 넓은 거주 지역을 가리키기 위해 사용되었다. 여기에는 왕이 다스리는 큰 성읍에서부터 안보와 상업을 위해 주변의 주요 성읍에 의존했던 작은 마을이나 촌락까지 포함된다. 도시의 중요성은 단지 그 규모에 의해 측정되지 않았다. 그보다는 (성벽과 성문에 의해 좌우되는) 도시의 방어력이나 보호 활동, 법에 따른 단속, 정치 질서의 확립과 해당 지역의 거주자를 위한 공적 사건의 수행 여부 등에 따라 측정되었다.

가인은 비록 자신의 신변 보호를 위해 도시를 세웠지만, 하나님의 계획은 도시를 피난처로 발전시켜 그 거주자가 신성한 보호를 받을 수 있도록 하는 데 있었다. 그래서 성경은 도시를 여러 차례 '도피성'으로 묘사한다(민 35:25, 27; 수 20:4; 21:13). 이스라엘 백성은 그처럼 중요한 도시의 기능을 약속의 땅에 정착하기 전부터 알고 있었다. 그들은 스스로를 유목 민족이라기보다 새로운 도시를 향해 이동하는 도시 거주자로 인식했다.[21] 그리고 새 도시를 향한 이스라엘 백성의 여정은 하나님이 그들에게 가나안 땅에 들어가 정착하라는 명령을 내리셨을 때 절정에 이르게 되었다. 거기서 그들은 도시를 세워야 했다. 즉 하나님의 백성이 생명과 긍휼과 정의를 구할 수 있는 장소를 마련해야 했다. 왜냐하면 인구가 적고, 성벽이 없으며, 도시화되지 않은 거주 지역은 적군이나 불의 또는 예측할 수 없는 농사 일정에 대한 대비책을 거의 제공하지 못했기 때문이다.

이와 달리 도시는 피난처와 여러 가지 생활 여건을 제공했으며, 이는 다른 지역에서는 경험할 수 없는 조건이었다. 이러한 도시는 하나님이 그 백성에게 의도하신 안전한 공동 생활을 위한 환경을 제공했다. 또한 이 환경은 유일하신 참 하나님을 바르게 예배할 수 있는 장소가 되었다.

예루살렘과 다윗 왕국, 그리고 도시의 시편들

다윗 왕은 이스라엘 중심부에 위치한 예루살렘을 수도로 정했다(삼하 5:9). 그리고 이스라엘 백성이 예배하는 핵심 구역이자(삼하 6:12-15; 15:29), 정치, 문화, 상업의 구심점이 되도록 그 도시를 발전시켰다. 예루살렘은 "다윗 성"이라는 이름으로 세워진 도시지만(삼하 5:7; 6:10), 더욱 중요한 신학적 의미는 예루살렘이 하나님의 도시로 알려지게 된 사실에서 드러난다(왕상 11:36; 14:21; 왕하 21:4; 느 11:1). 성경은 예루살렘을 단순히 '그 도시'라고 언급할 때도 있지만(겔 7:23; 이 구절에서는 "그 성읍"이라고 번역되었다-역자 주), 도시의 시편들에서는 지존하신 하나님이 선택하신 도시라고 표현한다(시 46:4; 48:1-2, 8; 87:1-3; 122:3; 127:1). 이 평화의 도시는 하나님의 임재가 있던 최초의 도시 곧 에덴동산을 반영할 뿐 아니라, 장차 세워지게 될 새 예루살렘의 모델이 되기도 한다. 즉 세상의 중심부에 세워져서 그 정상에 우뚝 선 하나님의 성전을 드러내는 도시가 예루살렘이다. 이는 인간의 위업을 자랑하기 위해 세워진 바벨론의 도시와는 달리, 온 세계에 즐거움을 가져다주시는 왕에게 감사와 찬양을 표현하기 위해 성전을 세운 도시이다(시 48:2). 그렇기에 그 터전조차도 영광스럽다(시 87:1-3).

과거 모든 이스라엘 백성은 하나님을 어디서 만날 수 있는지를 알고 있었다. 하나님은 이스라엘의 성전이 세워진 거룩한 도시, 바로 예루살렘에 계셨기 때문이다. 따라서 이후에 유배를 당해 예루살렘을 떠나게 되었을 때도, 그들은 하나님의 왕좌가 있는 도시로 돌아가서 그분과 함께하고 싶은 열망을 반복적으로 표현했다(시 46:4-5; 107:4, 7, 36). 이는 마치 아담과 하와가 에덴동산으로 돌아가고 싶은 갈망을 가졌듯이, 인간은 언제나 하나님의 임재가 있는 도시에 가서 살고 싶은 마음을 가졌음을 보여 준다.

시편 저자들은 하나님이 거룩한 장소에 계시기 때문에 주로 도시에서 그분을 만날 수 있다고 노래했다. 다음과 같은 구절은 하나님을 도시에 거하시는 분으로 묘사한다. "한 시내가 있어 나뉘어 흘러 하나님의 성 곧 지존하신 이의 성소를 기쁘게 하도다"(시 46:4; 이 구절과 아래에 인용하는 본문에서 "성"이라고 번역된 단어는 대부분의 영어 성경에서 '도시'를 의미하는 단어로 번역되었다-역자 주). 이처럼 하나님은 도시를 사랑하시고, 도시에서 누리는 행복에 관심을 두셨음을 알 수 있다. "하나님이 그 성 중에 계시매 성이 흔들리지 아니할 것이라 새벽에 하나님이 도우시리로다"(시 46:5; 참고 48:1). 이 시편 저자는 하나님의 백성에게 소망의 메시지를 전한다. 그러면서 하나님이 자신의 거룩한 도시와 그 주민들에게 깊은 관심을 가지고 지속적으로 도시를 사랑하며 보호하고 축복하며 세우실 뿐 아니라 모든 것을 다해 그 도시를 보존하고 확장하신다는 사실을 상기시킨다. "우리가 들은 대로 만군의 여호와의 성, 우리 하나님의 성에서 보았나니 하나님이 이를 영원히 견고하게 하시리로다 … 너희는 시온을 돌면서 그곳을 둘러보고 그 망대들을 세어 보라 그의 성벽을 자세히 보고 그의 궁전을 살펴서 후대에 전하라"(시 48:8, 12-13).

심지어는 이 도시의 주변 마을과 외곽 지역까지 도시의 번영 때문에 기뻐한다. "주의 심판으로 말미암아 시온 산은 기뻐하고 유다의 딸들은 즐거워할지어다"(시 48:11; 이 구절에서 "딸들"이라고 번역된 단어가 영어 성경에서는 '마을'을 의미하는 단어로 번역되었다-역자 주). 이 시편 기자는 사람들에게 예루살렘 거리를 돌아보라고 권한다. 그러면서 하나님이 계시는 건물의 아름다움과 도시의 세부적인 구조를 보며 놀라워하기를 바라고 있다. 더 나아가 하나님이 그 모든 것을 지으셨을 뿐 아니라 이 도시를 사랑하여 영원히 지키실 것이라는 사실을 후대에 전하라고 요구한다. 이렇듯 이 시편이 반복해서 들려주는 노랫말은 하나님의 백성이 예루살렘이라는 도시를 기념해야 하며 또한 그 안에서 이루어질 변화된 공동체를 소망해야 한다는 사실을 강조하고 있다.

바벨론 유배

선지서의 몇몇 본문들도 하나님이 예루살렘을 사랑하셔서 그 도시를 위해 자기 백성이 수행해야 할 사명을 주시는 모습을 잘 드러낸다. 여기서 하나님은 비록 그 도시가 짓밟혀 버려지게 되었지만, 자신의 명예를 드러내기 위해 다시금 그 도시를 세워 새롭게 하겠다고 약속하신다. "전에는 네가 버림을 당하며 미움을 당하였으므로 네게로 가는 자가 없었으나 이제는 내가 너를 영원한 아름다움과 대대의 기쁨이 되게 하리니"(사 60:15). 또 이렇게 회복된 도시가 결국에는 "나의 영광을 나타낼 것"이라고 말씀하신다(사 60:21).

우리에게 잘 알려진 또 다른 선지서를 보면, 하나님은 단지 그분이 거하시던 거룩한 도시인 예루살렘만이 아니라 그 백성에게 악명이 높던 이방 도시인 니느웨까지도 사랑하셨다는 사실을 알 수 있다. 요나 선지자는 니느웨 사람들에게 회개의 메시지를 전하지 않으려고 도망쳤지만, 하나님은 그 도시에 대한 자신의 사랑을 다음과 같이 기막힌 설명으로 드러내셨다. "네가 수고도 아니하였고 재배도 아니[한] ⋯ 이 박넝쿨을 아꼈거든 하물며 이 큰 성읍 니느웨에는 좌우를 분변하지 못하는 자가 십이만여 명이요 가축도 많이 있나니 내가 어찌 아끼지 아니하겠느냐"(욘 4:10-11). 즉 니느웨는 "좌우를 분변하지 못하는" 예배자로 꽉 들어찬, 그야말로 인구 밀도가 높은 도시였다. 이는 유일하신 참 하나님을 예배할 수 있는 가능성, 다시 말해 여러 잡다한 우상들을 섬기던 도시가 한 분 하나님만을 예배하는 도시로 변화될 수 있는 가능성이 높았음을 의미했다. 이에 놀랍게도 하나님은 니느웨에게 회개하며 바른 예배를 회복하기를 요구하시며 그분이 예루살렘을 사랑하시듯 니느웨를 사랑하신다는 마음을 드러내셨다.

예레미야 28-29장은 이스라엘 백성의 지도자들이 바벨론 제국에 사로잡혀 간 시대를 묘사한다. 그 당시 포로가 된 상류 계층의 지도자들은 바벨론 문화의 영향을 받지 않기 위해 스스로를 철저히 지켜야 할지, 아니면 그 새로운 문화에 동화되어 완전히 바벨론 사람처럼 행동해야 할지 양단간에 결정을 내려야 했다. 그들은 바벨론이라는 유배지에 살면서 그처럼 오직 두 가지 길밖에는 자기들 앞에 주어지지 않았다고 생각했다. 물론 바벨론 제국의 사람들은 이스라엘 민족이 바벨론의 문화적, 정치적, 종교적 환경에 완전히 적응하여 그들 자신의 독특한 영적 정체성, 즉 하나님의 백성이라는 의식을 잃게 되기를 원했다. 그런데 이와 달리 이스라엘의 거짓 선지자들은 이스라엘 백성이 그들만의 정체성과 유산을 잃지 않기 위해 바벨론이라는 도시에서 철저히 벗어나야 한다고 주장했다(렘 29:8-9).
이러한 상황에서 예레미야는 다음과 같이 외치며 그 누구도 생각하
지 못한 세 번째 길을 제시한다. "너희는 집을 짓고 거기에 살며 텃
밭을 만들고 그 열매를 먹으라 아내를 맞이하여 자녀를 낳으며 …
너희가 거기에서 번성하고 줄어들지 아니하게 하라 너희는 내가 사
로잡혀 가게 한 그 성읍의 평안을 구하고 그를 위하여 여호와께 기
도하라 이는 그 성읍이 평안함으로 너희도 평안할 것임이라 … 너희
를 향한 나의 생각을 내가 아나니 … 너희에게 미래와 희망을 주는
것이니라"(렘 29:5-7, 11).

이처럼 하나님은 바벨론 사람들이나 이스라엘의 거짓 선지자
들이 제시한 길과는 다른 길을 제시하셨다. 말하자면 이스라엘 백성
에게 그들이 살고 있는 도시의 번영을 구하라고 요구하시면서 또한
그 도시의 한복판에서 문화적으로 구별된 백성으로 살기를 요구하
셨다. 이는 그들이 속한 지상의 도시에서 최고의 시민이 되어 공동의
선을 추구하면서 빛과 소금으로 살라고 하시는 부르심이었다.[22]

구약과 신약의
중간기

바벨론 제국에서도 하나님의 임재를 신실하게 구현하는 백성

이 되어야 한다는 부르심은 하나님의 위대한 약속에 따라 주어졌다. 그러나 이스라엘 역사는 그들이 이 사명을 수행하는 데 실패했음을 보여 준다. 하나님은 자기 백성을 유배지로 보내는 상황에서도 그들에게 주신 선교적 사명을 거두지 않으시고 재차 강조하셨지만, 그들은 하나님의 백성으로 신실하게 사는 데 이전과 마찬가지로 실패했다. 그래서 이스라엘 백성은 예루살렘으로 돌아가서 성전을 다시 세우고 성벽도 재건하게 되지만, 그들에 대한 의문은 구약과 신약의 중간기 동안 답변을 얻지 못하고 남겨진다. 하나님이 더 이상 새로운 선지자를 보내시지 않고 새로운 약속도 주시지 않는 그 침묵의 기간은 불확실하고 불안정한 시대의 분위기를 조성하기에 충분했다.

이스라엘 백성은 바벨론 유배를 겪으며 하나님이 피난처로 정하신 도시로부터 추방당했다. 안전이 보장된 신성한 장소로 여겨졌던 예루살렘은 더 이상 그분의 완고한 백성을 위한 피난처 역할을 하지 못했다. 그리하여 적군의 영토 속으로 들어가게 된 예루살렘은 그 백성을 위로하는 보호 수단이 되어 주지를 못했다. 결국 예루살렘을 벗어난 이스라엘은 피난처가 없는 백성이 되고 말았다.

그러다가 유배지에서 해방되었을 때, 그 백성이 되돌아간 예루살렘은 이방 통치자들이 다스리는 도시가 되어 있었다. 이에 그들은 자신들이 거하게 된 예루살렘이라는 도시가 다시금 피난처와 예배의 장소로 기능할 수 있을지 의아해 할 수밖에 없었다. 더욱이 포로 기간 동안 이스라엘 백성은 성전도 없고 하나님의 임재도 알지 못하는 민족으로 전락하고 말았다. 이런 상태에서 예루살렘으로 귀환한 그들은 성전을 그곳에 다시 세웠지만, 과연 하나님이 그 성전에 거하실지 또는 그분의 영광이 그 성전으로 돌아올지 확신할 수 없었다(겔 10장 참고). 최초에 주어진 문화 사명과 하나님의 백성으로 본이 되라는 소명은 바벨론 포로 기간 동안에도 강조되었지만, 실제 역사에서 이스라엘 백성은 점점 더 세속화되어 마침내는 구약과 신약의 중간기에 희생 제도까지 더렵혀지는 지경에 이르게 된다.

이와 같은 이스라엘의 유배 경험과 그 이후로도 도시에서 선교 사명을 감당하는 일에 실패한 그들의 역사에 비추어 볼 때, 도시의 미래가 어떻게 될지는 불확실해 보였다. 하나님이 원하시는 갱신을 그들 스스로 도시에 일으킬 수 없다는 사실이 분명히 드러나게 된 것이다.

그렇다면 하나님은 도시를 어떻게 대하시겠는가? 도시는 심히 분열되어 구제불능의 상태에 빠졌을 뿐 아니라 그 누구도 제대로 살아갈 수 없는 우상숭배의 장소로서 버려져야만 하는가? 바벨론 유배에서 해방되어 예루살렘으로 귀환한 사람들과 마찬가지로 우리는 다음과 같이 묻지 않을 수가 없다. 과연 도시는 하나님의 백성을 위한 피난처로 다시 회복될 수 있을까? 그리하여 인류는 하나님의 임재 가운데 또 다시 거할 수 있을까? 바꿔 말하면 하나님이 도시에 다시금 거하실까? 혹 인류의 번영과 문화의 발전, 그리고 샬롬의 축복은 이전 시대의 하나님 백성이 지닌 순진무구하고도 낙관적인 이상에 지나지 않는 것일까?

이러한 물음들이 구약과 신약의 중간기에 미해결된 상태로 남게 되었다. 이는 또한 현재 우리 안에서 일어나는 의문을 대변하기도 한다. 이러한 의문을 품고 신약성경으로 들어가게 되면, 놀랍게도 우리의 예상과는 전혀 다른 방식으로 답변하시는 하나님을 만나게 된다. 거기서 하나님은 도시에 대한 사랑을 여전히 드러내시는데, 그 사랑은 지칠 줄 모르는 열심으로, 그리하여 우리의 상식에 반하는 자기 희생까지 수반하는 열심으로 표현된다.

복음서가 말하는
도시

하나님의 백성이 도시 사명을 감당하는 일에 실패하자, 하나님께서는 직접 그 사명에 대한 책임을 지고 인간의 몸으로 도시에서 태어나신다(눅 2:11). 바로 이 예수 그리스도의 성육신이 지닌 의미는 아무리 강조해도 지나치지 않다. 하나님이 자기 백성을 구원하시기 위해 인간이 되셨기 때문이다. 인간이 최초의 도시인 에덴동산에서 타락하고 그 이후로도 하나님의 도시를 죄로 더럽히자, 하나님이 인간의 역사 가운데 직접 개입하셔서 그 누구도 예측 못한 방식으로 죄로 물들지 않은 새로운 도시의 기초를 세우신 것이다. 복음서는 바로 그 도시에 대한 하나님의 열심을 매우 잘 보여 주는 성경이다.

예수 그리스도와 도시의 관계

그렇다면 예수님이 도시와 무슨 관계가 있을까? 흥미롭게도 예수님의 공생애에 관한 논의는 소위 '도시 사역 대 시골 사역'(urban-versus-rural ministry)에 관한 논쟁을 불러일으키기도 한다. 그래서 우리는 간혹, 시골에서 사역하신 예수님과 도시에서 사역한 바울을 대조하는 설명을 듣게 되기도 한다. 그렇다면 예수님이 시골에서 사역하신 분이었다는 견해를 뒷받침할 만한 증거가 있을까? 아니면 예수님이 예루살렘이라고 하는 도시를 향해 사역하셨다고 주장하는 편이 옳을까? 이와 관련하여 하비 콘은 앤드류 오버맨(Andrew Overman)의 연구를 참고하여, 예수님의 사역이 다음과 같이 도시화된 환경에서 이루어졌다는 사실을 강조했다.

"갈릴리 남쪽 지역에 있으면서 도시화의 영향을 받지 않고 살아간다는 것은 불가능했다." 그곳에서의 생활은 로마 제국의 다른 지역에서와 마찬가지로 도시화된 문화를 띠고 있었기 때문이다. 이러한 도시의 영향이 과연 그 지역에서 주로 사역했던 예수님이나 제자들에게 미치지 않을 수 있었을까? 법정(마 5:25)이나 시장(마 23:7; 막 12:38) 등 도시 시설에 대한 언급, 원금이나 이자와 같은 금융 개념을 사용한 비유(마 25:27; 눅 19:23), 부재중인 지주로 하나님을 묘사하는 예화(막 12:1-12) 등 도시에 관한 표현으로 가득한 특징을 고려해 볼 때, 도시의 영향이 그들에게 미치지 않았다고 생각할 수 없다. 천 명의 병사를 여러 백부장이 통솔하는 제도라든가(마 8:5-9), 심지어 물고기를 잡는 권한에 대해서까지 세금을 부과하던 관료적인 세리들(마 9:10; 눅 5:27)이 갈릴리 주변의 이야기에 등장하고 있다.[23]

우리는 예수님의 사역이 도시라는 배경에서 일어났다는 사실만이 아니라, 어떤 의미에서는 그 사역을 이끌어 간 목적 자체가 도시에 있었음을 이해해야 한다. 누가복음을 보면, 그 전반적인 이야기가 예루살렘을 향해 가시는 예수님의 여정을 둘러싸고 일어난다는 사실을 분명히 알 수 있다. 이 복음서에서 이야기의 방향이 전환되는 지점은 9장 51절인데, 여기서 예수님은 "예루살렘을 향하여 올라가기로 굳게 결심하시"게 된다. 이 여정은 예수님이 성전에 들어가시는 19장 45절까지 이어지며, 이로써 사실상 도시의 중심부까지 진입하신 예수님은 곧이어 도시 바깥으로 끌려 나가 죽임을 당하시게 된다. 다시 말해 예루살렘은 예수님에게 피난처가 되어 주지 않지만, 예수님은 예루살렘에 가기로 결심하셨던 것이다.

이렇듯 예수님의 사역에서 예루살렘이라는 도시가 차지한 중심적인 역할을 강조하는 것은 시골이나 외곽 지역에서 일어난 그분의 사역을 부정하거나 과소평가하는 일이 아니다. 그것은 성경에 제시된 그대로 그분의 사역이 어떤 동선으로 이루어졌는지를 인정하는 일일 뿐이다. 이제 곧 살펴보겠지만, 도시에 대한 하나님의 열심은 바로 그 예수 그리스도 안에서 절정에 이르게 된다.

예수 그리스도의 성육신: 새로운 성전

앞서 개관한 구약성경의 내용에 따르면, 하나님은 원래 백성과 함께 거하는 장소로 도시를 계획하셨다. 우리는 이 사실을 에덴동산에서 확인했고, 또한 예루살렘의 성전을 통해서도 확인했다. 그리고 이스라엘의 유배 또한 본질적으로는 예루살렘에 있던 하나님의 임재로부터 추방된 사건을 의미한다는 사실도 알게 되었다. 이로부터 한 가지 질문이 떠오르게 된다. '과연 하나님은 다시금 자기 백성과 더불어 도시에 거하실 것인가?' 이 질문에 대한 답변은 바로 예수 그리스도의 성육신이 함축하는 근본적인 진리에서 찾을 수 있다. 왜냐하면 그분 안에서 하나님은 다시 한 번 그 백성과 함께 거하시기 위해 지상의 도시로 들어오셨기 때문이다. 하나님은 놀랍게도 이 일을 새로운 성전을 통해 성취하셨다. 그런데 더욱 놀라운 사실은, 그 새로운 성전이 다름 아닌 한 사람 곧 예수 그리스도라는 것이다.[24] 바로 이 새 성전은 옛 성전의 모든 기능을 수행할 뿐 아니라 그 이상의 의미를 담고 있다.

이처럼 예수님은 자신을 새로운 성전으로 세우시기 위해 예루살렘이라는 도시에 들어오셨다(요 2:18-22). 그리하여 장차 도래할 새 도시의 중심부가 되고자 하셨다. 이런 차원에서 예수님은 지상 사역을 통해 새로운 공동체, 즉 "산 위에 있는 동네"가 세워지게 되리라고 예고하셨다(마 5:14). 이는 어린양이 중심에 있는 미래 도시(계 21:22)를 현재적으로 반영하는 공동체를 의미한다. 따라서 하나님이 그리스도 안에서 이 세상으로 들어오신 일은 도시를 갱신하려는 계획이 이미 시작되었음을 알리는 사건이라고 할 수 있다. 다시 말해, 지상에 있는 도시의 역사를 다시 쓰는 사건이라고 할 수 있다. 인류와 그들이 섬기던 우상들은 이 도시의 중심부를 차지하지 못한다. 왜냐하면 이 새로운 도시는 예수님을 중심으로 모인 공동체가 될 것이기 때문이다.

결국 인류의 역사와 이스라엘의 과거 행적을 돌아볼 때 묻지 않을 수 없었던 질문에 대해 하나님은 그리스도 안에서 답변을 제시하셨다. 그 질문은 이러했다. '한때 하나님의 임재 가운데 살다가 죄로 인해 추방당한 인간이 어떻게 그분과 함께 다시 살 수 있을 것인가?' 이에 대해 구약의 선지자들은 날이 이르면 하나님이 자기 백성과 함께 다시 거하시리라고 예언했는데, 하나님은 바로 그 예언을 그리스도 안에서 성취하심으로써 앞선 질문에 대한 답변을 주셨다. 즉 새로운 성전 자체가 지상으로 내려온 것이다(요 1:14; 2:19-22; 4:20-24; 7:38-39). 그럼으로써 "천국이 세상의 도시로 내려오고 우리는 천상의 도시로 올라가는"[25] 일이 가능하게 되었다. 한마디로, 예수님이 지상의 도시에 오심으로써 우리가 천상의 도시에 들어갈 수 있는 길이 열리게 되었다(히 11-12장 참고).

예수님이 경험하신 깨어진 도시

하나님이 인간과 함께 거하시기 위해 내려오신 일은 그 자체로 온 땅을 뒤흔드는 사건이었다. 그분이 우리의 모든 고통과 유혹과 슬픔을 경험할 수 있을 만큼 낮아져 우리와 동일해지신 결과(히 4:15), 구속 이야기는 새로운 단계로 진입하게 되었다. 예수님은 예루살렘을 향해 나아가시며 완전히 망가진 이 땅의 도시들을 경험하셨다. 그러면서 죄로 인해 손상된 도시의 모든 폐해를 직접 마주하셨을 뿐 아니라 결국에는 그로 인한 희생자가 되셨다. 즉 예루살렘은 바로 그분의 도시, 곧 "큰 임금의 성임"에도 불구하고(마 5:35), 복음서는 예수님에게 대항하는 예루살렘의 모습을 그리고 있다.

어떤 의미에서 보면 성공지향적인 사람들, 또는 우상숭배적인 탐욕으로 자기 이득만 챙길 기회를 노리는 사람들이 예루살렘에 가득했던 상황은 그리 놀랄 만한 일이 아닐지 모른다. 그런 상황은 오늘날 우리가 속한 타락한 도시에서도 재현되고 있기 때문이다. 이러한 도시에서 자신의 지위와 안일만 추구하는 타락한 종교 지도자들과 계속 마주했던 예수님은 그들이 살해하고자 하는 주요 대상이 되신다(막 3:6). 그리하여 결국 그분을 사형에 처한 재판은 정의를 바르게 실현하기보다 대중의 인기에 더 관심이 많던 통치자에 의해 진행되었다(요 19:1-16). 심지어 그분의 죽음을 지켜보던 군인들은 죽어 가는 분의 옷을 쟁취하기 위해 도박을 벌였다(마 27:35). 예수님은 이처럼 인간의 마음속에 있는 온갖 우상들로 인해 완전히 망가져 버린 도시에서 고통을 당하셨다. 이사야 선지자가 지적했듯이, 예루살렘은 부정하고 음란한 도시가 되어 있었던 것이다(사 1장 참고). 그렇다면 어떻게 그 도시가 다시금 공정하고 의롭게 여겨질 수 있겠는가? 어떻게 예수님이 "버린 바 되리라"(눅 13:35)라고 말씀하신 그 도시가 다시금 "찾은 바 된 자요 버림 받지 아니한 성읍"(사 62:12)이 될 수 있겠는가?

도시의 관점에서 보는 예수님의 죽음과 부활

예수님은 예루살렘 도심에 들어가기 전에 잠깐 멈추시더니 그 도시를 가만히 바라보셨다. 분명 그 도시가 그려 내는 스카이라인과 사람들로 북적이는 시내의 전경은 감탄과 흥분을 자아냈을 법한데, 예수님은 그 도시를 바라보시더니 눈물을 흘리셨다(눅 19:41). 성경에는 예수님이 이처럼 눈물을 흘리신 경우가 총 세 번 소개된다. 나사로가 죽어 장사된 모습을 보고 애통해 하신 경우(요 11:35), 자신의 임박한 죽음을 앞두고 기도하며 통곡하신 경우(히 5:7), 그리고 앞서 언급한 바와 같이 예루살렘에 닥칠 심판을 생각하며 우신 경우이다. 이 마지막 경우는 사실상 도시가 맞이하게 될 죽음을 슬퍼하신 일이라고 볼 수 있다.

그런데 더 주목할 만한 대목은 예루살렘을 바라보며 우신 이 사건에 이어지는 예수님의 행동이다. 이 상황에서 예수님은 예루살렘에서 등을 돌려 그 도시가 멸망하도록 내버려 두실 수도 있었을 것이다. 아니면 그분 자신이 바로 그 순간에 도시를 심판하셨을 수도 있었을 것이다. 그런데 예수님은 곧바로 도심을 향해 나가시더니 그곳에 세워진 성전에서 날마다 가르치는 일을 하셨다(눅 19:45-48). 이로써 긴장이 발생하게 되었다. 사람들은 점점 더 예수님의 말씀에 사로잡힌 반면, 종교 지도자들은 점점 더 예수님을 향해 사악한 의도를 품게 되었기 때문이다.

복음서의 이야기를 따라갈 때, 우리는 예수님이 예루살렘에 입성하신 사건이 단지 어쩌다가 일어난 장소의 변화가 아니라 그 이상의 의미를 지니고 있음을 깨닫게 된다. 왜냐하면 예수님이 성육신하신 하나님이라는 성경의 주장이 사실이라면, 이 입성 사건에서 우리는 하나님의 임재가 다시금 도시 한복판으로 들어가 그 백성과 함께 거하는 중대한 장면을 목격하게 되기 때문이다. 마치 첫 번째 성전이 세워질 때 그리하셨던 것처럼, 하나님은 여기서도 다시 한 번 도시 안에 거하시게 된 것이다.

그런데 아이러니한 사실은, 성전에 충만했던 하나님의 임재를 가장 열망하며 그러한 전통을 보존하고 유지할 뿐 아니라 명예롭게 여긴 자들이 정작 하나님이 그들의 도시에 직접 찾아오셨을 때는 그분을 배척했다는 것이다. 이런 점에서 예루살렘은 인간이 세울 수 있는 반역적인 도시의 모습을 가장 극명히 보여 주는 사례가 되었다. 하나님이 그들 가운데 다시 거하고자 하셨을 때, 그들은 정작 그분의 통치를 거절하고, 오히려 그분의 임재와 상관없이 자신의 도시와 생활과 종교를 스스로 다스리려고 고집하였다. 그래서 위대한 왕의 도시인 예루살렘은 그 왕을 처결하자는 군중의 외침을 받아들임으로써 인간의 죄와 타락이 정점에 이른 도시의 모습을 보여 주었다.

그렇다면 이처럼 부정하여 버려진 도시가 어떻게 "버림 받지 아니한"(사 62:12) 상태로 다시 회복될 수 있겠는가? 그 답변은 세상의 논리를 뒤집는 십자가의 지혜에서 찾을 수 있다. 하나님은 자신에 대하여 지상의 도시에 거주하는 자들이 품은 반목과 적의와 반역을 예수 그리스도의 십자가 사건에서 직접 감당하셨다. 이로써 하나님의 아들이 대신 버려지고(마 27:46), "버림 받지 아니한" 도시가 세워질 수 있게 되었다. 즉 신실하지 않은 우리에게 미쳐야 할 형벌을 그분이 신실하게 감당하심으로써 이제 그분이 세우실 도시는 "의의 성읍이라, 신실한 고을이라" 불릴 수 있게 되었다(사 1:26). 역설적이게도 하나님은 인간의 도시가 강렬히 드러낸 사악함을 자신의 섭리 가운데 사용하셔서 그 도시에 구원을 가져다주셨다. 즉 예수님의 죽음이 궁극적으로는 그분을 배척한 사람들이 살고 있는 도시에 생명을 가져다주게 된 것이다.

다시 이 질문을 던져 보도록 하겠다. 과연 하나님의 임재를 상실한 백성이 어떻게 그 임재 가운데로 다시금 나아갈 수 있게 되겠는가? 예수님이 죽으실 당시 주변에서 일어난 사건을 보면, 그 질문에 대한 답변을 좀 더 분명히 할 수 있다. 공관복음서는 모두 예수님이 십자가에서 죽으실 때 성전에 있던 휘장이 둘로 찢어졌다는 기사를 전달한다(마 27:51; 막 15:38; 눅 23:45). 이와 같이 휘장이 찢어진 사건은, 하나님의 임재 가운데로 나아갈 수 있는 길이 그 백성에게 주어지기 전에 반드시 심판이 일어나야 한다는 원리를 상징적으로 보여 준다. 이는 하나님의 심판이 그 백성에게 일어나지 않으려면, 하나님 자신에게라도 그 심판이 일어나야 한다는 사실을 함축하고 있다. 더 나아가 신약 저자들이 예수님을 새로운 성전으로 이해한 사실에 비추어 볼 때, 예수님의 십자가 죽음은 결국 하나님의 심판이 새로운 성전 위에 임한 사건으로 이해될 수 있다. 곧 상징적인 차원에서 예수님이 십자가에서 둘로 찢김으로써 그분을 통해 하나님의 임재 가운데로 나아갈 수 있는 길이 열리게 된 것이다.[26] 이처럼 예수님의 십자가 죽음으로 성전의 휘장이 찢어짐으로써 이제 하나님의 임재 가운데로 나아갈 수 있는 길이 열리게 되었다.

예수님이 스스로를 새로운 성전이라고 지칭하신 내용은 다름 아닌 자신의 죽음을 예언하신 말씀이었다(요 2:19). 그런데 예수님은 그 말씀을 통해 자신이 또한 사흘 만에 부활할 사실도 예언하셨다. 이 놀라운 구속사적 사건으로 인해, 그분은 사망 권세를 이기시고 장차 임할 세계를 보여 주는 첫 열매가 되셨다(롬 8:23; 고전 15:20). 즉 예수님의 부활에서 우리는 새 하늘과 새 땅에 대한 약속이 어떻게 성취될 것인지를 미리 보게 된다. 바로 그 새로운 세계의 중심에는 사람들로 가득 찬 도시가 있을 것이다.

요약

복음서는 예수님이 탄생과 삶과 죽음과 부활을 통해 우리가 살고 있는 지상의 도시 속으로 완전히 들어오신 사건을 소개한다. 그분이 이 땅의 도시에 들어오신 목적은 하나님의 임재를 자신의 도시에 실현하여 그 임재에서 추방당해 버려진 백성으로 하여금 그 임재의 복락을 다시 누리며 "버림 받지 아니한" 백성이 되게 하시려는 데 있었다. 또한 자기 백성과 함께 영원히 거하게 될 새로운 도시의 기초를 확립하는 데 그 목적이 있었다. 예수님은 바로 그 미래의 도시를 위해 과거의 도시에서 권력과 통치를 내세우지 않으셨다. 또한 우리는 장차 임할 미래의 도시를 바라보는 가운데 현재의 도시에 샬롬이 이루어지기를 힘쓴다.[27] 그러므로 이제는 예수님의 초림과 재림 사이에 도시에서 일어나는 일들을 확인하기 위해 사도행전을 살펴보도록 하겠다.

사도행전

사도들과 동행했던 사람으로서 예수님에 관한 사실을 전파하는 데 관심이 많았던 누가는 복음서만 쓴 게 아니라 초대교회의 시작과 확장을 자세하게 설명하는 사도행전을 또한 저술했다. 누가복음이 '예루살렘으로' 향하는 예수님의 여정을 중심으로 기획되었다면, 사도행전은 '예루살렘으로부터' 복음이 전파되는 과정을 중심으로 이야기가 시작하고 전개된다고 볼 수 있다. 그리고 누가복음의 지리적 배경이 한 도시에 초점을 맞추었다면, 사도행전의 지리적 배경은 여러 도시에 초점을 맞춘다고 할 수 있다.[28]

사도행전의 초반부 이야기는 이 땅에 갓 탄생한 교회가 서로에 대해 관대하고, 유기적으로 연합된 공동생활을 하며, 매우 헌신적일 뿐 아니라, 세상에서는 담대하게 복음을 전파하고, 더 나아가 도시의 특색을 지닌다고 소개한다(행 1:4; 2:42-47). 대부분의 독자들은 위의 내용에 기꺼이 동의하겠지만, 도시의 특색을 지닌다는 마지막 설명에는 어려움을 느낄지도 모른다. 정말 초창기 교회는 '도시의 성격을 띠고' 있었을까? 이에 대한 답변은 '그렇다'이다. 왜냐하면 예수님이 제자들에게 성령으로 세례를 받기 위해서는 예루살렘을 떠나지 말라고 명령하셨기 때문이다(행 1:4). 이는 초대교회가 예루살렘이라는 도시에서 탄생하도록 의도하신 분이 예수님이라는 사실을 보여 준다. 그렇다면 이런 질문을 해 볼 수도 있다. '과연 초대교회는 성장하는 과정에서도 계속해서 도시의 성격을 띠게 되었을까?'[29]

하나님이 에덴동산을 창설하며 품으신 원래의 계획은 자신의 임재가 머무는 장소를 지리적으로 확장하는 일이었는데, 이제 그 계획이 교회의 성장과 더불어 성취를 이루게 되었다.[30] 흥미로운 사실은, 교회에 대한 박해가 교회를 "유대와 사마리아 모든 땅으로 흩어지"게 만들었다는 것이다(행 8:1). 여기서 예리한 독자들은 사도행전 1장 8절에서 교회의 선교 사명이 앞으로 어떻게 진행될지를 예수님이 말씀하신 내용을 기억할 것이다. 곧 예루살렘에서 시작하여 "유대와 사마리아"를 거쳐 결국에는 로마와 그 너머에 해당하는 "땅 끝까지" 진행되리라고 말씀하셨다. 교회가 이 선교 사명에 비로소 착수하게 된 계기가 박해를 통해 일어나게 된 것이다. 그리하여 여러 지역에 흩어진 기독교인들이 다양한 항구 도시들과 지중해의 주요 섬들에 찾아가게 되고, 그 결과 복음이 이방인에게까지 자연스럽게 전파되는 내용이 사도행전 11장까지 소개된다. 이 과정이 진행되는 각 단계마다 흩어진 기독교인들은 주요 도시라든가 영향력 있는 지역으로 이동하는 모습을 보이게 된다.

그러다가 사도행전 13장에 들어서며 지리적 배경에 큰 변화가 일어난다. 바로 (예루살렘이라고 하는) 한 도시에서 (안디옥이라고 하는) 다른 도시로 그 배경이 이동하게 된 것이다. 이는 곧 전형적인 유대 민족의 도시에서 여러 민족이 더불어 사는 큰 도시로 이야기의 무대가 전환된 것이다. 이로써 기독교 신앙의 중심지이자 수도 역할을 하는 도시가 바뀌게 되었다. 이제 기독교는 유대교의 배경을 지닌 예루살렘에 근거한 종교가 아니라 점점 더 많아지는 이방인이 주축이 된, 그야말로 이방 도시를 기반으로 삼은 운동이 되었다. 바로 이 도시를 기점으로 하여 사도 바울은 세 차례에 걸친 선교 여행을 진행하게 된다(행 13장; 15장; 18장).

우리가 사도행전을 읽으며 누가의 이야기를 따라가다 보면, 예수 그리스도가 세우신 교회가 지리적으로 확장되는 과정을 보게 되는데, 이 과정이 주로 도시를 통해 이루어진다는 사실을 확인하게 된다.

> 사도행전에서 우리가 만나는 세계는 그 도시적 특색으로 인해 성경 전체에서 가장 근대화된 모습을 드러낸다. 대부분의 사건이 어느 지역의 이름 없는 마을이나 시골이 아니라 그레코로만 세계의 유명한 도시들에서 발생한다. 이처럼 큰 도시들이 장악한 세상은 국제적이고 세계주의적인 성격을 띠게 마련이다. 초대교회의 역사에서 도시가 선호된 데도 그만한 이유가 있었다. 그 이유는 도시가 좋은 분위기에서 친절하게 복음을 받아들였기 때문이 아니라, 대부분의 사람들이 살고 있는 장소로서 세상에 영향력을 끼칠 수 있는 권력 구조가 그 안에 자리하고 있었기 때문이다. … 초대교회의 선교 전략이 도시를 복음화하는 데 있었음은 간과할 수 없는 사실이다. 사도행전에 등장하는 교회는 거의 다 도시와 관련되어 있다고 해도 과장이 아니다.[31]

물론 우리는 사도행전을 규범적인 교훈이 아니라 서술적인 이야기로 읽기 위해 주의를 기울여야겠지만, 복음을 도시 안에서 그리고 도시를 통해서 확장시키는 전략을 의도적으로 소개하는 내용을 간과해서는 안 된다. "분명한 목적의식을 가지고 한 도시에서 다른 도시로 이동하는 전략은 바울이 의도적으로 사용해 온 방책으로 보이기"[32] 때문이다. 이는 아마도 바울의 사역에서 가장 눈에 띄게 드러나는 전략일 것이다. 예를 들어 사도행전 17-19장에 소개되는 바울의 사역지를 생각해 볼 수 있다. 먼저 17장에서 우리는 (마케도니아 지방의 주요 무역 도시인) 데살로니가와 (당시 예술과 농업이 발달한 도시인) 베뢰아, 그리고 (헬레니즘 세계의 사상과 논쟁과 종교가 발흥한 핵심 도시인) 아테네에서 사역하는 바울의 모습을 보게 된다. 바로 이어 18장에서는 경제적 번영과 이교적 퇴폐 문화의 중심지였던 고린도에서 그를 만나게 된다. 그리고 19장에서는 종교와 무역과 공예가 상업적으로 결합되어 당대에 가장 영향력 있는 항구 도시로 부상한 에베소에서 활약하는 바울을 볼 수 있다.

여기서 우리는 큰 도시에서 일어난 사역을 강조하기 위해 선택적으로 사도행전의 내용을 다루고 있는 게 아니다. 오히려 그처럼 큰 도시를 선택적으로 부각시키는 사람은 사도행전의 저자인 누가이다. 하비 콘이 지적했듯이, "사도행전은 그야말로 도시를 다루는 이야기라고 해도 과장이 아니다. 여기서 소개되는 선교 사역은 거의 다 도시에서 일어난다."[33] 심지어 도시 사역은 물론이고 선교에도 별 관심을 두지 않은 자유주의 신학자 아돌프 폰 하르낙(Adolf von

Harnack) 역시 사도행전에서 그와 동일한 패턴을 발견하며 이렇게 말했다. "대부분의 경우 선교는 도시에서 일어났다. 디아스포라 유대인들이 주로 도시에 거주하고 있었기 때문이다." 폰 하르낙은 누가에게는 도시라는 장소가 당연히 전제되어 있는 배경이었기 때문에 오히려 도시 바깥에서 일어난 일을 설명할 때 그 상황을 분명히 명시하는 특징을 보였다고 설명한다(행 7:58; 14:19; 16:13; 21:5).[34]

사도행전의 결말에서 누가는 제국의 수도인 로마를 향해 가는 바울의 여정을 본격적으로 다룬다. 바울이 로마에 이르는 일은, 예수님의 증인이 "땅 끝까지" 이르게 되리라는 선교 사명도 이제 절정에 다다랐음을 의미했기 때문이다. 결국 바울은 세상에서 가장 영향력 있는 도시에 복음을 전하는 일에 착수한다. 지금까지 여러 가지 반대와 감금과 난파를 겪어 왔지만, 로마에 도착하기까지 그는 자신의 여정을 멈추지 않았다. 그러다가 로마에 도착하자, 그 도시에 머물게 된다. 그의 선교가 종착지에 왔기 때문이다. 교회의 전승은 바울이 순교를 당할 때까지 로마에 남아 있었다는 이야기를 전해 준다. 그의 순교는 이 세상의 유력한 지역에서 복음이 환영받지 않을 수 있다는 사실을 우리에게 마지막으로 상기시킨다.

이처럼 사도행전이 그려 내는 세계는 국경이 없고, 다원주의적인 사상이 만연할 뿐 아니라, 전반적으로 도시의 특색을 띠고 있다. 초대교회는 작은 마을이나 시골 지역을 무시하지는 않았지만, 복음 전파와 교회 개척을 위한 전략적 우선순위를 도시에 두었다.[35] 그리고 예수 그리스도의 복음이 성령의 권능을 힘입어 전파되자 근본적으로 다른 새로운 공동체가 탄생했다. 이 공동체는 로마 제국 전역에 걸쳐 지리적으로 확장되었다. 오늘날 우리가 살고 있는 시대도 사도행전 당시와 유사한 조건들을 많이 가지고 있다. 우리는 점점 더 도시화되는 세계에서 국경을 초월한 마인드와 다원주의적인 정신이 확산되는 현상을 보고 있다. 그렇다면 이 또한 세계 전역의 도시에서 새로운 복음 운동을 일으킬 수 있는 상황에 우리가 직면해 있음을 나타내는 전조가 될 수 있다. 또한 수많은 인구가 혁신과 안전과 편의를 누릴 수 있는 장소로 도시를 선택해서 이동하고 있는 상황은 복음이 궁극적으로 그들의 마음을 채우는 메시지로 선포될 수 있는 절호의 기회가 될 수 있다. 그렇기에 우리는 교회가 계속해서 도시를 통해 "땅 끝까지" 복음을 전하게 될 것인지 깊은 관심을 갖지 않을 수 없다.

바울 서신

우리는 사도행전을 통해 교회의 사역이 전략상 도시를 중심으로 이루어진다는 내용을 확인했기 때문에, 바울 서신을 읽게 되면서 왜 도시에 대한 언급이 그토록 드물어졌는지 궁금해 할 수밖에 없다. 지금까지 신약성경의 이야기가 도시를 향해 이동해 왔고, 복음의 메시지도 주로 도시에 전파되어 왔는데, 왜 서신서로 들어가게 되면 도시에 대한 언급을 거의 못 듣게 되는 것일까? 바울은 '도시'를 의미하는 헬라어 단어를 오직 네 차례만 그의 편지에서 사용하는데, 그 각각의 경우도 전체 논지에 핵심적이지 않은, 다시 말해 상황적인 차원에서만 언급된다. 그렇다면 도시에 대한 강조는 여기서 끝난 것일까? 성경의 초점이 도시에서 다른 곳으로 전환된 것일까?

이러한 질문에 대한 답변은 바울 서신에서 도시 용어가 상황적이고 드물게 사용되는 이유를 어떻게 생각하는지에 따라 달라진다. 즉 누군가는 그 이유를 들어 바울 서신이 도시의 특색을 지니지 않는다고 주장할 수도 있겠지만, 그와 동일한 이유를 들어 반대로 주장하는 일도 가능하다.[36] 그리고 실제로는 겉으로 드러난 특징과 달리, 우리가 생각하는 정도보다 훨씬 더 도시의 성격을 띠고 있는 글이 바울 서신이라고 말할 수 있다.

한마디로 그의 서신은 예외 없이 도시에서 작성되어 도시로 발송되는 편지였다. 각각의 도시 교회에 편지를 쓰는 사역은 도시에서 진행되는 교회 개척 사역이 지리적으로 얼마나 확장되었는지를 잘 반영하고 설명해 준다. 이러한 상황을 감안할 때, 우리는 왜 그가 명백한 도시 용어를 거의 사용하지 않았는지를 알 수 있다. 굳이 도시 사역의 필요성을 강조할 필요가 없었기 때문이다. 단지 그 필요성을 전제하고 글을 쓰면 되었다. 다시 말해 바울과 그의 동료들은 이미 도시 사역을 진행하고 있었기에, 그 중요성에 대해 재차 강조할 필요가 없었다. 도시는 바울뿐 아니라 그의 독자들이 이미 생활하고 있는 환경이었다. 바울의 사역 자체가 도시에서 일어났기 때문이다.

흔히 우리는 로마서 16장 23절과 같은 구절을 대충 보고 넘어간다. 그 구절은 한 도시의 재무관 에라스도의 문안 인사를 로마에 있는 교회에 전달하는 내용을 담고 있다. 역사가들은 바로 이러한 내용을 증거로 삼아 바울이 어디에서 사역을 했는지 또 어떤 유형의 사람들에게 편지를 보냈는지를 판단한다. 그런 관점에서 볼 때 이 내용은, 바울의 사역을 통해 고린도 시에서 경제 활동을 관장하는 재무관에게까지 복음이 침투했다는 사실을 보여 준다. 그뿐 아니라 에라스도가 고린도 교회의 일원으로서 스스로를 로마에 있는 기독교인들과 하나 된 지체로 여기고 있다는 사실을 보여 주기도 한다.

한 마디로 바울은 도시에 거주한 사람이었고, 그의 생활과 사역과 저술, 심지어는 죽음까지도 도시에서 일어났다. 그렇기에 "바울은 도시인이었다. 도시의 숨결이 그의 말투에서도 느껴진다."[37] 그의 사역으로 인해 도시 출신의 기독교인들로 가득했던 도시 교회들이 역동적인 네트워크를 서로 형성했다. 바울의 인생과 저술은 사도행전 전체에 걸쳐 소개된 도시 사역이 실제로 적용된 사례라고 볼 수 있다.

히브리서

도시에 대한 뚜렷한 언급이 바울 서신에 부족하게 나타나듯 일반 서신에서도 똑같은 현상이 나타나는데, 우리는 그에 대해서도 동일한 원인을 들어 설명할 수 있다. 다만 한 가지 예외가 있다. 요한계시록을 제외한 신약의 모든 책 중에서 히브리서만큼 도시에 관한 신학을 분명히 다루는 책은 없다는 것이다. 특히 히브리서의 후반부에 등장하는 세 본문은 도시에 관한 성경신학을 매우 자세하고 선명하게 제시한다.

미래 도시를 바라보다

믿음의 영웅들을 소개하는 히브리서 11장에서 저자는 우리로 하여금 아브라함에 대해 생각하도록 유도한다. 하나님의 부르심을 받아 자신이 출생했던 도시를 떠난 아브라함은 약속의 땅에 거류하며 "장막에" 거하였다(9절). 여기서 저자는 그러한 생활이 이상적인 삶의 모습이 아니었음을 전제하고 있다. 즉 아브라함은 도시에 정착하기를 바랐을 것이라고 가정한다. 그러한 바람에서 아브라함은 하나님의 약속을 신뢰하여 미래에 자신이 상속할 땅이 있음을 믿었다. 그래서 히브리서는 "그가 하나님이 계획하시고 지으실 터가 있는 성을 바랐음이라"고 밝힌다(10절). 이어서 본문은 아브라함과 그의 가족들이 고향으로 돌아갈 수도 있었지만(15절), 그보다 "더 나은 본향"을 사모했다고 설명한다. 왜냐하면 그들이 기대했던 목적지는 "하나님이 … 그들을 위하여 한 성을 예비하"신 도시였기 때문이다 (16절).

이처럼 히브리서는 미래에 나타날 도시가 있으며 그 건설자는 하나님이라고 밝히고 있다. 우리 역시도 간절히 기대하는 마음으로 그 미래의 도시를 바라보며 이 땅을 살아간다. 하나님이 예비하신 그 도시가 '아직' 우리 앞에 드러나지 않았기 때문이다. 그래서 우리 모두는 히브리서 11장에 소개된 믿음의 영웅들과 함께 하나님이 디자인하신 새로운 도시를 향해 가고 있다. 이 땅에서는 거류민과 같이 또는 망명자와 같이 살며, 하나님이 예비하신 동산이자 새로운 도시인 본향을 향해 가고 있는 것이다. 이와 같은 관점을 견지할 때, 우리는 이 땅의 도시들을 장차 임할 도시와 동일시하는 오류에 빠지지 않게 된다. 더 나아가 하나님이 도시를 사랑하여 궁극적으로 도시를 건설하시는 분임을 확신하게 된다. 그분은 아브라함과 맺은 언약의 모든 약속을 성취하기 위해 도시를 지으시는 분이기 때문이다.

미래 도시를 경험하다

히브리서 12장에서 저자는 그의 독자들, 즉 시험을 당한 신자들에게 격려의 메시지를 전달한다. 당시 여러 지역에 흩어진 유대 기독교인들이 유대교로 다시 돌아오라는 유혹을 받고 있었기 때문이다. 과거에 몸을 담았던 종교 의식의 익숙한 제도와 전통에 유혹을 느끼던 그들은 과연 그리스도가 이전에 그들이 신앙생활을 하며 경험했던 유익을 제공해 주실지 의심하기 시작했다. 이에 히브리서 저자는 그들이 그리스도 안에서 누리는 권리가 어떠한지를 열거하며, 그 권리는 다른 이들이 볼 수도 없고 찾을 수도 없으며 헤아릴 수도 없는 축복이라고 설명한다. 즉 과거에 이스라엘 백성은 하나님의 임재가 두려워 시내산에 감히 다가갈 수도 없었지만, 그들은 이제 "시온 산과 살아 계신 하나님의 도성인 하늘의 예루살렘"에 이르게 되었다고 강조한다(22절). 이는 마치 이런 설명과 같다. "지금 너희는 앞선 선조들이 바라보았던 그 도시를 '이미'(already) 경험하고 있음을 알아야 한다. '아직'(not-yet) 완전히 누리지는 못할지라도 말이다."

결국 히브리서 11장이 하나님이 지으신 도시를 현재 우리가 바라보기만 할 뿐 아직 경험하지 못하는 장소로 그리고 있다면, 히브리서 12장은 "하나님의 도성인 하늘의 예루살렘"을 우리가 이미 "이른" 장소로 묘사하고 있다(22절).[38] 우리 각자는 이미 예수님께 "이른" 사람으로서 그분의 피가 우리에게 뿌려져 성도들의 모임에 참여하게 되었다는 사실을 부인하지 않을 것이다. 이와 마찬가지로 우리는 "살아 계신 하나님의 도성"에 이미 참여한 자가 되었다는 사실도 인정해야 한다.

이렇듯 우리가 미래에 들어가리라고 기대하는 "하나님의 도시는 현재의 시간 가운데 눈에 보이지 않게 침투하여 성도들로 하여금 그 도시에 참여할 수 있게 만든다."[39] 바로 이 미래에 드러날 하나님의 도시를 '이미와 아직'(already/not-yet)의 차원에서 경험하기 때문에, 현재 우리는 두 가지 도시의 시민으로 살아가는 것이다. 즉 지상의 도시와 천상의 도시의 시민으로 살아간다. 여기서 우리의 정체성을 결정짓는 천상의 시민권이 지상의 시민으로서 어떻게 생활하고 일을 하며 활동해야 할 것인지를 규정한다. 그렇다면 과연 어떠한 사실에 근거해서 신자들은 '이미와 아직'의 방식으로 하나님의 도시에 참여하며 그로부터 시민권을 받게 되는 것일까?

미래 도시를 창설하다

우리는 구약성경이 어떻게 도시를 바라보는지를 앞서 개관했다. 거기서 우리는 도시가 피난처의 장소로 여겨졌다는 중요한 내용을 확인했다. 과거에 도시는 요새화된 성벽과 탁월하게 기능하는 법률 제도로 인해 소외되고 가난한 자들과 보호를 받고자 피신 온 자들을 위한 장소가 되었다. 그런데 이스라엘 백성이 하나님의 임재에서 멀어졌을 때, 그들은 단지 성전에 들어갈 수 없게 되었을 뿐 아니라 그 위대한 왕이 다스리시는 도시도 더 이상 그들에게 피난처가 되어 주지 않았다. 따라서 그 도시에 가득한 죄악을 제거해야만 이스라엘 백성이 하나님의 임재를 다시금 피난처로 삼아 그 도시에 거할 수 있었다. 하지만 이스라엘의 희생 제도는 그들의 죄를 완전히 제거하지 못했기에, 그 백성은 결국 하나님의 임재로부터 쫓겨나야 했다. 그렇다면 그들은 어떻게 다시 회복되어 그 위대한 왕이 다스리시는 도시에서 보호를 받을 수 있을까?

히브리서 13장은 그 길을 우리에게 제시한다. 여기서 우리는 예수님이 십자가 사건을 통해 "자기 피로써 백성을 거룩하게 하려고 성문 밖에서 고난을 받으셨"다는 이야기를 듣게 된다(12절). 십자가에서 예수님은 하나님의 임재 가운데서 벗어난 지상의 도시를 피난처로 삼지 않으시고 오히려 그 백성의 죄를 완전히 감당하는 길을 취하셨다. 그 결과, 미래의 도시 곧 "장차 올 것"이 세워졌다(14절). 바로 이 도시가 하나님의 백성에게 영원한 피난처가 된다. 또한 죄로 인해 그분의 임재 가운데로 나아가지 못할 일이 전혀 없는 평안의 장소가 된다. 이 사실은 현재 우리가 살아가는 삶의 방식에 중대한 영향을 미친다.

즉 우리는 믿음으로 하나님과 교제하며 우리의 피난처가 되는 미래의 도시를 신비한 방식으로 경험하고 있기 때문에, 현재 지상에서 살아가는 도시를 어떻게 바라보며 또한 그 도시에서 어떻게 활동해야 하는지를 바르게 이해할 수 있게 된다. 혹 우리가 이 땅의 도시에 깊이 관여된 생활을 하고 있을지라도, 우리는 두 가지 시민권을 가진 자로서 이 지상의 도시로부터 궁극적인 수용과 인정, 평안과 보호를 구하지 않는다(13절).

팀 켈러의 표현을 빌리자면, 우리는 한 도시의 시민권자이자, 다른 도시의 영주권자라고 말할 수 있다. 그래서 우리는 우리 각자의 신앙과 행위를 결정짓는 도시에 충성하는 삶을 살면서, 동시에 다른 도시에서 영주권자로 거한다. 그렇기에 우리는 이 땅에서 원주민이나 관광객 또는 여행자라기보다 일종의 "거류 외국인"(resident aliens)이다.[40] 이처럼 그리스도 안에 있는 우리는 미래의 도시에서 누릴 하나님과의 완전한 관계와 그로부터 주어지는 복락을 '이미와 아직'의 차원에서 경험하고 있다. 따라서 우리는 지상의 도시에서 주어지는 축복도 장차 다가올 도시를 미리 경험하는 예고편과 같이 이해할 수 있다.[41] 결국 "하나님의 은혜 가운데 예수님이 '과거의 도시'에서 고난을 받으셨기에, 우리는 '미래의 도시'에서 시민의 자격을 얻게 되었다. 이는 우리로 하여금 '현재의 도시'에서 빛과 소금으로 살게 만든다."[42]

요한계시록

구약성경은 하나님이 어떻게 그 백성과 함께 다시 거하실 수 있을지에 대한 의문을 남겼다. 이에 신약의 이야기는 예수님의 죽음과 부활을 소개하며 그 일이 일어날 수 있는 길을 제시했다. 이제 마지막으로 요한계시록은 그렇게 하여 도래하게 될 미래의 아름다움을 바라볼 수 있는 청사진을 제공하게 된다. 이 요한계시록은 아시아의 일곱 도시에 세워진 각 교회들에 발송된 편지로서(계 1:4; 2-3

장), 그리스도의 최후 승리를 밝히 드러내어 그 교회들의 신앙을 고무하거나 책망하는 내용을 담고 있다. 여기서 우리는 그리스도의 승리로 인해 새로운 창조 세계의 결정판이라고 할 수 있는, 형언할 수 없는 도시의 광경을 보게 된다.

비록 이 편지는 1세기의 특정 교회들을 위해 쓰였지만, 그 저자는 하나님 나라가 지리적으로 확장되어 땅 끝까지 이르게 될 날을 바라보고 있다. 그날에 모든 그리스도인은 "각 나라와 족속과 백성과 방언에서" 나아와 예수님 앞에 모여 그분이 이루신 구원을 기념하며 예배하게 된다(계 7:9-10). 이 장면은 모든 족속과 백성과 방언에서 그들이 나오기 위해 세상의 각 도시에 교회가 세워져야 한다는 내용을 함축하고 있다.

요한계시록은 그처럼 각 나라에서 그리스도인이 부름 받는 장면을 보여 주는 데서 더 나아가, 하나님이 그 대적을 물리치시는 최후 승리와 새로운 창조 세계의 완성까지도 묘사한다. 그런데 흥미로운 사실은, 영원히 평화로운 신세계가 도래하기에 앞서 펼쳐지는 마지막 전투가 도시의 언어로 표현된다는 것이다. 요한계시록에서는 인간의 죄악으로 인해 현 세상에 발생하게 된 모든 문제가 "바벨론"으로 상징화된다. 바로 이 하나님의 대적과 그를 따르던 사람들에 대한 마지막 심판이 선언되자, 그 상황을 지켜보던 자들이 이렇게 외친다. "화 있도다 화 있도다 큰 성, 견고한 성 바벨론이여 한 시간에 네 심판이 이르렀다"(계 18:10; 이 구절과 아래에 인용하는 본문에서 "성"으로 번역된 단어가 대부분의 영어 성경에서는 '도시'를 의미하는 단어로 번역되었다-역자 주). 이 심판이 내려지자 하늘에서는 크게 즐거워한다. 왜냐하면 하나님이 자신과의 영원한 교제로 그 백성을 인도하시려는 구속 계획이 이제 곧 성취를 앞두게 되었기 때문이다. 즉 죄악으로 타락한 지상의 도시가 심판을 받고, 새로운 도시가 도래할 수 있는 길이 열리게 된 것이다.

바벨론이 불길에 타오르게 되자, 일단의 선원들이 그 광경을 지켜보며 이렇게 묻는다. "이 큰 성과 같은 성이 어디 있느냐"(계 18:18). 이 질문은 자연스럽게 다음과 같은 물음들을 야기한다. 과연 바벨론은 재건될 것인가? 하나님의 의로운 심판으로 인해 도시는 종적을 감출 것인가? 아니면 도시는 타락의 소산물로서 하나님이 세상을 회복시키실 때 지상에서 결국 사라지게 될 것인가? 이러한 물음들에 대해 요한계시록은 '그렇지 않다'고 대답한다. 오히려 하나님은 바벨론을 제거하심으로써 '자신의' 도시에 대한 열심을 드러내신다. 즉 인구가 빽빽하고 여러 인종이 함께 사는 큰 도시에서 자기 자신과 그 백성의 완전한 교제를 방해하는 요소를 제거하신다.

그 결과, 요한계시록 21장에서 우리는 새 하늘과 새 땅의 모습을 보게 된다. 그리고 우리가 지금까지 언급해 온 미래의 도시를 바로 그 땅의 중심부에서 만나게 된다. 그와 관련한 본문은 길지만 인용할 만한 가치가 있다. 거기서 묘사되는 장면이 놀라울 뿐 아니라 그 이상으로 형언하기가 어렵기 때문이다.

성령으로 나를 데리고 크고 높은 산으로 올라가 하나님께로부터 하늘에서 내려오는 거룩한 성 에루살렘을 보이니 하나님의 영광이 있어 그 성의 빛이 지극히 귀한 보석 같고 벽옥과 수정 같이 맑더라 크고 높은 성곽이 있고 열두 문이 있는데 문에 열두 천사가 있고 그 문들 위에 이름을 썼으니 이스라엘 자손 열두 지파의 이름들이라 동쪽에 세 문, 북쪽에 세 문, 남쪽에 세 문, 서쪽에 세 문이니 그 성의 성곽에는 열두 기초석이 있고 그 위에는 어린양의 열두 사도의 열두 이름이 있더라 내게 말하는 자가 그 성과 그 문들과 성곽을 측량하려고 금 갈대 자를 가졌더라 그 성은 네모가 반듯하여 길이와 너비가 같은지라 그 갈대 자로 그 성을 측량하니 만 이천 스다디온이요 길이와 너비와 높이가 같더라 그 성곽을 측량하매 백사십사 규빗이니 사람의 측량 곧 천사의 측량이라 그 성곽은 벽옥으로 쌓였고 그 성은 정금인데 맑은 유리 같더라 그 성의 성곽의 기초석은 각색 보석으로 꾸몄는데 첫째 기초석은 벽옥이요 둘째는 남보석이요 셋째는 옥수요 넷째는 녹보석이요 다섯째는 홍마노요 여섯째는 홍보석이요 일곱째는 황옥이요 여덟째는 녹옥이요 아홉째는 담황옥이요 열째는 비취옥이요 열한째는 청옥이요 열두째는 자수정이라 그 열두 문은 열두 진주니 각 문마다 한 개의 진주로 되어 있고 성의 길은 맑은 유리 같은 정금이더라 성 안에서 내가 성전을 보지 못하였으니 이는 주 하나님 곧 전능하신 이와 및 어린양이 그 성전이심이라 그 성은 해나 달의 비침이 쓸 데 없으니 이는 하나님의 영광이 비치고 어린양이 그 등불이 되심이라 만국이 그 빛 가운데로 다니고 땅의 왕들이 자기 영광을 가지고 그리로 들어가리라 낮에 성문들을 도무지 닫지 아니하리니 거기에는 밤이 없음이라 사람들이 만국의 영광과 존귀를 가지고 그리로 들어가겠고 무엇이든지 속된 것이나 가증한 일 또는 거짓말하는 자는 결코 그리로 들어가지 못하되 오직 어린양의 생명책에 기록된 자들만 들어가리라(계 21:10-27; 이 본문에서 "성"이라고 번역된 단어가 대부분의 영어 성경에서는 '도시'를 의미하는 단어로 번역되었다-역자 주).

이 본문을 해설하는 데만 책 전체를 할애할 수도 있다. 가령 도시의 규모라든가 여러 가지 수치 또는 도시를 구성하는 보석이나 구약 예언을 암시하는 모습까지 다루자면 엄청나게 많은 내용을 설명해야 한다. 그러나 우리는 여기서 몇 가지 요소만을 주목하고자 한다.

첫째로, 이 도시는 철저히 물질로 구성되어 있을 뿐 아니라 문화적인 색채를 띠고 있다는 것이다. 곧 성벽과 성문, 기초석에 새겨진 이름들과 여러 가지 정교한 보석들이 이 도시를 특징적으로 꾸미고 있다. 한 마디로 이 미래의 도시는 최고의 문화적 양식을 반영하여 건축되었다고 볼 수 있다.

둘째로, 하나님이 지으신 그 거대한 성벽은 우리가 미래에 거하게 될 도시가 완벽한 피난처임을 상징한다는 것이다.

셋째로, 이 도시에는 성문이 있지만 늘 열려 있는데, 이는 우리가 두려워할 만한 침략이나 침입이 전혀 없다는 사실을 의미한다는 것이다. 하나님의 마음을 거스르거나 그에 상반된 어떤 대상도 도시에 들어올 수가 없다. 끝으로 가장 놀라운 요소는, 이 도시에 성전이 없다는 것이다. 도시의 모든 시민들이 그리스도의 피로 정결해졌기 때문에, 그들은 더 이상 성전이라는 매개가 필요 없이 하나님과 완전한 관계를 누리며 살 수 있게 된다. 결국 우리는 과거의 도시에서 이뤄져야 했으나 그렇지 못했던 모든 일들이 마지막 날에 새 예루살렘에서 성취되는 모습을 보게 된다. 따라서 그 새로운 도시에서는 문화의 진정한 다양성과 발전, 참된 안전과 평안, 인류의 번영과 조화로운 교제, 창의력과 다양성이 공존하는 환경, 하나님의 임재를 제약 없이 경험하는 온전한 예배를 모두 경험할 수 있다. 요한계시록이 묘사하는 이 도시는 더욱 승화되고 영광스러운 상태로 발전된 에덴동산의 모습을 보여 준다(계 22장). 우리는 그 동산으로 돌아가게 될 것이다. 바로 그 새로운 도시가 우리가 살게 될 본향이기 때문이다.

결론

지금까지 우리는 구속사를 빠르게 개관하며, 그리스도 안에서 나타난 하나님의 지혜를 알게 되었고 또한 자기 백성과 함께 도시에 거하고자 하시는 그분의 강한 의지도 확인하게 되었다. 맨 처음에 아담과 하와를 통해서는, 하나님의 임재 가운데로 막힘없이 나아갈 수 있었던 에덴동산에서의 생활을 생각해 보았다. 그러나 이내 타락으로 인해 동산에서 추방당하게 된 그들은 하나님의 임재를 상실하고 말았다. 그래서 우리는 이렇게 묻지 않을 수 없었다. 과연 어떻게 그 동산으로 다시 돌아갈 수 있을 것인가?

하나님은 이어서 이스라엘이라는 한 민족을 선택해서 자기 백성으로 삼으셨다. 그리고 예루살렘이라는 도시에 그들을 두고 성전을 통해 그들 가운데 거하겠다고 약속하셨다. 하지만 그들은 지속적으로 불순종하여 결국 그 도시에서 추방당하고 하나님의 임재도 상실하게 되었다. 이에 우리는 또 다시 이렇게 물었다. 과연 어떻게 하나님의 임재가 머무는 그 도시에 다시 돌아갈 수 있을 것인가?

이러한 물음에 대한 하나님의 응답은 결국 예수 그리스도의 인격과 사역을 통해 주어지게 되었다. 원래 예수님은 하늘에 계시면서 그 누구도 간섭할 수 없는 삼위일체의 관계 가운데 완전한 교제의 복락을 누리셨지만, 기꺼이 그 천상의 기쁨을 뒤로하고 육신을 입고 이 땅에 내려오셨다. 그리하여 앞서 아담과 이스라엘 백성이 실패했던 완전한 삶을 사시고, 마침내는 십자가를 지시고 하나님 앞에서 추방당해 버려지는 고통을 겪으셨다. 이로써 아담과 이스라엘 백성에게 주어졌던 사명을 성취하시고, 또한 죄인이 받아야 할 형벌까지 대신 감당하신 예수님은 새로운 역사를 펼치시게 되었다. 곧 하나님과 바른 관계를 회복할 수 있는 길을 우리 앞에 열어 놓으신 것이다. 그 결과 우리는 하나님의 임재 가운데로, 하나님이 거하시는 도시로 다시 돌아갈 수 있게 되었다.

죄의 종으로서 하나님에게서 분리되고 추방당할 수밖에 없던 우리가 이제는 새로운 성전이신 예수 그리스도를 통해 하나님의 임재 가운데로 마음껏 나아갈 수 있게 된 것이다. 또한 놀랍게도 그분의 죽음과 부활에 기초해서 우리는 새로운 도시의 시민권을 받고 미래에 그 도시에서 영원히 거할 수 있는 권리를 얻게 되었다. 바로 그 도시에서 우리는 하나님 및 다른 이들과 더불어 아무 제약 없는 교제를 영원토록 누리게 될 것이다. 그 도시는 위대한 왕이 통치하시기에, 참된 권력의 중심부가 될 것이다. 또한 그 도시는 구속받아 새로운 피조물이 된 인구가 거주하기에, 참된 문화의 중심부가 될 것이다. 더 나아가 그 도시는 하나님의 임재로 충만하고 우상숭배로부터 완전히 자유해진 사람들로 가득하기에, 참된 예배의 중심부가 될 것이다.

이처럼 성경은 처음부터 끝까지, 자기 백성과 함께 거할 수 있는 도시를 세우고자 하시는 하나님의 열심을 보여 준다. 그분이 세우고자 하시는 도시가 우리의 삶에 미치는 영향은 놀랍기 그지없다. 곧 완전한 미래의 도시에 대한 그분의 약속은 '이미와 아직'의 방식으로 우리의 삶에 영향을 미친다. 그래서 그 기쁜 소식에 사로잡혀 천상의 시민이 된 우리는 현재 이 지상의 도시에서 빛과 소금으로 살며 일하고 활동한다.

이와 같이 하나님은 도시를 변화시키는 일에 (말 그대로) 죽기까지 헌신하셨을 뿐 아니라 여전히 지칠 줄 모르는 열심을 드러내고 계신다. 바로 이 사실에 대한 관점을 견지한 채, 이제 우리는 남은 장들을 통해 우리가 속한 도시에서 선교 사명을 수행하며 살아가는 모습이 어떠한지를 깊이 생각해 보고자 한다.

토의를 위한 질문

1. 이 장을 읽기 전에 성경이 도시에 대해 어떤 관점을 가졌을 것이라고 생각했는가? 그렇다면 그 생각이 이제 어떻게 바뀌었는가? 또한 당신은 도시가 하나님의 발명품이며 그분이 이 세상에 대해 품으신 계획에 속한다는 저자의 설명에 동의하는가?

2. 메리데스 클라인의 다음과 같은 진술을 어떻게 생각하는가? "인간의 문화가 도시의 형태를 갖추는 일은 처음부터 인류에게 주어진 궁극적인 목표였다." 그리고 에덴동산이 문화의 개발과 발전에 대한 하나님의 계획을 어떻게 암시한다고 생각하는가?

3. 다음과 같은 예레미야 29장 7절의 내용을 당신은 어떻게 해석하는가? "너희는 내가 사로잡혀 가게 한 그 성읍의 평안을 구하고 그를 위하여 여호와께 기도하라 이는 그 성읍이 평안함으로 너희도 평안할 것임이

라." 오늘날 기독교인들에게 이 구절은 어떤 의미를 가질 수 있겠는가? 더 나아가 하나님이 당신으로 하여금 살게 하신 도시의 평안을 구한다면 어떤 결과가 일어나겠는가?

4. 도시에 전략적으로 초점을 맞춘 사도행전에 대해 어떻게 생각하는가? 또 어떤 근거에서 "초대교회의 선교 전략은 도시를 복음화하는 데 있었다"고 말할 수 있겠는가? 만일 이 말이 사실이라면, 전도에 관한 이해와 실제는 어떻게 달라져야 하겠는가? 그리고 시골과 외곽 지역의 선교를 중요하게 다루면서도 급속도로 진행되는 세계의 도시화 현상에 대해 교회가 바르게 대응할 수 있는 방법이 있겠는가?

5. 하나님이 그 백성과 함께 거하시는 도시에서 그분의 구속 계획이 완성되는 이유가 무엇이라고 생각하는가? 그렇다면 그 도시는 이 시대의 도시들과 어떤 점에서 비슷하고 또 어떤 점에서 다르겠는가?

—

WHY

CITIES

MATTER

Part 2

복음으로
도시에 어떻게
접근할 것인가?

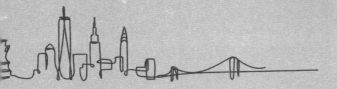

4장

도시에서 진행되는
상황화

"인간이 표현할 수 있는 어떤 진리도 문화를 초월한 방식으로 표현될 수
없다. 그러나 이는 그렇게 표현된 진리가 문화를 초월하지 못한다는 의
미는 아니다."[1]
D. A. 카슨(Carson)

의식 있는 기독교인이라면 세상 문화 속에서 어떻게 자신의 신앙을 실천하며 드러낼 수 있을지를 고민하게 마련이다. 이런 고민은 점차 탈기독교 사회가 되어 가는 오늘날 상황에서 더욱 깊어지게 되었다.[2] 그래서 우리 각자는 '어떻게 하면 성경에 기초한 신념을 포기하지 않으면서 더욱 의미 있고 매력적인 모습으로 문화에 참여할 수 있을까? 어떻게 하면 종교적이거나 눈에 거슬리는 태도를 취하지 않으면서 신앙인으로 살아갈 수 있을까?'라는 의문을 갖게 된다. 이는 더 구체적으로 다음과 같은 물음으로 나타나기도 한다.

'어떻게 하면 보스턴이나 샌프란시스코 같은 세속 도시에서 기독교인으로 살아가면서 보스턴이나 샌프란시스코에 동화되지 않을 수 있을까?' 샌프란시스코와 기독교는 전혀 다른 두 개의 문화를 대변하기 때문에, 우리는 흔히 샌프란시스코인이 되든가 기독교인이 되든가 둘 중 하나를 선택해야 한다고 생각한다. 하지만 그런 생각은 잘못되었다. 우리에게는 기독교 세계관을 버리거나, 아니면 전혀 드러내지 않고 살아가거나 하는 양자택일만 주어진 게 아니기 때문이다.

예레미야 28-29장을 읽으며 다니엘이나 또 다른 이스라엘 백성의 유배 생활에 대해 짐작해 볼 수 있듯이, 성경은 다원주의적인 세상에서 우리의 신앙을 포기하거나 아니면 그 세상으로부터 철수하거나 둘 중 하나의 선택을 하라는 식으로 우리의 삶을 제한하지 않는다. 우리가 성경에서 만나는 하나님은 백성에게 두 가지 문화에서 살라고 명령하시는 분이다. 즉 우리는 하나님의 도시에서 시민으로 존재하면서 동시에 인간의 도시로 가야 하는 사명을 받은 자들이다.[3] 성경은 그 둘 중에 양자택일을 하라고 가르치지 않는다. 하나님도 그분 자신을 사랑하고 도시를 미워하라고 명령하시지 않는다. 우리는 하나님과 도시를 모두 사랑해야 한다. 그렇다면 어떻게 그럴 수 있을까? 어떻게 교회는 도시 안으로 깊이 들어가면서 그 고유한 정체성을 유지할 수 있을까?

도시의 평안을
구하라

예레미야 29장 7절의 내용과 같이, 우리는 도시를 위해 기도하며 그 평안을 구해야 한다. 이 구절에 의하면, 우리가 도시의 샬롬을 구할 때 우리 역시도 샬롬을 경험할 수 있다. 다시 말해 도시가 번영해야만, 우리 또한 번영할 수 있다.

여기서 ("평안"이라고 번역된) 히브리어 '샬롬'은 완전한 행복이나 복지, 또는 전체적인 번영이나 기쁨 내지 축복을 의미한다. 또한 그 개념은 "각 사람의 일반적인 필요가 충족되고 타고난 재능이 유익하게 사용되는 풍성한 상태를 일컫는다. 더 나아가 창조자이자 구원자이신 하나님이 기쁨으로 그 피조물을 받아주실 때 즐거운 경이감이 일어나게 되는 상태를 일컫는다."[4] 이와 같은 상태는 다차원적이어서 단지 영적인 번영만이 아니라, 물질적, 신체적, 심리적, 더 나아가 경제적 측면까지 아우르는 총체적인 번영을 의미한다.

이러한 샬롬은 세속 문화에서 분리된 기독교 기관을 세운다고 해서 찾아오는 게 아니다.[5] 오히려 도시 안에서 공익을 추구함으로써 그 도시에 광범위한 갱신을 일으키고자 하는 신념이 있을 때 찾아온다. 도시에서 사역하는 동료들 가운데 간혹 이런 말을 하는 경우가 있다. "나도 여기에 있어야 한다는 사실은 알고 있어. 도시에 대해 긍정적인 마인드를 가진 사람이 되어야 한다고 교회에서도 늘 강조했으니 말이야. 하지만 점점 지쳐 가고 있어. 도시에 살면서 너무 많은 공해와 소음과 스트레스를 경험해서 이제는 뉴햄프셔의 산골이나 타호 호(湖)에 가서 살고 싶어. 거기는 조용하고 경관도 아름다워서 더 행복하게 살 수 있을 거야."

우리는 누가 시키지도 않았는데, 도시를 벗어나서 살면 좋고 도시 안에서 살면 나쁘다는 생각을 한다. 그래서인지, 실제로 "많은 기독교인들이 시골의 렌즈를 끼고 성경을 읽는다."[6] 그러나 문화는 도시에서 형성된다. 도시에 더 많은 사람들이 살고 있기 때문이다.[7] 그리고 하나님은 사람들을 사랑하신다. 그렇기 때문에 사람들로 가득한 도시를 하나님이 사랑하신다는 사실을 잊어서는 안 된다. 팀 켈러가 지적했듯이, "세계의 70퍼센트가 도시화되고 있기 때문에, 우리는 도시에 걸맞은 신학적 비전을 가져야 한다. 심지어 도시에

가서 사역하지 않더라도, 도시가 우리에게로 오고 있다는 사실을 잊지 말아야 한다." [8]

왜 도시가 중요한가? 사람들이 중요하기 때문이다. 이런 말은 자칫 과장될 여지가 있지만, 빌 크리스핀(Bill Crispin) 역시 사람들이 집중되어 있기 때문에 도시가 중요하다는 말을 했다. "도시는 사람들이 더 많은 장소다. … 하나님은 사람들을 사랑하시기 때문에 … 그분이 도시를 사랑하신다고 우리는 확신할 수 있다." [9]

문화는 도시에서 형성된다. 도시는 다양한 사람들이 빽빽하게 모여 함께 살아가며, 일하고, 예배할 뿐 아니라 무엇인가를 만들고, 배우고, 활동하는 장소이기 때문이다. 성경은 하나님의 선교적 관심사에 따라 우리의 인생과 재능을 드리라고 요구한다. 이는 우리가 속한 도시의 예술, 비즈니스, 음악, 법률, 문학, 교육, 의학, 금융 등 각 분야에 기여함으로써 공익을 이루어 가라는 부르심이기도 하다. 예수 그리스도는 그와 같이 세상에 참여하는 일의 모범을 우리에게 보이셨다. 그분은 완벽한 상황화의 과정을 거쳐 이 땅에 오셨다. 성육신이라는 상황화의 과정 없이 하늘에서부터 바로 예루살렘으로 오신 게 아니라, 하늘을 떠나 인간의 몸을 입으시고 지상의 도시로 찾아오셔서 다름 아닌 타락한 인류를 구속하기 위해 그들과 함께 지내셨다.

하나님 나라의 가치관으로
빚어지는 도시

　　모든 사람이나 제도 또는 단체는 자신들의 핵심 가치를 문화에 반영시켜 그 사회를 변화시키는 일에 관심을 가지고 있다. 우리 중 어느 누구도 자신이 속한 문화에 영향을 미칠지의 여부를 선택할 수는 없다. 영향력이 아무리 미약한 사람이라도 무엇이 진실하고 선하며 아름다운지에 관한 자신만의 정의와 도덕성을 반영하는 세계관을 지니고 있으며, 자신만의 문화적 맥락에서 또 자신만의 언어로 의사 표현을 하기 때문이다. 따라서 그 누구도 자신은 세상과 상관 없이 살아간다고 생각해서는 안 된다. 자신이 속한 도시와 문화에 영향을 미치지 않기란 불가능하다.

　　결국 우리가 고민해야 하는 문제는 이것이다. '과연 어떤 방식으로 도시나 문화에 영향을 미칠 것인가?' 도시에 아무 영향을 미치지 않기로 선택할 수는 없기 때문이다. 우리가 선택할 수 있는 사항은 어떤 종류의 영향을 미칠 것인가이다.

　　여기서 이런 질문을 해 볼 수 있다. '교회는 (가령 교육 확산, 빈곤 퇴치, 사회 불의 해소, 예술 증진 등과 같은) 도시의 책임을 자신의 책임처럼 감당해야 하는가?' 이에 대해 우리는 다음의 원리를 유념해야 한다. 곧 제도적 교회(the institutional church)가 도시나 국가의 공적 영역에서 사법적 권한을 소유하지는 않지만, 그렇다고 해서 유기적 교회(the organic church)가 도시의 주변부에만 머물러 있어서는 안 된다는 것이다.[10] 다시 말해 기독교인은 긍휼을 베풀며 사회 정의를 실현하기 위해 우리가 속한 도시에 참여해야 할 책임을 지닌다는 것이다. 바울은 갈라디아서에서 이렇게 말했다. "그러므로 우리는 기회 있는 대로 모든 이에게 착한 일을 하되 더욱 믿음의 가정들에게 할지니라"(갈 6:10). 또한 야고보도 참된 경건에 대해 "고아와 과부를 그 환난 중에 돌보고 또 자기를 지켜 세속에 물들지 아니하는 그것"이라고 정의했다(약 1:27). 즉 교회는 공적으로 긍휼을 베푸는 일과 사적으로 경건을 추구하는 일을 함께 수행해야 한다. 가령 교회가 공교육 제도의 실패에 대해 책임을 지지는 않더라도, 방과후 교실이라든가 다른 도움의 손길을 제공함으로써 자신이 속한 지역의 학교를 돌보는 "착한 일"에 대해서는 책임을 져야 한다.

이처럼 기독교인은 자신이 사는 동네의 이웃이나 해당 도시의 시민들과 유대 관계를 맺어야 한다. 이런 관계는 지역 모임이나 단체에 참여하거나 혹은 자선 사업을 추진하는 기관 등과 제휴를 맺음으로써 이뤄질 수 있다. 이는 결코 복음을 우선적으로 선포해야 하는 사명을 망각하는 일이 아니다. 오히려 교회 안에서만이 아니라 도시에서도 복음이 선포되게 함으로써 그 복음 선포에 수반되는 결과가 사람들에게서 나타나게 하려는 일이다.[11] 즉 과거에는 우리 자신만을 사랑했던 도시에서 이제는 복음으로 타인의 변화를 이끌어 냄으로써 이웃 사랑을 본격적으로 실천하고자 하는 일이다.

이런 패턴은 세상의 사고라든가 행동 방식과는 너무도 상반되어 결국에는 '새로운 나라 또는 도시'를 대안적으로 보여 주게 된다 (마 5:14-16). 거기서는 권력이나 인기 혹은 지위나 재물에 대한 세상의 가치관이 완전히 뒤집힌다. 복음이 약자와 강자, 패자와 승자의 위치를 바꾸어 놓기 때문이다. 그러므로 영적으로 말하면, 자신의 약점을 깨닫는 일이 유익이 된다. 그와 반대로 자신의 성공과 성취를 내세우는 일은 매우 위험하다. 우리가 오직 그리스도를 통해 주어지는 순전한 은혜로만 구원받을 수 있다는 사실을 깨달을 때, 우리는 구원을 심리적 만족이나 사회적 변화 또는 영적 축복으로만 간주하거나 아니면 그 모든 결과의 혼합으로 여기는 잘못을 범하지 않게 된다. 또한 자신의 권력이나 지위 내지 성취로 구원에 이를 수 있다는 생각도 단념하게 된다. 복음은 우리의 인생에서 그러한 자랑을 약화시킨다. 십자가가 역설적으로 증거하는 하나님의 은혜는 물질 만능과 세상 지위에 노예가 되어 있던 우리의 인생을 자유롭게 한다. 이에 우리는 헛된 자랑을 추구하지 않는 새로운 인생을 살기 시작한다.[12]

어떤 이들은 도시에 살며 그곳에서 자신의 욕구를 충족시킨다. 자신의 경력이라든가 지위, 학력, 훈련을 더해 가며 영향력을 키운다. 또 다른 이들은 도시의 라이프스타일에 완전히 사로잡힌 생활을 한다. 하지만 기독교인은 그와 다른 방식으로 도시에 접근한다.

그들은 세상 문화에 대항하는 자세로 살아가고자 한다. 그래서 세상 속으로 침투하는 하나님 나라에 참여하여 그분이 자신의 소유로 구별하여 세우시는 공동체를 이루게 된다. 이 공동체는 하나님의 주권과 임재가 세상 속에 온전히 드러나기를 기대한다. 따라서 이러한 기독교인이 도시에 들어가는 목적은 무엇인가를 얻어내려는 게 아니라 내어주려는 데 있다.

도시에서
기독교 세계관을 버리다

흔히 기독교인은 도시에서 생활할 때 두 가지 잘못 중 하나를 저지른다. 그 두 가지는 서로 다르지만 똑같이 위험하다. 한 가지는 자신의 세계관을 버리는 잘못이고, 다른 한 가지는 자신의 세계관을 숨기는 잘못이다. 둘 중 어느 잘못도 어쩌다가 한 번 발생하는 게 아니다. 그런 잘못은 도시에 대해 어떤 태도를 취하느냐에 따라 처음부터 계속해서 드러나게 되는 문제라고 할 수 있다. 그 두 가지 잘못은 '과도한 상황화'(overcontextualization)와 '부족한 상황화'(undercontextualization)의 문제로 이해될 수 있는데, 개인과 교회 모두 이런 문제에 노출되어 있다.[13]

우리가 사람들에게 다가가기 위해서는 반드시 그들의 문화를 이해하고 또한 그 문화에 적응해야 하지만, 그와 동시에 그 문화에 맞서 도전하기도 해야 한다. 이러한 접근은 성경의 가르침에 근거한다. 즉 성경은 모든 문화 속에 하나님의 은혜와 일반 계시의 요소가 있다고 가르치면서, 그와 동시에 반역적인 우상숭배의 요소 또한 거기에 포함되어 있다고 가르친다. 만일 우리가 어떤 문화에 너무 적응하면, 우리는 그 문화의 우상을 받아들이게 된다. 그러나 우리가 그 문화에 전혀 적응하지 않으면, 우리는 우리 자신의 문화를 절대시하여 우상으로 삼게 된다. 결국 우리가 문화에 너무 적응하면 우리는 사람들에게 변화를 촉구하며 도전할 수 없고, 반대로 문화에 전혀 적응하지 않으면 사람들이 우리에게 귀를 기울이지 않기 때문에 변화가 일어나지 않는다. 그래서 우리는 혼란에 빠지거나 공격적인 태도를 취하거나 아니면 아예 설득력을 상실하게 된다. 이처럼 우리의 사역이 문화에 과도하게 맞추어지거나 또는 부족하게 맞추어지면, 사람들을 변화시키는 능력은 그만큼 감소하게 된다.[14]

우리는 선한 의도를 지닌 많은 기독교인들이 도시 생활에 적응하기 위해 자신의 신념을 버리는 모습을 자주 본다. 한 청년은 대학을 갓 졸업하고 어느 투자 회사에서 일하기 위해 런던으로 갔다. 그 형제는 런던에서 크게 성공하여 안정된 미래를 확보하겠다는 포부를 안고 그곳에 도착했다. 그리고 하나님을 사랑했기에 좋은 교회에 출석하여 섬기게 되었다. 그런데 그 도시에서 성공하겠다는 깊은 갈망은 런던 생활의 바쁜 일정과 스트레스와 경쟁과 탐욕과 한데 어우러져 마침내는 그의 기독교 신앙을 퇴색시켜 놓았다. 결국 이 형제는 회사의 경영진에 참여하여, 그가 속한 조직의 문화와 런던이라는 도시에 자신의 인생을 맞추기 위해 수년의 세월을 보냈다. 그 과정에서 한때는 견고한 신념으로 품었던 기독교 세계관을 버리게 되었다. 한 마디로 그는 지나치게 문화에 적응하여, 기존의 세계관을 세속적 세계관으로 바꾸어 버린 것이다.

이와 같이 도시에서 자신의 세계관을 버리도록 부추기는 요인은 흔히 우상숭배 때문에 발생한다. 위에서 언급한 청년의 경우, 런던에 만연한 두 가지 우상인 성공과 재물을 숭배하게 되었다. 그 결과, 처음 그 도시에 갈 때 품었던 그의 자세는 결국 런던 문화에 지배적으로 나타나는 우상 이야기에 완전히 동화되고 말았다.

모든 도시는 저마다 우상을 가지고 있다. 우상숭배는 단지 한 개인의 문제가 아니라 도시의 문제다. 예를 들어 실리콘밸리가 성공을 우상으로 삼는다면, 시드니는 쾌락을, 그리고 워싱턴 DC는 권력을 우상으로 섬긴다. 많은 기독교인들도 도시가 제공하는 성공이나 쾌락 또는 권력이 자기 인생을 만족시켜 주기를 바라며 스스로 의식하지 못하는 사이에 그 거짓 신들을 숭배하는 예배자로 도시에서 생활한다.

만일 당신이 도시를 우상화하여 오직 하나님만 당신에게 주실 수 있는 선물, 예컨대 구원이라든가 참된 성장이나 기쁨 또는 선한 영향력을 도시로부터 구하게 된다면, 당신은 점차 기존의 세계관을 그 도시에서 버리게 된다. 그리하여 결국 당신의 신념도 바뀌고 만다. 즉 당신은 그저 기독교 세계관만 버리는 게 아니라, 당신이 사는 도시에 전제되어 있는 세속 문화의 가치관을 받아들이게 되는 것이다. 그 결과 당신은, 도시가 숭배하는 우상을 함께 숭배하는 인생을 살게 된다.

이처럼 많은 기독교인은 도시를 이용하기 위해 자신의 세계관을 버린다. 그리고 자신의 꿈과 목표를 이루기 위해 그 도시를 이용한다. 그런데 아이러니하게도, 우리가 도시를 이용하려고 하면, 결국에는 도시가 우리를 이용하게 된다. 다시 말해 우리가 우리 자신의 목표를 위해 도시를 이용하려고 하면, 그래서 도시의 우상이 우리에게 무엇인가를 줄 수 있을 거라고 생각하며 그 대상을 숭배하게 되면, 머지않아 우리는 원래 바라던 대로 도시가 우리를 만족시켜 주고 있지 않다는 사실을 깨닫게 된다.

실리콘밸리에서 근무하는 한 심리 치료사는 두 가지 유형의 사람들이 상담을 받으러 온다고 보고한 적이 있다. 첫 번째 유형은 성공하기를 꿈꾸며 실리콘밸리에 왔으나 성공하지 못해서 불만족을 느끼는 사람이다. 두 번째 유형은 성공하기를 꿈꾸며 실리콘밸리에 와서 성공을 했지만 불만족을 느끼는 사람이다.

만일 우리가 도시에 적응하며 그곳에서 꿈을 이루기 위해 우리의 세계관을 버린다면, 우리가 그 꿈을 이루든 못 이루든 간에 결국 우리는 불만족스러운 상태에 처하게 된다. 우리가 살고 있는 도시의 그 무엇도 우리의 예배를 받을 만한 대상이 못 되기 때문이다.

도시에서
기독교 세계관을 숨기다

도시의 우상은 기독교인으로 하여금 그 신앙을 버리도록 부추긴다. 그런데 이와 마찬가지로 도시의 우상은 기독교인으로 하여금 그 신앙을 숨기도록 부추길 수도 있다. 이렇게 신앙을 버리는 일이나 숨기는 일은 모두 오랜 시간에 걸쳐 일어나지만, 그중에서도 후자는 좀 더 미묘한 차원에서 일어난다. 사실 도시에 사는 기독교인은 자기도 의식하지 못하지만 복음에 대한 신념을 공적으로 드러내지 않고 살아가기가 쉽다.

우리는 우리 자신이 '세상에 있지만 세상에 속하지 않았다'는 사실을 잘 알고 있다. 이 개념은 예수님이 요한복음 17장에서 그 제자들에 대해 '세상에 있지만'(11절) '세상에 속하지 않았다'(16절)고 말씀하신 내용에서 비롯되었다. 여기서 야기되는 긴장은 예수님이 아버지께 기도하신 내용에도 고스란히 반영된다. "내가 비옵는 것은 그들을 세상에서 데려가시기를 위함이 아니요 다만 악에 빠지지 않게 보전하시기를 위함이니이다"(15절).

교회가 세워진 이후로 기독교인은 늘 이 긴장과 씨름해 왔다. 그러면서 이 긴장의 스펙트럼에서 어느 한쪽을 다른 한쪽보다 더 강조하는 모습을 보여 왔다. 만일 양쪽 중에 어느 한쪽으로 기울어져 긴장을 풀게 되면, 즉 세상에 있다는 사실만 강조하거나 또는 세상에 속하지 않았다는 사실만 강조하게 되면, 신앙이 공적으로 드러나지 않고 개인화되는 현상이 나타난다.

세상에 있다는 사실에만 관심을 두는 기독교인은 신앙의 문제와 관련해서는 침묵하는 경향이 있다. 이 경우에 복음은 개인주의적인 메시지로 보일 수 있다. 예를 들어 보자. 어느 수준 높은 발레단에서 활동하는 여자 무용수가 있었다. 그런데 그녀는 자신의 신앙에 대해 말하기를 꺼려했다. 그렇지 않을 시에는, 혹 감독이 자신을 어떻게 바라볼지 몰랐기 때문이다. 물론 그녀는 나중에 성공하면 자신의 신앙을 나누겠다고 다짐하며 그때까지는 '조용한 증인'으로 살겠다는 의도를 가졌을 수 있다.

하지만 그 의도로 인해 복음은 늘 숨길 수밖에 없는 메시지가 되었다. 그녀의 야심이 신앙보다 우선하여 예수님과의 관계도 결국 사적인 문제로 전락하고 말았다. 그녀는 도시에서 더 이상 공연하지 못하는 상황이 벌어질까봐 무척 두려워했다. 그렇기에 사람들이 환영하고 받아주며 인정하는 배우가 되기 위해 자신의 신앙을 기꺼이 숨기며 살게 되었다.

한편 세상에 속하지 않았다는 사실에만 관심을 두는 기독교인은 자신의 신앙을 세상과 분리해서 생각하는 경향이 있다. 이 경우에 복음은 도시를 지배하는 우상의 영향으로부터 보호받고 보존돼야 할 메시지로 비칠 수 있다.

예를 들어 보자. 어떤 도시의 유명한 병원에서 레지던트로 근무하는 젊은 의사가 있었다. 그는 계속되는 근무로 병원에 매여 있을 수밖에 없었기 때문에 아내와 함께 그 도시에 살게 되었지만, 사실 도시는 그가 선호하는 거주 환경이 아니었다. 그는 첫 아이가 태어났을 때부터 앞으로 늘어나게 될 가족이 도시의 부정적인 영향을 받지 않는 안전한 환경에서 살게 되기를 바랐다. 그러다가 어쩔 수 없이 도시로 오게 된 그는 동료들과 도시 문화에 적대적인 자세를 갖게 되었다. 그러자 자신의 신앙을 나눌 수 있는 의미 있는 관계를 거의 맺지 못했다.

이처럼 자신이 살아가고 있는 도시와 분리된 마음을 가진 그는 주변 이웃도 알지 못했고 새로운 친구를 사귀지도 못했다. 결국 도시 문화를 불쾌하게 여기며 스스로를 소외시킨 결과, 그가 원하든 원하지 않든 그의 신앙은 사적인 문제로 전락하고 말았다. 그는 도시에 너무 동화될까봐 굉장히 염려했다. 그렇기에 자기 안전과 보호 또는 편의를 위해 복음을 드러내지 않게 되었다.

위의 두 경우 모두, 복음의 능력에 대한 신뢰가 결여되어 있는 모습을 보여 준다. 우선 발레 무용수는 자신의 신앙으로 인해 다른 이들보다 자신이 열등하게 취급될 수 있다고 생각했다. 그래서 그녀는 예수님보다 발레단을 통해 칭찬과 인정과 수용을 받기를 원했다. 그 결과 자신의 신앙에 대해 말하지 않았고 외부 환경에도 지나치게 순응하는 자세를 보이게 되었다.

다음으로 젊은 의사는 자신의 신앙으로 인해 다른 이들보다 자신이 우월한 상태에 있다고 생각했다. 그래서 그는 하나님만이 자기 가족을 위해 안전과 보호와 편의를 제공하실 수 있다고 믿기보다는 스스로 그러한 조건을 추구하면서 외부 환경과 벽을 쌓았다. 그 결과 자신을 세상과 분리시키고 지나치게 경직된 자세를 보이게 되었다.

이 두 사람 모두, 복음의 깊고 풍성한 유익이 무엇인지를 인격적으로 알지 못한 경우이다. 그리하여 자신의 신앙을 고립시키게 되었다. 마찬가지로 당신도 당신이 지닌 기독교 세계관을 공적으로 드러내지 않는다면, 즉 기독교의 메시지를 세상과 나누지 않고 마음속으로만 간직하며 살아간다면, 사실상 그 세계관을 버리는 꼴이 되고 만다. 기독교는 본질상 사적(private)이 아니라 공적(public)이기 때문이다.

공통 분모는 자기중심성이다

기독교 세계관을 버리는 일과 숨기는 일에는 바로 '자기중심성'

이라는 공통분모가 있다. 먼저 도시에서 자신의 세계관을 버리는 일은, 결국 도시라는 독특한 환경에서 기독교 신앙을 실천할 때 따라오는 어려움이나 도전 또는 기회를 피하려는 자세를 보여 준다. 그래서 자신만의 관심이나 편의를 추구하는 태도를 나타내게 된다. 마찬가지로 자신의 세계관을 숨기는 일도 똑같은 자기중심성을 따르는 일이라고 할 수 있다. 즉 자신이 선호하는 생활 방식을 고수하고자 자신이 속한 외부 환경으로부터 신앙을 분리시키는 태도를 보이는 것이다. 그래서 자신의 신앙을 나누기 위해 도시에 들어가기보다 그 신앙을 자기 마음속으로만 간직한다. 예수 그리스도와 맺은 인격적인 관계는 공적인 성격을 띠게 마련인데, 그 관계가 사적인 문제로 전락하게 되는 것이다.

기독교 신앙은 이기심의 죽음을 요구한다. 그리고 더 나아가, 자아의 죽음까지 요구한다. 예수님과의 관계는 우리가 우리 자신에 대해 죽을 때, 그리고 그분과 타인에 대한 일이 우리의 우선적인 관심사가 되는 새로운 생활을 하게 될 때 견고히 세워진다(빌 2:1-8, 20-21).

역설적이게도 우리가 우리 자신에 대해 죽을 때에야, 비로소 우리는 하나님이 우리를 위해 계획하신 삶을 경험하게 된다. 그 삶은 타인의 유익과 성장을 위해 우리의 능력과 재능을 사용하는, 그야말로 의미심장하고 진정한 만족이 있는 생활을 의미한다. 모든 기독교인은 이와 같은 삶의 비결을 발견해야 한다. 우리는 타인의 성장을 위해 살아갈 때 함께 성장하게 된다.

기독교 세계관을 버리거나 숨기는 태도는 결국 그 세계관을 왜곡시키는 문제에 다름 아니다. 기독교 세계관은 세상의 가치관을 역전시키고 자아의 죽음을 요구하기 때문에, 예수님에 대한 공적 신앙을 회피하게 만들거나 또는 사적으로 숨기게 할 만한 여지를 주지 않는다.

도시에서 생활하는 기독교인을 위해 중요한 메시지를 제공하는 본문이 있다. 바로 빌립보서 2장이다. 빌립보는 당시 마케도니아 지방만이 아니라 로마 제국 전체에서 주도적인 역할을 감당한 도시이다. 그 다양한 인구가 모여 다원화된 문화를 이루며 전략적 요충지를 형성한 도시에서 어떻게 살아야 할지를 고민하던 신자들을 향해 바울이 메시지를 전하게 되었던 것이다. 이 본문에서 그는 빌립보에 있는 신자들에게 자신만을 생각하지 말고 타인의 유익에 더 깊은 관심을 가지라고 요구하며 이기심을 경계한다. "아무 일에든지 다툼이나 허영으로 하지 말고 오직 겸손한 마음으로 각각 자기보다 남을 낮게 여기고 각각 자기 일을 돌볼뿐더러 또한 각각 다른 사람들의 일을 돌보아 나의 기쁨을 충만하게 하라"(빌 2:3-4).

바울은 이 명령을 전달한 후에 빌립보 교인들에게 그리스도의 마음을 가지라고 권고한다. 마치 그리스도가 성육신하여 이 땅에서 사역하신 자세와 같이 그들도 자신을 낮추어 도시로 가야 한다는 메시지였다.

너희 안에 이 마음을 품으라 곧 그리스도 예수의 마음이니 그는 근본 하나님의 본체시나 하나님과 동등됨을 취할 것으로 여기지 아니하시고 오히려 자기를 비워 종의 형체를 가지사 사람들과 같이 되셨고 사람의 모양으로 나타나사 자기를 낮추시고 죽기까지 복종하셨으니 곧 십자가에 죽으심이라(빌 2:5-8).

예수님은 지상의 사역을 위해 인간의 몸을 입으셨다. 이에 바울은 빌립보 교인들에게 예수님과 같은 마음을 품으라고 요구했다. 즉 자신이 속한 지역이나 도시에 사는 타인의 유익을 위해 깊은 관심을 가지길 바랐던 것이다.

도시에서
기독교 세계관을 상황화하다

예수님은 우리가 지닌 기독교 세계관을 버리거나 숨기지 말고 우리가 살아가는 도시에서 상황화하기를 요구하신다. 복음을 용의주도하게 상황화해야 하는 우리의 사명은 예수님이 강조하신 이명령 속에 잘 나타나 있다. "네 이웃을 네 자신과 같이 사랑하라"(마 19:19).

이 명령에 순종하는 길이야말로 우리가 속한 도시에 들어가 그 도시를 사랑할 수 있는 최고의 방법이다. 도시는 그 어느 곳보다 많은 이웃이 살고 있는, 즉 다양한 사람들이 한데 모여 있는 장소다. 당신이 살고 있는 도시를 한번 생각해 보라. 그 도시는 당신이 알아 가며, 사랑하고, 복음을 나눠야 할 이웃으로 가득하다. 또한 그 도시의 거주자들이 오랫동안 만들어 온 선악의 역사(the long history of good and evil)로 인해 당신은 그 도시의 아름다운 모습과 파괴된 모습을 함께 보게 된다. 바로 그 선악이 함께 엮여서 당신이 살고 있는 도시의 지배적인 문화를 형성한다.

당신은 이웃에게 당신의 신앙을 상황화하는 방식과 같이 당신의 세계관을 도시에 상황화해야 한다. 즉 먼저 듣고, 다음으로 말해야 한다. 이웃을 깊이 알아가면서 사랑하고 더 나아가 당신의 신앙을 믿음직스럽게 나누기 위해서는 먼저 그 이웃을 이해해야 한다. 그 사람의 역사와 가치관, 걱정과 바람, 그리고 활동하는 방식에 대해 알아야 한다. 그렇게 해서 이웃을 알기 시작해야만, 실제적으로 그 사람에게 사랑을 실천하며 신앙을 나눌 수 있는 조건이 성립된다. 이러한 인간관계의 규칙은 우리가 도시와 맺는 관계에도 적용된다. 도시에서 상황화하는 일은 본질적으로 그 도시의 이야기를 알아가는 과정이다. 그리고 그 과정의 목적은 도시의 이야기와 복음이 어떤 점에서 중첩되고 또 어떤 점에서 다른지를 알아가는 데 있다. 그렇게 해야만 실제적으로 그 도시에 사랑을 실천하고 세계관을 나눌 수 있는 조건이 성립되기 때문이다.

'당신의 도시는 누구인가?' 이는 리처드 플로리다(Richard Florida)가 던진 질문으로서 바로 그가 저술한 책의 제목이다. 《후즈유어시티》(*Who's Your City? How the Creative Economy Is Making Where You Live the Most Important Decision of Your Life*).[15] 여기서 플로리다는 '누구'(who)라는 대명사를 사용함으로써 도시를 의인화하여 표현했다. 그러면서 주장하기를, 모든 도시는 저마다 인격을 지니고 있으며 우리가 도시에서 올바로 생활하기 위해서는 바로 그 인격을 이해해야 한다고 했다. 이러한 플로리다의 주장은 우리에게 중요한 의미를 전달한다. 즉 우리가 속한 도시에서 복음을 상황화하고 그 도시를 제대로 섬기기 위해서는 반드시 그 도시의 고유한 성격을 이해해야 한다는 것이다.

그렇다면 당신의 도시는 누구인가? 당신은 그 도시의 성격을 알고 있는가? 다시 말하지만, 도시를 알아가는 최고의 방법은 당신이 이웃을 알아갈 때 사용하는 방법을 따르는 것이다. 즉 먼저 질문하고, 경청하며, 이해해야 한다.

우리가 흔히 도시의 DNA를 확인하기 위해 사용하는 다섯 가지 질문이 있다. 물론 도시의 상태를 진단하기 위해 더 많은 질문을 사용할 수도 있다. 그리고 더 많은 질문을 사용할수록 더 많은 정보를 얻게 되는 게 당연하다. 그러나 우리는 도시를 이해하는 데 있어 이 다섯 가지 질문이 훌륭한 출발점이 된다는 사실을 확인했다. 다만 각 질문에 대해 우리가 아래에서 제공할 설명이 충분하지는 않다는 점을 미리 언급한다. 도시에는 다양한 사람들이 있고 수천 가지의 하위문화가 존재하기 때문에 모든 도시를 일반화시켜 설명할 수 없기 때문이다. 또한 이 다섯 가지 질문에 답변하는 데 책 전체를 할애해도 부족하기 때문이다. 하지만 우리가 발견한 사실은, 이 다섯 가지 질문을 깊이 생각해 보는 일만으로도 우리가 사는 도시의 역동적인 특성을 이해하고 그 안에서 기독교 신앙을 실천하는 좋은 방법을 찾는 데 결정적인 도움을 얻게 된다는 것이다.

아래에 이어지는 설명에서 우리는 실리콘밸리 또는 산호세(San Jose)를 샘플 도시로 사용하고자 한다. 실리콘밸리와 산호세는 상호 교환적으로 사용될 수 있는 명칭이다. 산호세는 미국에서 열 번째로 큰 도시로서 "실리콘밸리의 수도"로 알려져 있다. 그리고 실리콘밸리는 그 중심 도시인 산호세의 범위를 넘어 산타클라라 카운티(Santa Clara County)의 경계를 따라 펼쳐진 지역을 말한다.[16]

첫 번째 질문: 당신의 도시는 어떤 역사를 지니는가?

건강한 도시의 한 가지 특징은, 그 시민들의 아이디어와 혁신을 반영하며 스스로를 끊임없이 갱신하는 기능을 발휘한다는 것이다. 도시 인구의 밀집성과 다양성이 강력하게 결합하면, 문화와 기술의 발전이 놀랍게 일어날 뿐 아니라 그 도시의 역사적, 경제적, 사회적 풍토가 눈에 띄게 변화하여 도시의 생존력 자체가 향상된다. 바로 산호세의 지난 역사가 그와 같은 지속적인 갱신과 혁신의 과정을 보여 준다.

산호세는 캘리포니아에서 가장 오래된 도시로 1777년에 그 주의 첫 번째 민간 거주 지역으로 형성되었다.[17] 산호세의 초기 정착자들은 그 도시를 '가든 시티'(Garden City)라는 이름으로 불렀다.[18] 그 이유는 도시의 좋은 토양과 온화한 기후 덕분에 그들이 심은 농작물이 잘 자라서 많은 수확물을 안겨 주었기 때문이다. 그 이름이 예견하듯, 산호세는 계속 성장하여 "실리콘밸리의 수도"로 여겨지게 되었다. 그리고 캘리포니아 북부의 좁은 지역에 위치한 실리콘밸리는 세계적으로 엄청난 영향력을 행사하기에 이른다.

실리콘밸리에서 펼쳐지고 있는 비즈니스의 역사는 뿌리가 깊다. 18세기 후반 펠리페 드 니브(Felipe de Neve)라는 스페인인이 캘리포니아 지역에서 처음으로 민간 지역을 건설할 수 있는 사람으로 지명되었다.[19] 이에 니브는 열다섯 명의 남자와 그 가족들과 더불어 "과달루페의 산호세라고 불리는 새로운 마을"을 형성한다.[20] 이후 멕시코가 스페인으로부터 분리되는 사건과 크고 작은 전쟁들, 그리고 미국과 멕시코 간의 협정이 있은 후 1848년에 캘리포니아가 미국의 영토로 편입된다. 당시 산호세는 도시로 승격된 지 이미 70년이 지났으며, 캘리포니아의 첫 번째 수도로 선정된다.

캘리포니아가 주(州)가 되었을 무렵, 실리콘밸리는 이미 자체적인 변화를 겪은 상태였다. 원래 실리콘밸리의 경제는 축산을 중심으로 돌아갔다. 즉 캘리포니아 지역의 가축을 수출하거나 값비싼

생가죽이나 지방 조직을 떼어 팔았다. 그런데 이러한 경제 활동이 1848년에 캘리포니아 골드러시(the California Gold Rush)가 일어나며 변화를 맞게 된 것이다(캘리포니아 골드러시란 1848년에 캘리포니아 일대에서 대량의 사금이 발견되어 미국과 해외에서 수십만 명의 인구가 이 지역으로 유입된 사건을 일컫는다-역자 주). 결국 캘리포니아 북부 지방에 인구가 급증하며 식량에 대한 수요가 증가하자 식량 가격도 함께 오르게 되었다. 이에 축산에 사용되던 실리콘밸리의 땅이 밀농사에 사용되기 시작하면서 캘리포니아는 미국에서 밀 생산을 가장 많이 하는 지역이 된다. 그 이후 실리콘밸리의 경제 성장은 세 번째 단계를 맞이하게 되는데, 곧 산타클라라 지역에서 풍부한 지하수가 발견되어 (어떻게 보면 하룻밤 사이에) 과일농사를 중심으로 한 경제 활동이 시작된 것이다. 당시 실리콘밸리는 현재와 같은 '실리콘밸리'가 아니라 '세계의 정원'(The Garden of the World)이라고 불렸는데, 그 정원에서 생산된 살구, 복숭아, 체리 등 온갖 과일이 세계 곳곳으로 수출되었기 때문이다. 그러다가 실리콘 칩(silicon chip)의 발명과 함께 실리콘밸리는 이제 네 번째 단계의 도약을 이루며 '실리콘밸리'라는 이름을 얻게 되었다. 이와 같이 한때는 축산, 다음에는 밀농사, 또 그 다음에는 원예에 종사하던 사람들로 이뤄진 도시가 현재는 전 세계에서 건너오는 다양한 첨단 기업의 주역들로 가득 차게 되었다.[21]

산호세는 캘리포니아 기준에서는 오래된 도시이지만, 세계의 기준으로 봤을 때는 역사가 매우 짧은 도시에 속한다. 예를 들어 파리는 2천 년이 넘도록 영향력 있는 도시로 존재하며 무수한 경제적, 정치적 패러다임의 변화를 겪어 왔다. 현재는 세계에서 가장 많은 사람들이 방문하는 도시이기도 하다.[22]

그러므로 파리의 역사는 실리콘밸리보다 훨씬 더 길고 복잡한 이야기를 포함하고 있다. 여기서 우리는 당신이 도시에 관한 역사학자가 되어야 한다고 말하려는 게 아니다. 우리의 요지는, 당신이 살고 있는 도시의 성격을 제대로 이해하기 위해서는 그 도시의 역사가 들려주는 주된 이야기를 알고 있어야 한다는 것이다. 그렇게 당신이 속한 도시의 역사를 알아야만, 현재 그 도시를 이끌어 가는 일들을 바르게 해석하고 평가할 수 있기 때문이다. 가령 파리는 (로마인에 의해 정복당한) BC 52년경부터 원형 경기장, 집회용 광장, 신전, 목욕탕, 궁전, 상점 등이 세워지면서 문화의 중심지로 급부상하게 되었는데, 이런 사실을 당신이 알고 있어야 그 도시가 당신에게 더욱 의미 있게 여겨지는 법이다. 마찬가지로 실리콘밸리도 그 역사의 시작부터 얼마나 다양한 경제 활동을 보여 왔는지를 알아야 그 지역에 대한 설명이 의미 있게 여겨질 수 있다. 도시의 과거는 도시의 현재를 이해할 수 있도록 도와주기 때문이다. 그렇다면 당신의 도시는 어떤 역사를 가지고 있는가?

두 번째 질문: 당신의 도시는 어떤 가치관을 지니는가?

대부분의 기업이나 비영리단체는 그들만의 DNA와 문화를 결정하는 핵심 가치를 지니고 있다. 도시 역시도 핵심 가치를 지니는데, 차이가 있다면 도시의 가치관은 어딘가에 진술된 내용이라기보다 사람들에 의해 일반적으로 가정된 내용이라고 할 수 있다는 점이다. 실리콘밸리의 핵심 가치를 이해하기 위해서는 여섯 가지 개념을 떠올릴 필요가 있다. 바로 혁신(innovation), 기업가 정신(entrepreneurialism), 일(work), 속도(speed), 성취(accomplishment), 재물(wealth)이다.

우선 '혁신'과 '기업가 정신'은 실리콘밸리를 지배하는 가치다. 우리는 도시의 역사를 통해 그러한 정신을 이미 확인했다. 그리고 이런 가치야말로 실리콘밸리를 세계적으로 알리게 된 요인이기도 하다. 한 마디로 실리콘밸리는 무엇인가를 시작하는 장소다. 이러한 기업가 정신이 사람들로 하여금 생각하고, 느끼고, 미래를 추구하도록 만들기 때문에, 이 확고한 가치를 이해하지 못하고는 실리콘밸리에 사는 사람들과 의미 있는 교제를 이루기 어렵다.

다음으로 '일'이라는 가치가 있다. 사람들은 휴식하기 위해 실리콘밸리에 오지 않는다. 그들은 일을 하기 위해 온다. 일은 대부분의 도시에서 중심 가치로 여겨지지만, 실리콘밸리에서는 더욱 그러하다. 예컨대 상대적으로 한가로운 라이프스타일을 보여 주는 샌디에이고에서 일을 가치 있게 여기는 상황과는 다른 차원에서 실리콘밸리는 일을 가치 있게 여긴다.

이러한 선행 가치는 '속도'를 핵심 가치로 만들 수밖에 없다. 벤처 자본가이자 링크드인(LinkedIn)의 공동 창업자인 리드 호프먼(Reid Hoffman)은 이렇게 말했다. "실리콘밸리에서는 최고의 **빠르기**로 앞장서거나 아무데도 안 가고 멈춰 있는, 이 두 가지 속도밖에 없다."[23] 즉 모든 일이 빨리 진행되거나 전혀 진행되지 않거나 둘 중 하나라는 말이다.

따라서 실리콘밸리에는 '성취'를 지향하는 사람들이 많다. 어떤 일을 이루었거나 기대 이상의 성공을 거둔 사람들로 가득하다. 여기서는 고작 여섯 살 난 남자아이가 (앞으로 체육 점수를 잘 받기 위해) 개인적으로 축구 코치에게 훈련을 받는다거나 이제 일곱 살 된 여자아이가 (나중에 좋은 학점을 받기 위해) 과목별로 개인 교사에게 지도를 받는 일이 흔하다. 그러니 학업과 운동 모두에서 최고의 수준을 자랑하는 스탠포드대학교(Stanford University)가 실리콘밸리에 있는 것도 우연이 아니다. 실리콘밸리는 말이 아니라 행동을 보여 주기 위해 존재한다. 실제로 일을 벌이고, 그 일을 완수하며, 그 결과 목표를 성취하는 데가 바로 이곳이다.

끝으로 '재물'은 실리콘밸리에서 매우 중요하게 여겨진다. 이는 실리콘밸리의 수많은 신생 기업들이 추구하는 목표이기도 하지만, 이 지역에서 살아남기 위해 없어서는 안 될 필수조건이기도 하다. 에드워즈 글레이저는 다음과 같이 설명했다.

미국 해안가의 물가가 높은 지역에서는 수입과 생활 형편이 좋기 때문에 수요 또한 활기차게 일어난다. … 캘리포니아의 산타클라라 카운티에 속한 실리콘밸리는 화려한 지중해식 풍경을 지녔고, 미국인의 평균 수입보다 60퍼센트나 더 높은 소득 수준을 보이는 사람들로 가득하다. 당연하게도 그 지역에 살기 위해서는 엄청난 금액을 지불해야 한다. 2005년과 2007년 사이에 그 카운티의 평균 집값은 80만 달러에 육박했는데, 이는 미국의 평균 주택 가격의 네 배가 넘는 금액이다. 그 이후로 물가가 비록 떨어지기는 했지만, 최근 시세에 따르면 산타클라라 카운티를 포함하는 산호세 대도시 일대는 2009년 2/4분기에 북미 대륙에서 가장 비싼 지역으로 꼽혔다.[24]

이와 같이 재물은 산호세와 같은 대도시에 살기 위해서는 중요하게 여겨질 수밖에 없는 가치다. 아마도 높은 창의력과 혁신성과 기술력을 나타내는 세계적 수준의 도시들은 모두 비슷한 가치관을 지닐 것이다. 이런 차원에서 실리콘밸리는 다른 캘리포니아 도시인 새크라멘토나 샌디에이고보다 지리적으로 더 멀리 떨어져 있는 뉴욕이나 도쿄 또는 보스턴과 공통점을 더 많이 가진다.[25] 결국 어떤 상황에 있든 간에 당신이 속한 도시의 가치관을 파악하지 못한다면, 예수 그리스도의 복음을 매력적으로 나누는 일은 사실상 힘든 과제가 될 수밖에 없다. 그렇다면 현재 당신의 도시는 어떤 가치관을 추구하고 있는가?

세 번째 질문: 당신의 도시는 어떤 비전을 지니는가?

간단히 말해, 실리콘밸리의 비전은 영향력을 끼치는 것이다. 즉 세계의 흐름을 선도하며 이 시대의 문화에 긍정적 영향을 미칠 수 있는 기술과 혁신과 비즈니스를 일으키는 게 실리콘밸리의 꿈이다. 라스베이거스는 그와 다른 비전을 지닌 도시다. 그 도시의 정신은 이렇게 표현된다. "라스베이거스에서 일어나는 일은, 라스베이거스에서만 경험할 수 있다."

곧 세계 최고의 유흥지로서 전통적인 금기 사항이 마법처럼 사라지는 도시가 되는 게 라스베이거스의 꿈이다. 그런데 라스베이거스에서 일어나는 일은 그 도시에서만 경험할 수 있을지 모르지만, 실리콘밸리에서 일어나는 일은 전 세계가 경험하게 된다. 라스베이거스의 비전이 받아들이는 데 있다면, 실리콘밸리의 비전은 내보내는 데 있기 때문이다. 그렇다면 당신의 도시는 어떤 비전을 제시하고 있는가?

네 번째 질문: 당신의 도시는 어떤 두려움을 지니는가?

도시가 지닌 두려움은 그 도시의 가치관에 상반되는 내용을 보인다. 실리콘밸리는 (혁신과 기업가 정신에 상반되는) 현상 유지, (일에 상반되는) 휴식, (속도에 상반되는) 정체, (성취에 상반되는) 실패, (재물에 상반되는) 빈곤을 두려워한다. 이와 같은 두려움을 파악하게 되면, 왜 실리콘밸리에 거주하는 사람들이 2천년 닷컴 산업의 붕괴로 깊은 충격을 받게 되었는지를 이해할 수 있다. 그 현상은 단지 주가 폭락만이 아니라, 기존 가치관과 상반된 내용이 현실화되는 무서운 결과를 보여 주었다. 한편 현재의 예루살렘, 카불, 카이로 등은 전혀 다른 두려움을 안고 있다. 그 도시들은 전쟁이나 혁명이 일어나기 일촉즉발의 상황에서 늘 불안을 느낀다. 이러한 도시의 두려움은 그 도시의 우상만큼이나 도시에 관해 많은 내용을 전달해 준다. 만일 당신이 살고 있는 도시가 무엇 때문에 두려워하는지 그 취약점을 파악하게 되면, 도시에 사는 이웃에게 평안의 복음을 적용하는 일이 더욱 쉬워진다. 그렇다면 당신의 도시는 어떤 두려움을 안고 있는가?

다섯 번째 질문: 당신의 도시는 어떤 관습을 지니는가?

도시의 관습은 그 도시만의 지형과 역사 또는 기후에 따라 달라진다. 실리콘밸리의 관습은 늘 자동차를 타고 다니며 격식에 구애받지 않는 생활 방식으로 표현된다. 산호세는 자동차가 이미 미국의 주요 생산물이 되었을 때 성장했다. 그래서 실리콘밸리는 지리적으로 넓게 형성되었을 뿐 아니라 대부분의 장소가 자동차로 갈 수 있게끔 개발되었다.[26]

어떤 측면에서 실리콘밸리는 역사가 오래된 다른 도시들과는 완전히 다른 모습을 보인다. 그 지역은 거의 전적으로 자동차 사용을 염두에 두고 건설되었다. 비록 팔로알토(Palo Alto) 같은 호화로운 동네에서는 몇 블록만 걸어가면 아이스크림도 사고 책도 구매할 수 있지만, 대부분의 지역에서는 도보를 이용할 일이 없으며 특히 회사에 갈 때는 더욱 그렇다. 간혹 구글을 비롯한 일부 기업들이 자체적인 셔틀버스를 운영하기도 하는데, 이러한 대중교통 이용도 극히 제한되어 있다. 산타클라라 카운티 인구 중 3.7퍼센트만이 대중교통으로 출근한다.[27]

실리콘밸리는 가령 샌프란시스코와는 매우 다른 모습을 보인다. 샌프란시스코는 삼면이 바다로 둘러싸여 있고, 남북으로 7마일 또 동서로 7마일에 해당하는 면적을 차지하고 있다. 인구밀도는 실리콘밸리보다 훨씬 더 높은 편이다(실리콘밸리가 더 많은 인구를 가지고 있지만 그 면적이 샌프란시스코보다 넓기 때문이다). 그리고 대부분의 지역을 대중교통이나 도보로 갈 수 있다. 그런데 실리콘밸리는 그렇게 인구밀도가 낮음에도 불구하고, 인구밀도가 높은 도시처럼 기능하는 측면을 가지고 있다.

실리콘밸리가 제인 제이콥스의 그리니치 빌리지(Jane Jacob's Greenwich Village)와는 정반대의 모습을 보여 주는 서부 해안가의 지역임은 사실이다(그리니치 빌리지는 도시계획가로 활동했던 제인 제이콥스가 뉴욕의 난개발에 반대하는 시민운동을 벌이며 보존하게 된 맨해튼의 한 동네로서 현재 문맥에서는 인구 밀도가 높은 지역을 대변하기 위해 언급되었다-역자 주). 그러나 내가 주장하려는 내용은, 실리콘밸리의 문화가 인구밀도가 높은 도시의 기본적인 기능을 그대로 모방하고 있다는 것이다. 즉 다양한 상호 교통과 넘쳐 나는 지식의 교환을 촉진시키는 기능 말이다. … 수십 년 동안 실리콘밸리는 혁신의 필수요소라고 할 수 있는 다자간 소통을 장려해 왔다. 산호세는 전통적으로 규모가 작은 신생 기업들로 구성되어 왔기 때문에, 처음부터 이 회사들은 협업으로 프로젝트를 기획하고 엔지니어를 공유하는 방식으로 일을 해 왔다. 그래서 시스코에서 근무하는 과학자가 오라클의 직원과 친구가 된다든지, 인텔의 공동창업자가 애플의 젊은 간부에게 경영 조언을 해 준다든지 하는 일들이 전혀 이상하지 않다. 물론 이런 네트워크는 높은 이직률을 야기하기도 한다. 사람들이 한 프로젝트에서 다른 프로젝트로 쉽게 옮겨 다니기 때문이다. 예를 들어 1980년대에 실리콘밸리의 어느 회사의 평균 재직 기간은 2년도 채 안 되었다. … 이처럼 도시의 창의력은 사람들이 끊임없이 뒤섞여 활동할 수 있는 환경에 달려 있다고 하겠다.[28]

또한 실리콘밸리는 캐주얼한 도시다. 옷차림도 캐주얼하고, 말투도 캐주얼하며, 도시의 전반적인 분위기도 캐주얼하다. 이러한 모습은 아마도 날씨에 기인할지도 모른다. "분명 실리콘밸리는 … 미국에서 최고의 기후를 가진 지역이다."[29] 사람들은 이 지역의 화

창한 날씨 가운데 격식을 차리지 않고 일상적인 옷차림으로 활동한다. 벤처 자본가, 애플과 구글의 경영진, 작은 첨단 회사들의 CEO, 그리고 대학교의 신입생이 모두 다 비슷하게 옷을 입는다. 실리콘밸리를 상징하는 인물이었던 스티브 잡스(Steve Jobs)는 늘 청바지에 테니스화를 신고 검은색 긴팔 티셔츠를 입고 다녔다. 그는 또한 '잡스 씨'(Mr. Jobs)라고 불리지 않고, 실리콘밸리의 일상적인 말투를 따라 그냥 '스티브'라고 불렸다. 이처럼 실리콘밸리는 분권화된 기업과 혁신에 의존하여 발전하고 있기 때문에, 캐주얼한 생활 방식을 포기하지 않는다. 이러한 관습은 보스턴의 관습과 사뭇 다르다. 보스턴에는 더욱 오래되고 집권화된 회사들이 자리하고 있으며, 그 회사들은 말투와 옷차림에서 형식과 전통을 추구한다.

우리 두 저자는 서로 다른 도시에 있는 교회에서 서로 다른 옷차림과 말투로 설교를 한다. 스티븐 엄은 보스턴 시내에서 정장 차림에 넥타이를 매고 설교한다. 그 청중은 교육 수준이 높고 옷을 단정하게 차려입은 사람들로 구성되어 있다. 그러나 저스틴 버자드는 실리콘밸리에서 청바지를 입고 설교한다. 그 청중은 교육 수준이 높긴 하지만 전혀 격식을 차리지 않고 티셔츠와 청바지에 슬리퍼 차림으로 예배를 드린다.

공통점이 있다면, 보스턴과 실리콘밸리는 모두 바쁘게 돌아간다는 사실이다. 두 도시에서 시간은 사람들이 가장 중요하게 여기는 자산이다. 사실 보스턴, 실리콘밸리, 도쿄, 상하이는 다 비슷한 생활 방식을 보인다. 사람들이 언제나 바쁘게 살아간다. 그러나 멕시코시티나 파리는 그와 다르다. 삶의 속도가 상대적으로 느리다. 이처럼 당신이 속한 도시의 관습도 알게 된다면, 그 도시가 추구하는 가치를 깊이 파악할 수 있다. 그래서 그 도시만의 고유한 환경 속에서 변하지 않는 복음의 진리를 상황화하는 데 큰 도움을 얻을 수 있다. 그렇다면 당신의 도시는 어떤 관습을 드러내고 있는가?

상황화를 통해
전진하라

당신이 살고 있는 도시에 대해서도 위의 다섯 가지 질문을 한 번 던져 보기를 권한다. 이러한 질문은 지역 사회 안에서 다른 주민들과 함께 나눌 때 더 좋은 답변을 얻을 수 있다. 더 나아가 시민들을 만나 대화하고, 그 도시에 관한 신문 기사도 읽으며, 거리에 나가서 다양한 시설과 기관도 방문해 보기를 권한다. 물론 도시의 역사도 공부하며 위의 질문을 붙들고 곰곰이 생각해 보면 좋겠다. 진지한 마음으로 기도하며 그렇게 하기를 바란다. 상황화는 도시에서 개발해야 하는 매우 중요한 기술이기 때문이다.

오늘날 효과적인 사역의 관건은 상황화 기술이다. 특히 문화의 중심부인 도시에 있는 교회라면 상황화와 직결된 문제들에 결코 둔감해서는 안 된다. 왜냐하면 한 사회의 문화가 형성되어 새로운 방향으로 나아가는 일이 도시에서 일어나기 때문이다. 또한 다양한 사람들이 이루어 내는 문화가 긴장과 갈등 속에 존재하며 문화의 내용과 형식이 더욱 복잡하고 혼합된 모습으로 나타나는 일이 도시에서 일어나기 때문이다.[30]

조나단 도슨(Jonathan Dodson)은 상황화를 시작하는 방법에 관해 다루며 많은 사람들이 잊고 있는 내용을 설명한다. 바로 단순하면서도 관계적인 차원에서 상황화가 이루어져야 한다는 내용이다. "사람들과 더 많은 시간을 보내라. … 당신의 주변 이웃과 … 더 많은 시간을 보내라. 그리고 질문을 던지라. … 당신이 그들을 더 많이 알고 사랑할수록, 당신은 더욱 설득력 있게 복음을 전할 수 있다. 즉 복음에 대한 오해를 제거하고 진정으로 좋은 소식을 그들에게 들려줄 수 있다."[31]

다시 말하지만, 도시는 곧 사람들이다. 도시가 중요한 이유는 사람들이 중요하기 때문이다. 그러므로 당신과 함께 도시에 살고 있는 사람들의 소리를 경청하며 그들을 알아가야 한다. 그렇게 할 때 상황화하는 작업과 기술이 더욱 자연스럽고 흥미로운 경험이 될 수 있다.

일단 우리는 앞서 소개한 질문을 붙들고 씨름하며 우리의 생활과 사역을 도시에서 상황화하는 과정을 시작할 수 있다. 사실 이 과정은 바울이 실천했던 방법이기도 하다. 사도행전 17장은 바울이 아테네 사람들에게 설교하기 전에 어떻게 아테네의 역사와 가치관, 그리고 비전과 두려움을 잘 파악했는지 보여 준다. 그와 같은 이해가 있었기에 바울은 아테네 사람들의 특성을 인정하면서도 그에 도전하는 접근을 취하며 그들에게 설교할 수 있었다.

리처드 플로리다는 자신의 필요에 맞는 도시의 성격을 사람들이 선택할 수 있게 돕고자 《후즈유어시티》를 저술했다. 이 책이 제시하는 방향대로라면, 사람들은 자기 성취나 실현을 도모하는 과정에서 도시로 이동한다. 그러나 성경은 이와 다른 소명을 제시하며 도시로 가라고 명한다. 우리는 그리스도로부터 우리의 정체성과 성취를 발견하기에, 우리가 도시의 성격을 이해하는 목적은 결코 자기중심적일 수 없다. 오히려 우리는 도시를 섬기고 그 도시가 성장할 수 있도록 돕기 위해 상황화를 시도한다.

다음에 이어지는 장에서 우리는 그와 같은 상황화가 어떻게 도시 사역에 결정적인 영향을 미치는지를 살펴보고자 한다.

토의를 위한 질문

1. 당신은 자신의 세계관을 버리는 경향이 있는가? 아니면 숨기는 경향이 있는가? 그리고 '세상에 있는' 삶과 '세상에 속하지 않은' 삶 가운데 어떠한 삶의 방식을 더 쉽게 따르는가? 혹시 당신이 사는 도시의 문화에 곧잘 순응하는 경향이 당신에게 있다면, 어떻게 해야 그 도시의 우상을 따라가지 않을 수 있겠는가? 반대로 당신이 사는 도시의 문화와 분리된 생활을 하는 경향이 당신에게 있다면, 어떻게 해야 그 도시의 우상에 굴복하지 않으면서도 그 문화에 깊이 참여할 수 있겠는가?

2. 당신이 살아가는 환경에서 복음을 균형 있고 올바르게 상황화하는 일은 과연 어떻게 이루어질 수 있겠는가? 이때 당신의 시간과 물질 사용은 어떻게 달라져야 하겠는가?

3. 당신의 도시가 섬기는 우상을 설명할 수 있는가? 그렇다면 그 우상과 당신 자신의 우상은 어떤 점에서 비슷하고 또 어떤 점에서 다르다고 생각하는가? 그리고 복음은 어떻게 그 우상들에 대한 유일한 처방이 될 수 있겠는가? 더 나아가 당신은 그 도시의 우상에 사로잡힌 사람들에게 어떻게 복음을 제시하겠는가?

4. 만일 누군가가 당신이 살고 있는 도시의 역사를 물어본다면 어떻게 설명하겠는가? 당신은 그 도시가 현재까지 걸어온 길을 알고 있는가? 그렇다면 그 도시의 역사는 시민들에 관하여 어떤 사실을 당신에게 말해 주는가? 그리고 당신은 어떻게 더욱 효과적으로 그 사람들에게 복음을 전달하겠는가?

5. 당신의 도시는 어떤 가치관을 지니고 있는가? 또한 그 도시 사람들은 어떤 판단 기준을 가지고 있는가? 더 나아가 그 도시가 추구하는 대상은 무엇인가? 그러한 가치관이나 비전에는 복음과 중첩되는 내용이 있는가? 아니면 복음과 다른 거짓된 내용이 있는가?

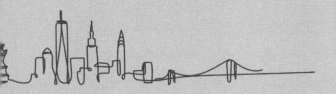

5장

도시의
이야기

"도시의 생활을 사로잡는 공동의 우상이 존재한다. … 이는 도시에 넓게
퍼진 죄악된 이야기로서 사람들은 그 이야기에 의존하고 있다. 우리는
바로 그 이야기를 해석해야 한다. 그 이야기를 간파해야 한다. 그리고
그 이야기에 담긴 핵심 가치와 역사를 파악하고, 그 이야기가 지닌 매력
과 도시에 끼친 영향은 무엇인지를 알아내야 한다. … 다시 말해 우리는
도시의 신학적 지형을 영적으로 파악해야 한다."[1]

레오나르도 데 키리코(Leonardo de Chirico)

복음서에는 예수님이 눈물을 흘리신 장면이 두 차례 등장한다. 한 번은 친구의 죽음을 보며 눈물을 흘리신 장면이다. 즉 나사로의 죽음에 슬픔을 느끼며 눈물을 흘리셨다(요 11:35). 또 한 번은 도시의 멸망을 내다보며 눈물을 흘리신 장면이다. 곧 예루살렘에 들어가실 때, 다시 말해 자기 자신이 배신당해 십자가에 못 박혀 장사되실 그 도시에 가까이 오셨을 때 성을 보고 우셨다(눅 19:41).[2]

이는 매우 인상적인 장면이다. 기독교 신앙의 중심에는 그처럼 자신이 사랑한 도시를 바라보며 눈물을 흘리신 구원자가 계신다. 예수님은 그 도시에 정서적인 반응을 보이셨다. 그 도시의 아름다움과 일그러짐이 모두 그분에게 깊은 영향을 미쳤다. 예수님은 도시에 대한 하나님의 마음을 드러내셨다. 그 마음은 도시의 평안과 그 도시에 사는 사람들의 상태에 깊은 관심을 기울이는 마음이었다.

우리도 우리가 속한 도시의 상태로 인해 정서적으로 고통을 느끼며 예수님이 경험하신 아픔을 경험할 때, 그 도시에 대해 하나님이 품으신 마음이 어떠한지를 이해할 수 있게 된다. 도시 사역은 도시에 대한 분석만으로 일어나지 않는다. 또한 그 도시를 개선하고 고쳐 가야 할 프로젝트의 대상으로 여긴다고 일어나지도 않는다. 우리는 기억해야 한다. 도시는 사람들이다. 즉 도시 사역에 대한 소명은 이웃 사랑이라는 최고 계명의 연장선에서 이해되어야 한다. 이웃을 제대로 사랑하기 위해서는, 이웃에게 진정으로 관심을 가져야 한다. 그 일에 마음이 움직여야 한다. 그저 이웃을 고치고 바로잡으려는 자세로 접근해서는 안 된다. 마찬가지로 도시를 제대로 사랑하기 위해서도, 도시에 진정으로 관심을 가져야 한다. 그리고 그 도시에 대한 하나님의 마음과 비전이 어떠한지를 알려 달라고 기도해야 한다.

그러므로 우리는 당신이 이렇게 하기를 바란다. 먼저 도시 사역에 관한 설명을 읽기 전에 회개하고 기도하라. 구체적으로 기독교 신앙을 도시에서 버렸거나 혹은 숨겨 왔던 지난 삶의 방식을 회개하라. 그런 다음에 당신이 살고 있는 도시를 향한 하나님의 마음을 구하라. 그와 더불어 이 책에서 강조했던 성경 본문들을 묵상하라(가령 3장에서 소개했던 핵심 구절들을 검토하라). 그리고 당신의 도시를 향한 깊은 관심과 소명 의식을 함께 일깨워 주시기를 간구하라.

당신의 도시 이야기를
완성하라

모든 도시에는 이야기가 있다. 만일 4장에서 소개한 다섯 가지 질문을 통해 당신이 살고 있는 도시의 역사, 가치관, 비전, 두려움, 관습을 파악했다면, 이제 당신은 그 도시의 이야기 조각들을 완성할 수 있다. 도시의 기초를 이루는 이야기는 그 도시가 기능할 수 있도록 도와주는 포괄적인 신념 체계로 작용한다. 따라서 그 이야기를 알아가며 그에 참여하거나 도전하는 일은 상황화에 수반되는 과정으로서 도시 사역에 관건이 된다고 할 수 있다.

바울도 그런 과정을 따라 사역했다. 바울의 도시 사역이 그처럼 효과적으로 진행된 이유는, 그가 도시의 깊은 갈망과 그에 따른 우상숭배를 파악하고 있었기 때문이다. 그는 도시의 갈망을 재해석하고 그 우상들에 도전하는 방법으로 복음을 선포하고 변증할 줄 알았다. 그 청중이 유대인이든 이방인이든 간에, 바울은 도시에 들어가면 예수 그리스도의 복음을 통해 그 도시의 이야기를 설명하고, 해체하며, 다시 진술했다.

그 결과 각 도시에서는 소동이 일어나고, 또한 건강한 교회가 설립되었다. 이러한 바울의 사역 방법은 단순하면서도 기존의 도시를 전복시킬 만큼 효과적이었다. 도시가 지닌 갈망에 대해서는 바른 대상을 향하도록 이끌어 주고, 도시가 지닌 우상에 대해서는 강하게 도전하며 그 도시의 이야기를 재진술하는 바울의 방법은 여러 청중에게 적용되었다. 곧 비시디아 안디옥에 모였던 유대인에게(행 13장), 루스드라에서 만난 이방인에게(행 14장), 빌립보를 장악하던 이교도에게(행 16장), 그리고 데살로니가(행 17장), 아덴[아테네](행 17장), 고린도(행 18장), 에베소(행 19장), 예루살렘(행 21장)에 있던 다양한 청중에게 그 방법이 적용되었다.[3]

오늘날 도시에서 기독교 사역과 훈련이 미약하게 진행되는 이유는 바울이 보여 준 상황적 접근을 충분히 수용하지 않은 데 있다고 볼 수 있다. 즉 복음으로 도시의 이야기를 다시 진술하는 방법을 배우지 못했기 때문이다. 우리가 그 방법을 알게 되면, 깊이 있는 사역이 도시에서 일어날 수 있다.[4] 그 방법은 세 단계로 이루어진다. 곧 도시의 이야기를 아는 단계, 도시의 이야기에 도전하는 단계, 그리고 도시의 이야기를 다시 진술하는 단계이다.[5]

당신의 도시 이야기를
알라

이웃을 알기 전까지는 이웃을 제대로 섬길 수 없다. 마찬가지로 도시를 알기 전까지는 도시를 제대로 섬길 수 없다. "우리는 도시를 건물로 이해하는 사고방식에서 벗어나야 한다. 다시 말해, 진짜 도시는 콘크리트가 아니라 육체를 가지고 있음을 기억해야 한다."[6] 앞서 소개한 다섯 가지 질문은 도시가 신뢰하는 이야기의 조각들을 맞추는 데 필요한 정보를 제공한다.

물론 이미 언급한 바와 같이, 모든 도시에는 인생의 의미를 말하는 온갖 이야기와 결부되어 있는 수도 없이 많은 하위문화가 존재한다. 따라서 "세계적인 도시의 중심은 모든 세계관을 다채롭게 모아 놓은 샐러드 접시와 같다."[7] 그럼에도 우리는 하나의 거대한 이야기가 도시 생활을 이끌고 규정하려고 한다는 사실을 알 필요가 있다. 도시에 거주하는 사람들은 의식적으로든 무의식적으로든 이 이야기를 알고 있다. 흔히 도시의 이야기와 우리의 관계는 물과 물고기의 관계에 비유될 수 있다.

즉 우리는 도시의 이야기에 너무 깊이 잠겨 있기 때문에, 어떤 위기의 상황이 일어나기 전까지는 그 이야기 속에서 살고 있다는 사실조차 알아차리지 못한다. 바울이 사역했던 1세기 당시의 도시 환경도 오늘날의 환경과 매우 유사한 측면을 가진다. 바로 다원적이고 다양한 문화를 지녔다는 측면이 유사하다. 하지만 그렇게 다양한 문화가 만연하고 그 안에 보편적이고 통일된 정신이 부족했음에도 불구하고, 바울은 도시를 지배하는 이야기를 인식하고 그 이야기를 설명할 줄 알았다. 그래서 그의 사역은 도시의 정곡을 찌르는 결과를 낳았다.

이와 같은 도시의 이야기를 한 단어나 한 문장으로 요약하는 일은 매우 유익하다. 그 일은 우리가 살고 있는 도시에 자리한 깊은 갈망과 우상을 빠르게 파악할 수 있게 도와준다. 이에 우리는 30개의 도시를 예로 들어 그 도시를 장악하는 이야기가 무엇인지 각각한 단어로 아래에 제시해 보았다. 물론 이 작업은 다소 교만하거나혹은 무지하게 비추어질 수 있다(우리 두 저자는 아래에 제시된 많은 도시들에서 시간을 보낸 적이 있지만, 결국 두 도시에서만 생활하고 있기 때문이다). 또한 독자들의 기분을 상하게 할지도 모른다(당신이 이 가운데 어느 도시에 산다면 우리의 판단에 동의하지 않을 수도 있다는 말이다). 그러나 최소한 이 목록을 살펴봄으로써 현재의 논의를 이어가는 데 필요한 생각을 해 볼 수 있을 것이다.

보스턴: 지식

실리콘밸리: 성공[8]

서울: 경쟁

마닐라: 기회

워싱턴 DC: 권력

홍콩: 기업가 정신

프놈펜: 개혁

샌프란시스코: 평등

시드니: 쾌락

베이징: 정치

파리: 로맨스

오클라호마시티: 가족 [9]

런던: 영향력

라스베이거스: 유흥

방갈로르: 혁신[10]

오스틴: 자립

도쿄: 집단과 일치[11]

제네바: 평화

테헤란: 권력

라고스: 발전[12]

볼더: 모험

싱가포르: 질서

로스앤젤레스: 이미지

두바이: 성공

모스크바: 권력

샌디에이고: 건강

더블린: 전통

디트로이트: 희망[13]

카이로: 개혁

뉴욕: 성공

바울은 도시에서 사역하기 전에 각 도시의 이야기를 알고 있었다. 만일 우리가 1세기 당시의 도시 역사와 사도행전에 소개된 바울의 설교를 함께 놓고 추론해 본다면, 그는 자신이 사역했던 도시의 이야기를 다음과 같이 파악했다고 볼 수 있다.

예루살렘: 전통
로마: 권력
아테네: 지식
에베소: 종교

우리가 어느 도시의 역사, 가치관, 비전, 두려움, 관습을 함께 생각해 본다면, 그 도시를 이끌어 가며 시민들의 생활 방식을 결정하는 거대한 이야기를 발견할 수 있을 것이다. 고대 로마는 최상의 '권력'을 추구하는 이야기에 이끌렸다. 오늘날 실리콘밸리는 '성공'을 인생의 열쇠로 보는 이야기에 매력을 느낀다. '자유'는 인종 격리 정책을 바로잡는 데 열중하는 남아프리카공화국의 요하네스버그가 추구하는 이야기의 키워드다. 불과 30년 전만 해도 그렇지 않았다. 그러나 이제 요하네스버그는 "아프리카에서 가장 많이 변화된 도시"로 불린다.[14] 이는 우리가 속한 도시도 변화될 수 있다는 사실을 말해 준다. 도시가 늘 그대로 있어야 한다는 법은 없다.

그렇다면 당신의 도시가 들려주는 이야기는 무엇인가? 거기서 드러나는 꿈과 우상은 무엇인가? 그리고 그 이야기를 아는 일은 당신이 도시에서 살아가며 일하고 예배드리며 복음을 전하는 데 과연 어떤 영향을 미치겠는가?

당신의 도시 이야기에
도전하라

다음으로는 도시의 이야기를 해체하는 작업을 해야 한다. 상황화된 도시 사역은 도시의 이야기 저변에 자리한 우상을 간파하고 그에 능숙하게 맞설 수 있게 한다. 또한 그 사역은 문화에 깊은 관심을 가지고 도시의 지배적인 이야기 속에 자리한 갈망을 파악하게 만든다. 그리하여 마침내는 우리로 하여금 복음에서 발견되는 진정한 소망을 통해 그 이야기를 다시 진술하게 만든다.

성경은 하나님 외에 다른 대상을 예배할 때 야기되는 위험과 파멸에 대해 끊임없이 경고한다. 아래에 인용된 구절들은 우상숭배의 위험을 강력하게 경고하는 몇 가지 예다. 그런데 흔히 이 구절들을 읽을 때, 각각의 본문이 도시에서 일어나는 우상숭배와 그 우상숭배가 도시에 미치는 결과를 지적하고 있다는 사실에 대해서는 놓친다. 한번 당신의 도시에서 일어나는 우상숭배를 생각하며 이 구절들을 묵상하기 바란다.

너희는 헛된 것들에게로 향하지 말며 너희를 위하여 신상들을 부어 만들지 말라 나는 너희의 하나님 여호와이니라(레 19:4).

그의 조상들의 하나님 여호와의 전을 버리고 아세라 목상과 우상을 섬겼으므로 그 죄로 말미암아 진노가 유다와 예루살렘에 임하니라(대하 24:18).

나는 여호와이니 이는 내 이름이라 나는 내 영광을 다른 자에게, 내 찬송을 우상에게 주지 아니하리라(사 42:8).

너희 제단들이 황폐하고 분향제단들이 깨뜨려질 것이며 너희가 죽임을 당하여 너희 우상 앞에 엎드러지게 할 것이라 이스라엘 자손의 시체를 그 우상 앞에 두며 너희 해골을 너희 제단 사방에 흩으리라 내가 너희가 거주하는 모든 성읍이 사막이 되게 하며 산당을 황폐하게 하리니 이는 너희 제단이 깨어지고 황폐하며 너희 우상들이 깨어져 없어지며 너희 분향제단들이 찍히며 너희가 만든 것이 폐하여지며(겔 4:4-6).

거짓되고 헛된 것을 숭상하는 모든 자는 자기에게 베푸신 은혜를 버렸사오나(욘 2:8).

바울이 아덴[아테네]에서 그들을 기다리다가 그 성에 우상이 가득
한 것을 보고 마음에 격분하여(행 17:16).

모든 도시는 예배의 중심부다. 따라서 도시의 시민들은 어떤
의미에서 가장 깊은 열정을 지닌 예배자들이라고 할 수 있다. 문제
는 예배 자체가 아니다. 문제가 있다면 그들의 애정과 헌신과 찬양
을 받고 있는 거짓 신들이다. 오늘날도 일부 도시에서는 사람들이
부어 만든 신상들에 절을 한다(레 19:4).

그러나 대부분의 도시에서는 우상숭배가 현대화된 모습으로
나타난다. 즉 돈, 권력, 외모, 인정, 성공, 명성, 안일, 통제 등을 우상
으로 삼아 절을 한다. 안타까운 현실은, 도시에서 진행되는 여러 사
역들이 기존의 우상숭배에 예수님을 첨가하는 수준으로 그친다는
점이다. 사람들은 기존의 우상숭배를 계속하는 생활에 단지 예수
님만 받아들이면 된다는 식으로 복음의 메시지를 듣는다. 그렇기에
인생의 중심 궤도가 그대로 유지된다.

바울이 인생을 변화시키는 사역을 할 수 있었던 비결은 도시의
우상숭배에 정면으로 도전하는 그의 접근에 있었다. 그는 사람들에
게 회개하여 거짓 신들을 버리고 살아계신 하나님을 예배하라고 도
전했다. 당시 데살로니가는 로마의 지배를 받던 마케도니아 지방의
수도로서 약 10만 명의 인구를 자랑했다.[15] 바로 그 도시에서의 사
역을 떠올리며 바울은 이렇게 기록했다. "그들이 우리에 대하여 스

스로 말하기를 우리가 어떻게 너희 가운데에 들어갔는지와 너희가 어떻게 우상을 버리고 하나님께로 돌아와서 살아 계시고 참되신 하나님을 섬기는지와"(살전 1:9).

이처럼 데살로니가에 살고 있던 시민들은 하나님을 예배하기 위해 우상을 버렸다. 만약 우리가 도시의 이야기에 도전하지 않는다면, 사람들이 우상을 버리는 일은 일어나지 않을 것이다. 그 결과, 하나님과 우상을 혼합해서 예배하는 현상이 일어나게 된다.

결국 우리의 도시 사역이 상황화되지 않아 도시에서 벌어지는 우상숭배에 도전하지 못한다면, 그 사역은 피상적이어서 실질적인 결과를 거두지 못한다. 다시 말해 도시가 품은 헛된 갈망의 실체를 드러내지 못한다면, 어떻게 예수님만이 그 깊은 갈망을 채워 주실 수 있는지를 설명할 수 없다. 우리의 사역에서 예수님은 해결되지 않은 이야기를 해결하실 수 있는 유일한 분으로, 또 완성되지 않은 이야기를 완성하실 수 있는 유일한 분으로 제시되어야 한다. 바로 십자가 죽음으로 성취된 그분의 대리적인 사역을 통해 말이다.[16] 이렇게 예수님을 제시하기 위해서는 도시의 우상을 먼저 알아야 한다. 그런데 문제는, 대부분의 도시가 자신의 우상에 대해 알지 못하듯이 우리 대부분도 우리 자신의 우상에 대해 알지 못한다는 것이다.

모든 사람은 무엇인가를 위해 살아가기 마련이다. 그런데 그 대상이 유일하신 참 하나님이 아니라면, 그릇된 갈망에 속는 인생을 살 뿐이다. 그 인생에는 하나님보다 더 중요한 대상이 거짓 신으로 자리하고 있기 때문이다. 그래서 그 자체로는 선한 대상이라고 하더라도 우상숭배의 대상으로 전락하고 만다. 이를테면 가족, 성공, 인정, 재물, 소원 등이 일종의 신으로서 예배의 대상이 된다. 그리고 인생의 중심부에 자리한다.

여기서 죄의 본질이 드러난다. 죄는 우리로 하여금 하나님 말고 다른 대상에 의존하여 인생을 세워 가며 궁극적인 의미를 찾게 만든다. 그러므로 당신이 쉽게 예배하는 우상은 무엇인지, 그리고 당신이 속한 도시는 어떤 우상을 예배하고 있는지를 물어야 한다. 인간의 마음에는 네 가지 근원적인 우상이 주된 영향력을 행사하고 있다.

통제: 당신이 불확실성을 가장 두려워한다면, 당신은 통제를 우상으로 삼고 있다.

인정: 당신이 거절을 가장 두려워한다면, 당신은 인정을 우상으로 삼고 있다.

안락: 당신이 스트레스와 요구 사항을 가장 두려워한다면, 당신은 안락을 우상으로 삼고 있다.

권력: 당신이 굴욕을 가장 두려워한다면, 당신은 권력을 우상으로 삼고 있다.[17]

당신이 사랑하는 우상에 관하여 알아야 할 사실이 있다. 그 우상은 결코 당신을 사랑하지 않는다는 사실이다. 거짓 신은 당신을 사랑하지 않는다. 또한 약속을 지키지도 않는다. 하나님 외에 다른 대상에 의존하여 인생을 세우며 그 대상을 예배한다면, 바로 그 대상이 당신의 인생을 이용할 뿐 아니라 결국에는 파멸시킨다. 도시의 우상숭배에 도전할 때는 이 사실을 반드시 드러내야 한다. 곧 우상은 우리를 구원하지 않고 오히려 파멸시킨다는 사실 말이다.

예수님과의 관계는 우리의 우상이 무엇인지를 확인하고 그로부터 돌아설 때 시작된다. 그분이 공생애 기간에 하신 일도 사람들의 우상을 드러내며 그 우상에 도전하신 일이었다. 즉 그릇된 예배의 대상을 떠나 그분 자신을 따르며 예배하도록 사람들을 부르셨다. 바울 역시도 그런 방식으로 사역하며 도시를 지배하는 우상숭배에 대해 직접적으로 도전하는 메시지를 전했다. 그는 개인의 차원에서 일어나는 우상숭배를 다루기 위해서도 도시의 차원에서 그 문제에 접근하였다. 우리 각자의 우상숭배는 도시에서 일어나는 우상숭배와 밀접하게 관련되어 있기 때문이다.

도시에 사는 많은 사람들은 자신의 삶을 제한하는 모든 조건을 벗어던질 때 자유가 찾아온다고 생각한다. 그렇게 되면 스스로 인생을 다스릴 수 있는 상태에 이르게 되리라고 믿는다. 그래서 많은 사람들이 자신을 속박하는 상태에서 벗어나기 위해 도시로 이동한다.

앞서 2장에서는 어떤 모험적인 사람이 소개된 적이 있다. 그는 과거 4년 동안 네 개의 도시에서 살았는데, 그때마다 도시가 자신의 인생을 충분히 누릴 수 있는 기회를 제공하며 전통적이고 도덕적인 제약으로부터 자유를 선사해 주리라고 생각했다. 안타깝게도 그는 자신의 인생이 거짓 신들에 의해 지배당하고 있다는 사실을 알지 못한 사람이라고 할 수 있다. 그래서 인생을 파멸하는 조작된 이야기에 붙들린 삶을 살았던 것이다. 곧 우상은 그릇된 통치자를 세우며, 그 통치자가 자신을 억압한다는 사실을 알지 못했던 것이다.

결국 우리 인생에 자리한 우상을 발견하기 전까지는, 우리가 무엇인가에 붙들려 혹사당하며 불행하게 살아간다는 느낌을 지울 수 없다. 그러한 느낌은 오직 예수님을 통해 주어지는 자유와 안식과 만족을 얻게 되었을 때에만 극복될 수 있다. 그분은 우리가 혹 실패하더라도 우리를 사랑하시는 유일한 통차자시다. 우상은 그렇게 하지 못한다. 예수님만이 우리가 최악일 때 이미 우리를 사랑하신 주인이시다. 그래서 우리를 위해 자기 자신을 내어 주셨고, 지금도 완전한 지혜와 권능과 사랑으로 우리 인생을 다스리신다.

그러므로 도시에 있는 많은 사람들, 곧 스스로 자기 인생을 정의하고 소유하며 다스리려고 하는 사람들은 바로 그 복음을 들어야 한다. 오직 그분만이 우리가 신뢰할 수 있는 주인이시다. 그리고 오직 그 주인만이 우리에게 자유를 주실 수 있다.

이와 같이 우리가 설명한 내용은, 도시의 이야기에 도전하는 사역이 단순하면서도 심층적인 차원에서 이뤄져야 하는 과정임을 보여 준다. 그 이야기의 일부는 반드시 인정받아야 할 고귀한 갈망에 기초해 있다(이 측면에 대해서는 이어지는 섹션에서 다루고자 한다). 그러나 또 다른 일부는 드러나서 반드시 비판받아야 할 위험한 우상숭배에 기초해 있다. 그렇기에 우리는 도시가 지닌 갈망과 우상을 함께 다루는 방식으로 그 이야기를 해체해야 한다.

이러한 사역은 결코 간단한 작업이 아니다. 오히려 그 사역에는 비상한 사랑이 요구되고 상처도 감수해야 할 뿐 아니라, 때로는 고통을 겪으면서도 포기하지 않는 열정이 필요하다. 그래야만 사람들이 자유함을 얻고 예수 그리스도의 이름이 영광을 얻는 결과에 이를 수 있기 때문이다. 이러한 사역은 단지 사회학적 접근이나 이론적 분석 그 이상의 과업을 요구한다. 로마에 있는 에방젤리카브렉키아교회(Chiesa Evangelica Breccia Di Roma)에서 목회하는 레오나르도 데 키리코(Leonardo de Chirico)는 도시의 이야기를 해체하는 작업이 본질상 영적인 과제라고 설명한다.

도시의 우상을 파악하는 작업은 영적 전쟁이 벌어지는 거친 현장에서 이루어진다. 실제 도시에서 우상숭배가 일어나는 현황을 살펴보면, 그 작업이 단지 합리적이고 지성적이며 학문적인 과정으로 진행될 수 없다는 사실을 깨닫게 된다. 그 작업은 무엇보다도 영적 분별력을 요구하는 전쟁에 다름 아니기 때문이다. 사도행전

17장 16절은 아테네에 있던 바울이 "그 성에 우상이 가득한 것을 보고 마음에 격분"했다는 내용을 전해 준다. 영적으로 마음이 매우 불편해졌다는 내용이다. 만일 우리가 그와 같은 영적 고통과 불안 또는 불편을 느끼지 않는다면, 우리가 우상에 관해 하는 말은 모두 무의하게 들릴 뿐이다. 도시의 우상을 파악하는 작업은 … 영적 전쟁이 펼쳐지는 현장에서 영적 분별력을 발휘해야 하는 과제다. 다시 말해, 도시의 영적 상태를 간파할 수 있는 영적 감각을 갖추어야 하는 과제다.

… 이는 그저 낭만적으로 도시를 사랑하는 일과는 다르다. 또한 도시화 현상에 순진하게 접근하는 일과도 다르다. 물론 우리는 도시를 사랑해야 한다. 하지만 우리가 도시에 대한 영적 불안과 불편, 그리고 우리를 아프게 하며 상처받기 쉽게 만드는 고통을 경험해 보지 않고서는, 도시의 우상숭배 현황을 파악할 수 없다.

… 따라서 그 영적 전쟁에 희생을 감수하고라도 기꺼이 참여하고자 하는 태도가 우상을 파악하는 과정에 없어서는 안 될 요소이다. 다시 말하지만, 도시의 우상을 파악하는 일에는 반드시 영적 고통과 아픔이 뒤따르기 때문이다.[18]

우리는 예수님이 예루살렘에서 그러셨듯이, 또한 바울이 아테네에서 그러했듯이, 도시의 상태에 깨어 눈물이 맺히는 심정으로 그 영적 기류를 살펴봐야 한다. 이처럼 도시의 이야기에 도전하는 과정을 설명하기 위해 두바이를 예로 들어 보겠다. 사람들은 자신만의 성공 스토리를 만들기 위해 그 국제도시에 가서 살며 일을 한다. 두바이는 아랍권의 비즈니스 중심지로서 석유, 부동산, 건설, 금융, 관광 산업 등을 통해 성공을 추구한다. 현재 그 도시는 세계에서 가장 호화스러운 주거 환경을 제공하고 있고,[19] 그야말로 외딴 세계라고 불릴 만한 사치스런 관광 명소들을 소유하고 있다.[20] 또한 두바이는 세계에서 가장 높은 빌딩을 자랑하는데, 부르즈 할리파(Burj Khalifa)라고 불리는 이 건물은 높이가 2,723피트에 이른다. 이와 같은 두바이는 더 말할 나위도 없이 돈과 권력이라는 두 가지 우상을 노골적으로 숭배한다.

아랍에미리트 연방에 속한 두바이는 이슬람 세계의 중심부에 자리한 이슬람 도시다. 이런 환경에 있기 때문에, 그 도시가 숭배하는 돈과 권력의 우상에 도전한다는 일은 굉장히 어려울 수밖에 없다. 2008년에 데이브 퍼먼과 글로리아 퍼먼이라는 부부가 가족을 이끌고 텍사스를 떠났다. 그리고 두바이로 갔다. 두바이의 도심에 교회를 개척하기 위해서였다. 글로리아는 그곳에서 사역하며 겪은 고통과 새롭게 발견하게 된 사실을 다음과 같이 전했다.

중동의 한가운데 위치한 어느 도시에는 이름 없는 거리 위에 세워진 시멘트 주택이 있습니다. 그 집에서 저는 슬픔과 희망을 함께 느낍니다. 비현실적으로 느껴지는 이곳에 있다 보면, 도시가 숭배하는 우상과 제 마음속에 존재하는 우상, 그리고 저를 위로하시는 하나님의 임재가 모두 현실로 다가옵니다.

2008년에 저희는 가족을 이끌고 교회를 개척하기 위해 두바이로 왔습니다. 저희는 이 도시에 오자마자 그때까지 저희가 경험한 세계가 무색하게 느껴지리라곤 상상하지도 못했습니다. 이 도시는 마치 셰익스피어 작품에 나오는 밤하늘의 별처럼 화려해서 저희 인생이 비참하게 느껴질 정도였습니다. 당시 18개월 된 저희 딸도 커다란 문화 충격을 받았는지 아이의 쾌활하던 성격이 이내 꺾인 장미처럼 시들해져 갔습니다.

저는 임신 3개월을 넘어서고 있었지만 별반 차이가 없었습니다. 몸의 컨디션이 더 좋아지기보다 여전히 메스꺼운 느낌이 들고 체력이 떨어졌습니다. 집 밖에는 나가지를 못했습니다. 저를 대놓고 쳐다보는 이웃들이 두려웠고, 날아다니는 파리 떼와 오물 냄새도 싫었기 때문입니다. 그때 저희 집은 쓰레기 컨테이너 옆에 있었습니다. 사람들은 희생제사에 사용한 동물 사체를 그 컨테이너에 버리곤 했습니다. 저는 그 도시에서 사용하는 언어를 겨우 읽을 수 있었을 뿐, 말하지는 못했습니다. 그래서인지 친구들이 너무 보고 싶었습니다. 게다가 저희와 사역하기로 한 동료들이 제때 방문하지 않게 되자, 하나님이 멀리 계신 것처럼 느껴졌습니다. 이런 상황에서 저를 짓누르던 영적 압박은 마치 인생을 도울 손길도, 구원할 수 있는 능력도 없는 우상에게 받쳐져 올라가는 향과 같이 지독하게 느껴졌습니다.

앞서 큰 수술을 받았던 남편의 팔은 상태가 더 악화되었습니다. 그는 식사 시간에 포크를 들 수도, 셔츠에 단추를 채울 수도, 아랍어를 쓸 수도, 물론 성경책을 들 수도 없었습니다. 그의 팔은 불에 타는 것처럼 고통스럽게 느껴졌습니다. 저는 하나님께 매달려 상황을 호전시켜 주시기를 기도했습니다.

그러나 상황이 그대로였습니다. 언젠가는 잠을 깨어 침대에 그대로 누운 상태로 남편 데이브를 지켜본 적이 있습니다. 그는 고통스럽게 몸부림을 치며 방을 걷고 있었습니다. 저는 너무 걱정스러웠습니다. 그러다가 그가 운전을 할 수 없다는 사실에 이상한 위로를 얻었습니다. 혹 운전을 하게 되면 절망을 못 이겨 어떤 일을 범할지 알 수 없었기 때문입니다.

그러다가 '우리가 뭔가 잘못한 게 아닐까'라는 생각이 찾아들었습니다. 분명 두바이는 돈과 권력을 숭배합니다. 이러한 우상은 하늘 높이 치솟은 고층 빌딩들과 사람들의 얼굴 표정만 봐도 알아차릴 수 있을 만큼 이 도시에 뚜렷하게 존재합니다. 그런데 저 역시도 그러한 우상에 처음으로 유혹을 느꼈던 것입니다. '우리한테도 더 큰 권력이 있었다면' 하고 말입니다. 하나님은 그저 멀리 계신 분처럼 느껴졌고, 이 도시의 우상이 우리에게 안식을 제공해 줄 수 있을 것처럼 보였기 때문입니다.

그러자 성령께서 로마서 8장 32절을 떠올리게 해 주셨습니다. "자기 아들을 아끼지 아니하시고 우리 모든 사람을 위하여 내주신 이가 어찌 그 아들과 함께 모든 것을 우리에게 주시지 아니하겠느냐." 하나님은 저의 소망이 현재의 상황을 바꿀 수 있는지의 여부에 달려 있지 않다는 사실을 상기시켜 주셨습니다. 그러면서 그 소망은 결코 멈추지 않는 열심으로 은혜를 베푸시는 예수 그리스도 안에서만 발견된다는 사실을 크신 자비로 알려 주셨습니다.

그렇다고 하룻밤만에 고통에서 벗어나지는 않았습니다.

… 시간이 걸렸습니다. 저의 마음은 서서히 어두움의 한복판에서 복음의 빛을 새롭게 보기 시작했습니다. 그러자 하나님이 저를 버리지도, 이 도시를 버리지도 않으셨다는 사실을 알게 되었습니다. 하나님은 제 자신과 가족, 그리고 돈이나 권력보다 더 크신 분이었습니다. 그분은 십자가에 매달려 피를 흘리신 자기 아들을 선포할 때, 바로 그 복음을 통해 자신의 강함을 드러내시는 분이었습니다. 저처럼 미약한 이들이 선포하는 복음을 통해서 말입니다.

6개월 후에 저희는 그 집을 떠나게 되었습니다. 여전히 고통이 있었고, 몸도 불편했습니다. 그러나 우리 자신의 건강이나 능력에서 행복을 찾는 대신, 저희는 저희에게 생명을 주기 위해 기꺼이 죄를 감당하신 그분, 그래서 가장 큰 고통을 겪으셔야 했던 그분께 완전히 기대어 살기로 했습니다. 바로 이 복음이 주는 지혜만이 도시를 지배하는 우상과 제 자신의 우상을 무력하게 만들 수 있었습니다.

얼마 안 가 도시에 경제적 위기가 찾아왔을 때, 부동산 시장이 붕괴되어 많은 시민들이 빚더미에 앉고 그간의 환상에서 깨어나게 된 일이 있었습니다. 이는 이 도시에 일어날 수 있었던 일 중에 최고의 사건이었습니다. 사람들이 갑자기 도시의 우상을 보게 되었기 때문입니다. 즉 돈과 권력이 얼마나 무력한지가 여실히 드러나게 되었습니다. 거짓 신처럼 말입니다. 그때 저는 두 가지 사실을 깨달았습니다. 한 가지는 저의 우상이나 두바이의 우상이 각각 제 자신과 두바이를 만족시켜 줄 수 없다는 사실이었습니다. 또 한 가지는 우리 모두는 그보다 더 크고 선한 대상을 위해 지어졌다는 사실이었습니다. 바로 유일하신 참 하나님을 알고 예배하기 위해 지어졌다는 사실을 깨닫게 된 것입니다.[21]

도시 사역은 우리 모두에게 각각 다른 양상으로 펼쳐질 수 있다. 하지만 어떤 면에서 그 사역은, 데이브와 글로리아 부부가 두바이에서 겪은 이야기와 같은 흐름을 보일 수밖에 없다. 우리가 도시의 우상에 직면할 때, 우리 안에 숨은 우상도 도전을 받는 일이 일어나는 것이다. 왜냐하면 우리가 도시 사역을 추진할 때, 단지 도시만 우리를 필요로 하는 게 아니라 우리 역시 도시를 필요로 한다는 사실을 깨닫게 되기 때문이다.

우리가 사람들과 교제하며 도시의 우상과 접촉하다 보면, 그동안 가려졌던 우리 자신의 우상과 편견도 그 정체를 드러내게 된다. "효과적인 상황화에서 가장 큰 장애물은 바로 우리 자신의 문화적 편견을 보지 못하는 태도이다."[22] 그러므로 도시의 이야기만 도전을 받는 게 아니다. 결국에는 우리 자신의 이야기도 도전을 받고 흔들리게 된다. 이런 식으로 하나님은 우리 자신과 우리가 속한 도시를 함께 세워 복음을 새롭게 경험하게 하신다. 그리고 그 복음은 우리의 갈망을 재조정하며 우리에게 만족을 주지 못하던 이야기를 비로소 완성시킨다.

당신의 도시 이야기를
다시 작성하라

3세기 전, 영국의 문학가였던 새뮤얼 존슨(Samuel Johnson)은 다음과 같은 유명한 말을 남겼다. "런던에 싫증이 난 사람은 인생에 싫증이 난 사람이다. 런던에는 인생에서 누릴 수 있는 모든 게 있기 때문이다."[23]

여기서 존슨은 당시의 대중적인 생각, 특히 성공을 지향하던 런던의 전반적인 분위기를 표현했다. 런던은 그 시대에 세계에서 가장 잘나가던 도시였다. 영원한 즐거움이 있는 장소로 여겨졌다. 런던 시민들은 거기서 번영과 성장을 추구했다. 그들은 앞으로 부자가 되어 세상이 더 발전하게 되리라는 이야기를 쫓으며 살았다. 아마도 18세기 런던 시민들을 대상으로 사역한다면, 존슨이 저토록 자랑스럽게 남긴 말에서 느껴지는 그 우상에 도전하는 일부터 해야 할 것이다. 그런데 존슨의 자랑에는 우리가 또한 인정해야 할 사실도 있다.

복음은 도시의 이야기 자체를 제거하지는 않는다. 오히려 그 이야기를 완성시킨다. 일단 도전을 받게 된 도시의 이야기는 다시 진술되어야 한다. 우리가 도시의 이야기를 다시 진술해야 하는 이유는, 그 이야기의 주제가 해결되고 완성에 이르는 해피엔딩이 오직 예수님의 대리 사역을 통해서만 가능하다는 사실을 보여 주어야 하기 때문이다. 복음은 도시의 이야기에 자리한 깊은 긴장을 해결한다. 그리고 그 긴장의 해결과 그에 따른 구원과 안식이 예수 그리스도 안에서만 발견된다는 사실을 보여 준다.

우리가 도시 사역을 하며 흔히 저지르는 실수는, 복음을 도시의 갈망이나 우상과 연결시키지 않고 그 메시지만 전달하는 것이다. 비록 새뮤얼 존슨이 우상숭배의 동기를 드러내기는 했지만, 번창하는 도시 환경을 누리자는 그의 말에는 인정받아야 할 부분이 있다.

18세기 런던은 이론의 여지없이 문화, 경제, 종교, 교육, 문학, 예술, 정치 등 모든 분야에서 영국의 핵심적 역할을 감당했다. 이는 곧 전 유럽에서 런던이 가장 큰 도시임을 의미하기도 했다.[24] 존슨이 찬양한 런던을 대상으로 하는 사역은 그 탁월한 런던의 이야기를 다시 진술하는 일을 분명히 필요로 한다. 그래야만 인간의 번영과 문화의 발전을 추구하는 고귀한 정신이 오직 예수님과 장차 다가올 도시에서만 참된 완성에 이를 수 있다는 사실을 드러낼 수 있기 때문이다.

런던과 같은 훌륭한 도시는 이 세상이 제공할 수 있는 많은 조건을 지니고 있다. 하지만 그러한 도시의 조건은 한편으로는 놀랍기도 하지만, 또 한편으로는 우리에게 아쉬움을 남길 수밖에 없다. 이에 반해 세상을 향한 하나님의 구속 계획은 천상의 도시에 관한 약속을 우리에게 제시한다. 그 도시는 우리에게 어떠한 아쉬움이나 부족함도 남기지 않는 장소다. 즉 만족되지 않던 우리의 갈망은 거기서 비로소 온전히 채워지게 된다.

복음은 한 개인의 인생을 향한 놀라운 계획에서 더 나아가 이 세상을 향한 놀라운 계획을 선언한다. 따라서 런던과 같은 도시의 이야기를 다시 진술하는 일은, 바로 참된 만족을 주시는 주님과 장차 다가올 위대한 도시를 바라볼 수 있도록 그 시민들의 시선을 옮기는 작업이라고 할 수 있다. 결국에는 그리스도 안에서 얻는 진정한 만족만이 우리를 자유롭게 하여 런던과 같은 도시의 문화를 올바로 누릴 수 있게 해 준다. 또한 그럴 때에만 이 세상의 도시가 우리의 마음을 만족시켜 주리라는 기대를 하지 않게 된다.

바울이 아테네에서 했던 작업이 그와 같다. 그는 아테네의 우상에 도전하면서 절대자와 인생의 의미에 대한 그 도시의 갈망을 또한 인정하였다. 심지어는 이방 시인들의 말까지 인용하며 유일하신 참 하나님의 존재를 일깨워 주고자 했다. 그렇게 함으로써 아테네라는 도시가 하나님을 바라볼 수 있도록 이끌었다. 결국 바울은 아테네의 이야기를 다시 진술하여 그 이야기가 쫓는 꿈과 희망은 오직 하나님 안에서만 해피엔딩에 이를 수 있다는 사실을 선포했던 것이다. 왜냐하면 "우리가 그를 힘입어 살며 기동하며 존재하"기 때문이다(행 17:28).

바울은 모든 도시에 똑같이 접근하지 않았다. 그는 각각의 도시가 그들만의 문화와 이야기를 지니고 있어 그에 맞는 독특한 방식으로 복음을 전해야 한다는 사실을 알고 있었다. 도시 사역에서 가장 중요한 요소가 있다면, 바로 그와 같이 복음으로 도시의 이야기를 재구성하는 일이라고 할 수 있다. 만일 도시가 품고 있는 소원과 갈망과 희망과 염려 등에 관해 아무 말도 하지 않는다면, 그 도시의 이야기를 복음과 연결시킬 수 있는 중요한 기회를 놓쳐 버리는 것이다.

우리는 우리가 읽는 책에서 어떤 줄거리를 찾게 되기를 바라듯, 우리 각자의 인생에도 어떤 줄거리가 있기를 바란다. 그래서 지금 어딘가에 이르고 있으며 그렇게 인생이 진행되고 있다는 사실을 느끼기를 바란다.

이처럼 우리의 내면에는 단지 인생에 관한 심리학적인 설명으로는 충족이 되지 않는 무엇인가가 자리하고 있다. 우리는 우리의 인생이 어떤 여행이나 모험과 같다고 확신하기 때문에, 그와 같은 설명으로는 만족을 얻을 수 없는 것이다. 우리 모두는 우리 자신에 관해 좋은 느낌을 갖는 일보다 깊은 인생의 의미를 필요로 하는 존재이다. 따라서 참된 모험과 신비와 낭만에 대한 감각을 상실한 자들만이 자신의 자존감에 대해 염려하게 된다.

하지만 그들에게 정작 필요한 것은 심리치료사가 아니라 올바른 이야기다. 더 구체적으로 말한다면, 그들이 자문해야 할 핵심적인 질문은 '어떤 성격 유형이 나의 행동을 설명하는가?'가 아니라 '어떤 이야기 속에 내가 살고 있는가?'이다.[25]

사실 도시에 있는 모든 사람들이 이 질문을 안고 있다고 볼 수 있다. '과연 어떤 이야기 속에 나는 살고 있는가?' 우리는 도시를 지배하는 이야기 속으로 들어가 바로 이 질문에 복음으로 답변해야 한다.

그렇다면 당신이 속한 도시의 이야기는 무엇인가? 또 복음을 통해서만 설득력 있게 설명될 수 있는 그 도시의 우상숭배는 지금 어떻게 일어나고 있는가? 더 나아가 그 도시의 이야기는 어떻게 성경의 이야기를 따라 다시 쓰일 수 있겠는가?

이와 같은 질문을 하고 그에 답변하는 일은 효과적이고 생산적인 도시 사역을 할 수 있는 비결이 된다. 그렇다면 이처럼 도시의 이야기를 알고 그 이야기를 복음과 연결시키는 작업이 어떻게 도시 환경에서 구체적인 사역으로 발전될 수 있겠는가? 마지막 장에서는 바로 이 질문을 숙고하며, 하나님이 도시에서 이루시려는 비전을 함께 살펴보고자 한다.

토의를 위한 질문

1. 당신의 도시를 지배하는 이야기는 무엇인가? 또한 당신의 이웃은 자신에게 희망과 목적을 제시하는 그 이야기에 관해 어떤 생각을 하고 있는가?

2. 당신의 도시가 들려주는 이야기와 하나님의 구속 계획이 들려주는 이야기는 어떤 점에서 서로 중복되는가? 이 중복되는 부분을 감안할 때, 복음을 가지고 그 도시의 이야기 속으로 들어갈 수 있는 포인트에 관해 당신은 어떤 설명을 할 수 있겠는가?

3. 당신의 도시가 들려주는 이야기는 어떤 점에서 부족함을 보이는가? 그 이야기에서 당신의 이웃이 믿고 있는 거짓말과 그릇된 약속은 무엇인가? 오직 복음만이 제시할 수 있는 내용 중에 당신의 도시가 그 시민에게 약속하는 내용은 무엇인가?

4. 당신은 믿음이 없는 동료나 친구와 도시에 대해 이야기할 때 어떻게 설득력 있게 도전하겠는가?

5. 당신이 속한 도시의 이야기가 어떤 점에서 미완성되어 만족을 주지 못하는지 생각해 보라. 그 이야기에 비추어 볼 때, 복음의 어떤 내용이 좋은 소식으로 들리는가? 또한 복음은 어떤 방식으로 그 이야기에 해결을 제시하는가? 더 나아가 그 이야기는 어떻게 복음의 이야기 속에서 궁극적인 완성에 이를 수 있겠는가? 그렇다면 왜 복음은 다른 시민에게도 좋은 소식으로 여겨질 수 있겠는가?

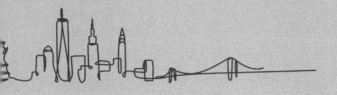

6장

도시 사역의
비전

"이 일이 있은 후에 바울이 마게도냐와 아가야를 거쳐 예루살렘에 가기
로 작정하여 이르되 내가 거기 있다가 후에 로마도 보아야 하리라."
사도행전 19장 21절

당신은 주후 100년경에 얼마나 많은 기독교인이 있었을 것이라고 생각하는가? 또한 콘스탄티누스 황제가 역사의 무대에 등장한 310년 즈음에는 얼마나 많은 기독교인이 있었을 것이라고 생각하는가? 여기에 그 놀라운 답변이 있다. 곧 주후 100년경에 2만 5천 명 정도였던 기독교인이 310년에 이르러서는 2천만 명이 되었다.

이런 성장이 두 세기만에 어떻게 가능했을까? 주후 33년에 소수의 무리였던 제자들이 100년경에는 2만 5천 명이 되어 작은 집단으로 운동을 이어가다가 마침내는 로마 제국에서 가장 강력한 영적 군대로 성장하는 일이 어떻게 가능했을까?[1]

그 답변은 바로 도시에 있다. 초기 기독교인들은 인구가 집중되어 있는 도시에 복음을 전했다. 그러자 최대한 많은 사람들이 예수 그리스도의 메시지로 변화될 수 있었다. 예수님은 제자들에게 분명한 사명을 주셨다. "너희는 가서 모든 민족을 제자로 삼아[라]"(마 28:19). 이에 초기 기독교인들은 대부분 도시에 가서 그 사명을 수행했다. 사회학자 로드니 스타크(Rodney Stark)는 이렇게 설명한다. "처음에 기독교는 도시에서 일어난 운동이었다. 원래 '이교도'(라틴어로 '파가누스')라는 단어는 '촌사람', 좀 더 구어적으로는 '시골뜨기'라는 의미를 지니고 있었다. 그러다가 기독교가 도시를 장악하게 되자 대부분의 시골 사람들은 회심하지 않은 채로 남게 되었기 때문에, 그 단어가 그때부터 종교적인 의미를 갖게 되었다."[2]

즉 기독교는 초창기부터 도시와 밀접한 관련을 가지고 있었다는 설명이다.

> 십자가 처형이 있은 지 20년 만에 기독교는 갈릴리 시골 지역을 중심으로 한 신앙에서 팔레스타인을 넘어 도시를 향해 뻗어나가는 운동으로 바뀌었다. … 큰 비전을 품은 선교 운동은 도시에서 이뤄지거나 도시로 진출하게 되어 있다. 만일 "모든 민족을 제자로 삼"는 일을 목표로 둔 선교사라면, 더 많은 회심자가 일어날 수 있는 장소로 가야 한다. 바울의 사역이 그랬다. 그의 선교 여행은 안디옥이나 고린도 또는 아테네와 같은 주요 도시들을 경유했다. 이따금 이고니온이나 라오디게아 등 작은 마을에도 방문하긴 했지만, 그렇다고 시골에서 설교를 했다는 언급은 찾아볼 수가 없다.[3]

주후 33년부터 310년까지 일어난 현상을 보면 놀랍기 그지없다. 기독교인들은 도시에 확산되어 세상을 변화시켰다. 이는 기독교 역사의 중요한 특징이다. 우리는 과거 위대한 도시들에 그 흔적을 남긴 기독교 유산을 물려받았다. 앞선 기독교인들이 도시에서 청지기 역할을 신실하게 감당하며 사역한 결과, 우리도 복음을 알게 된 것이다.

절호의
기회

이처럼 초대교회는 도시를 장악함으로써 세계를 사로잡게 되었다. 그런데 예수님이 부활하시고 2천 년이 지난 오늘날, 복음을 다시금 도시에 확산시킬 수 있는 절호의 기회가 주어지고 있다.

> 1900년에는 세계 인구의 10퍼센트가 도시에 살았다. 2005년이 되자, 세계 인구의 50퍼센트 이상이 도시에 살게 되었다. 지금도 이 흐름은 가속화되고 있다. 그래서 2020년에 이르면, 인구 천백만 명이 넘는 도시가 25개 이상이 된다. 그리고 2050년이 되면, 인구 천육백만 명이 넘는 도시가 25개 이상이 된다. 바로 그 2050년에는, 가장 큰 다섯 도시가 각각 인구 사천만 명 이상을 지니게 된다(라고스, 카라치, 뭄바이, 다카, 콜카타가 그 다섯 도시이다). 충격적인 사실은, 이 다섯 도시 가운데 네 도시는 기독교에 적대적인 지역이 될 가능성이 높다는 것이다.[4]

도시에서 펼쳐지는 일은 세계의 미래에 깊은 영향을 미칠 수밖에 없다. "세계는 지금 시골에서 도시로 몰려드는 인구 이동으로 인해 커다란 변화를 겪는 중이다. 전 세계 도시 인구는 해마다 6천 5백만 명이 증가하고 있다. 이는 시카고 같은 도시가 매년 일곱 개씩 늘어나는 현상과 동일하다."⁵ 개발도상국이 많은 지역에서는 도시로 이주해서 정착하는 인구가 매달 5백만 명 이상이 된다.⁶

　20세기 후반 미국에서는 많은 교회들이 도시를 떠났다. 그 결과, 세속 문화에 미치는 기독교인의 영향력이 급감했다. 그런데 최근에는 새로운 현상이 일어나고 있다. 곧 북미와 남미, 아프리카와 아시아, 유럽과 오스트레일리아에 있는 교회들이 다시금 도시에 들어가는 현상이 나타나고 있다. 맥킨지 글로벌 연구소(McKinsey Global Institute)는 도시 성장과 세계 경제에 관한 2011년 보고서에서 기업들이 어떻게 도시 성장의 기회를 포착해야 하는지에 대해 이렇게 발표했다.

　　우리는 도시화된 세계에서 살고 있다. 세계 인구의 절반이 이미 도시에서 살며 세계 GDP의 80퍼센트 이상을 생산하고 있다. 그런데 도시의 경제 현황은 이런 수치보다 더욱 집약적인 상태를 보인다. 곧 세계 인구의 5분의 1이 살고 있는 600개의 도시가 세계 GDP의 60퍼센트를 감당한다. 2025년에도 600개의 도시가 세계 GDP의 60퍼센트를 감당하리라고 예상하지만, 그 도시들의 상태는 이전과 같지 않을 것이다. 지구상에 있는 도시의 지형이 크게 바뀌지는 않겠지만, 그 구심점이 되는 도시들은 빠른 속도로 바뀌고 있기 때문이다. 따라서 미래의 성장 기회를 붙잡으려는 기업들은 그와 같은 변화를 파악하고 자신들의 비즈니스가 가장 잘 번창할 수 있는 도시를 물색해야 한다.

맥킨지 글로벌 연구소가 비즈니스를 위해 제안한 이 조언은 교회를 위해서도 동일하게 적용될 수 있다. 교회는 도시에서 성장할 수 있는 기회를 반드시 알아봐야 한다. 즉 얼마나 많은 교회를 도시에 개척할 수 있고, 얼마나 많은 기독교인이 도시에서 살며 일하고 예배하고 복음을 전할 수 있는지를 알아봐야 한다. 물론 교회는 시골과 교외와 외곽 지역 및 지방의 작은 마을에 이르기까지 어디에나 필요하다. 우리는 그 필요성을 부인하거나 가볍게 여기지 않는다. 그러나 세계 인구가 도시로 쇄도하고 있는 상황에서 교회가 그 상황에 대처할 수 있는 전략적 계획을 수립하지 않는다면, 시대의 요청에 소홀해질 수밖에 없다는 사실을 지적하지 않을 수 없다.

비전

우리가 살아가는 도시에서 의미심장하고, 지속가능하며, 놀라운 결과를 가져다주는 사역이 일어나기 위해서는, 그에 맞는 비전이 있어야 한다. 바벨론이라는 엄청난 도시로 유배된 이스라엘 백성은 그 도시에서 번성했다. 그러자 바벨론도 함께 번성했다. 이는 비전의 결과였다. 즉 하나님이 예레미야 선지자를 통해 그 도시의 평안을 구하고 그 도시를 위해 기도하며 바로 그 도시에 정착하여 번성하라는 비전을 이스라엘 백성에게 주셨기 때문이다(렘 29장). 이러한 비전을 통해 하나님의 백성은 어떻게 그 도시에서 생활해야 하는지를 알게 되었다.

우리 중 대부분은 자신의 인생이나 교회에 대해 나름대로의 비전을 따라 살아가고 있을 것이다. 이는 그 자체로 좋은 일이다. 그런데 하나님은 그보다 더 큰 비전을 품게 되기를 바라신다. 다시 말해 우리가 사는 도시를 향한 하나님 자신의 비전을 품게 되기를 바라신다. 그 도시가 장차 어떻게 될지를 보여 주는 비전 말이다. 하지만 우리가 속한 도시에 대한 비전을 품으려면 생각의 패러다임이 전환되어야 한다. 이를테면 우리 자신과 교회는 스스로를 위해 존재하지 않고, 하나님의 영광과 우리가 속한 도시의 선한 목적을 위해 존재한다는 의식을 가져야 한다.

그러므로 도시를 향한 하나님의 비전을 품기 위해서는, 우리가 어떻게 도시에 관심을 가져왔는지부터 돌아봐야 한다. 누군가는 '도시를 적대하는' 마음으로 살아오면서 도시를 섬기기보다는 비판해 왔는지도 모른다. 또 누군가는 '도시를 초월하는' 자세로 살아오면서 도시를 무시하고 개인적인 생활만 추구해 왔는지도 모른다. 또 누군가는 '도시 안에서' 살아가기는 하지만 진정으로 그 도시에 참여하며 축복한 적이 없어 회개해야 할지도 모른다. 우리에게 주어진 소명은 '도시를 위해' 살아가는 것이다.

그저 도시 안에 존재하기만 하는 교회가 있다. 그런 교회의 관심은 교회 안에 있는 사람들이 복음을 듣는 데 있다. 물론 그 관심은 그 자체로 선한 목적을 띠고 있다. 그러나 안타깝게도 거기서 관심이 그친다. 그런 교회는 주로 교회 안에 있는 사람들을 위해 프로그램을 개발한다. 그러다가 가끔씩 도시를 향해 외부 사역을 나간다. 그러나 언제나 주된 관심은 교회 건물 안에서 일어나는 일에 쏠려 있다. 이와 같은 교회는 지리적으로는 도시 안에 존재하지만, 그 도시의 시민 생활이나 문화에는 효과적으로 관여하지 못한다.[7]

당신은 도시를 적대하거나, 초월하거나, 혹은 단지 그 안에서 살아가기만 하지 않았는가? 한번 정직하게 돌아본 후에 기도하기 바란다. 우리는 우리가 살아가는 도시를 향한 하나님의 비전을 구해야 한다. 하나님은 우리가 도시에 기울이는 관심보다 더 큰 관심을 가지고 계신다. 따라서 우리 모두는 도시를 향한 그분의 비전과 마음을 구해야 한다. 만일 우리가 하나님의 비전을 구한다면, 그분은 자신의 비전을 보여 주신다. 그러므로 그분의 말씀을 따라 이렇게 기도하기 바란다.

먼저 당신이 섬기는 교회가 새로운 도시의 모습을 제시할 수 있게 해 달라고 기도하라. 산 위에 있는 동네를 드러내는 세상의 빛으로서 어둡고 깨어진 도시까지 환히 비추는 역할을 감당하게 해 달라고 기도하라(마 5:14-16). 또한 주리고 목마른 자들, 황폐한 거리에서 방황하는 자들, 지친 영혼을 가진 자들이 구원의 은혜를 사모하며 새로운 도시의 시민이 되게 해 달라고 기도하라(시 107:4-7). 그리고 당신이 사는 도시가 성장하게 해 달라고 기도하라. 공평과 정의가 실현되는 도시가 되어 빈곤한 자도 와서 열심히 일하며 살 수 있는 장소가 되게 해 달라고 기도하라. 성장하여 열매 맺고 번창하는 도시가 되어 과거의 에덴을 떠올리게 하고 미래에 임할 도시를 기대하게 만드는 장소가 되게 해 달라고 기도하라(시 107:35-38).

더 나아가 당신의 교회가 그 도시의 영적 피난처가 되어 죄인들이 안식하고 보호받을 수 있는 장소가 되게 해 달라고 기도하라. 이방인과 거류민도 거할 수 있는 도피성이 되게 해 달라고 기도하라(민 35:15).

한마디로 큰 비전을 품고, 큰 제목을 위해 기도하며, 큰 역사를 간구하기 바란다. 교회와 도시를 위해 너무 작은 꿈을 꾸지 않기 바란다. 오히려 가장 크고 숭고하며 아름다운 꿈을 꾸기 바란다. 예를 들면 향후 20년 안에 그 도시의 기독교 인구가 배가 되게 해 달라고 기도하라. 점점 더 많은 사람들이 복음을 듣고 믿게 해 달라고 기도하라. 더 많은 교회가 개척되게 해 달라고 기도하라. 당신의 사역과 프로그램과 비전보다 훨씬 더 큰 복음 운동이 일어나게 해 달라고 기도하라. 만일 당신이 이토록 큰 뜻을 품고 기도하며 하나님 나라를 구한다면, 다음과 같은 질문으로 잠 못 이루게 될 것이다.

- 이 도시에서 더 많은 사람들이 복음을 접하게 되면, 어떤 결과가 나타날까?

- 이 도시의 시민들이 자기 원수도 사랑하게 되면, 어떤 변화가 일어날까?

- 이 도시의 경제와 문화는 세계 전역에 있는 다른 사람들의 유익을 위해 어떤 공헌을 할 수 있을까?

- 이 도시에서 나타나는 주요 문제는 무엇일까? 어떻게 기독교인은 그 문제를 해결하는 운동에 참여할 수 있을까?

- 이 도시의 어떤 모습이 가장 아름답고 선할까? 어떻게 그러한 강점을 기반으로 삼아 도시가 더 성장할 수 있을까?

- 이 도시에 대해 하나님은 어떤 마음을 품고 계실까?

- 이 도시에서 가족 관계가 깨지지 않고, 살인이 일어나지 않고, 굶주리는 이가 없고, 약자가 착취를 당하지 않고, 사람들이 중독에서 벗어나고 상처도 치유받을 뿐 아니라, 분쟁이 그치고 평화가 찾아오며 누구도 거짓말을 하지 않는다면, 도시는 어떤 모습으로 바뀌게 될까?

- 과거 니느웨 같은 도시에 일으키신 회개 운동을 하나님이 이 도시에 허락하시지 않는 이유가 있을까?

- 이 도시는 향후 30년 간 어떤 모습으로 발전할까?

- 이 도시에서 바울이 사역한다면, 그는 어떻게 말하고 기도하며 행동할까?

- 이 도시에 진실과 정의와 은혜와 긍휼이 확산되면, 어떤 변화가 일어날까?
- 이 도시에서 우리 교회가 사라진다면, 사람들이 그 사실을 알아차릴까? 그 이유는 무엇일까?
- 이 도시의 모든 시민이 자기가 살아가는 지역으로서 도시를 자랑스럽게 여기며 도시와 자신을 동일시하고 나아가 도시의 번영을 간절히 구한다면, 어떤 결과가 나타날까?
- 이 도시의 모든 기독교인이 시민들과 긴급하게 나눠야 할 최고의 좋은 소식이 자신에게 있다는 사실을 자각한다면, 어떤 변화가 일어날까?
- 이 도시가 우상이 아닌 하나님을 예배한다면, 어떤 상황이 펼쳐질까?

이러한 질문을 품고 씨름해 보기 바란다. 시간을 내어 어려움을 감수하고라도 위와 같은 질문을 자신에게 정직히 던져 보라. 질문하는 일만으로도 유익을 얻을 수 있다. 먼 옛날에, 하나님도 요나 선지자의 굳은 마음을 일깨우기 위해 질문을 던지셨다. "이 큰 성읍 니느웨에는 좌우를 분변하지 못하는 자가 십이만여 명이요 가축도 많이 있나니 내가 어찌 아끼지 아니하겠느냐"(욘 4:11).

당시 니느웨는 세상에서 가장 크고 강력하며 사악한 도시였다. 그러나 하나님은 그 도시에 깊은 관심을 가지셨다. 하나님은 12만

명의 주민이 살고 있는 그 도시에 당연히 관심과 애정을 가질 수밖에 없다는 사실을 수사적인 질문으로 표현하셨다. 바로 그 큰 도시 니느웨에 관심을 가지신 하나님은 오늘 당신이 살고 있는 도시에도 관심을 가지신다.

당신이 사는 도시에 들려줄 좋은 소식이 있다. 바로 하나님이 그 도시를 다스리신다는 소식이다. 하나님은 그 도시에 관심을 가지신다. 따라서 지금까지 여러 도시에서 행하신 위대한 사역을 당신의 도시에서도 행하실 수 있다. 그리하여 그 도시를 변화시키실 수 있다.

여기서 우리는 타락한 인간의 상태를 가볍게 여기라고 말하는 게 아니다. 또 아무런 근거도 없는 낙관주의에 따라 도시 사역을 해보라고 권하는 것도 아니다. 여기서 우리가 던지고 싶은 물음은, 과연 사람의 마음을 변화시키는 복음의 능력을 당신이 신뢰하는가이다. 그래서 그 변화를 바라며 담대하게 사역할 준비가 되어 있는가이다.

도시 사역의
핵심 요소

지금까지 당신은 도시의 이야기에 상황화된 사역을 준비하며 그에 대한 비전을 구하는 작업을 했다. 그렇다면 그 비전은 어떤 요소를 갖추어야 할까? 당신이 사는 도시에 대해 하나님이 어떤 비전을 주셨든 간에, 그 비전은 다음의 네 가지 요소를 포함하고 있어야 한다. 즉 복음, 공동체, 균형, 재생산이라는 요소를 포함하고 있어야 한다.

사도행전 2장 42-47절은 최초의 도시 교회를 형성한 제자들의 모습이 어떠했는지를 보여 준다. 그들은 처음부터 성장하는 모습을 드러냈는데, 그 이유는 위의 네 가지 요소가 그들의 삶에 자리하고 있었기 때문이다.

> 그들이 사도의 가르침을 받아[복음] 서로 교제하고 떡을 떼며 오로지 기도하기를 힘쓰니라[공동체] 사람마다 두려워하는데 사도들로 말미암아 기사와 표적이 많이 나타나니 믿는 사람이 다 함께 있어 모든 물건을 서로 통용하고 또 재산과 소유를 팔아 각 사람의 필요를 따라 나눠 주며 날마다 마음을 같이하여 성전에 모이기를 힘쓰고 집에서 떡을 떼며 기쁨과 순전한 마음으로 음식을 먹고 하나님을 찬미하며 또 온 백성에게 칭송을 받으니[균형] 주께서 구원받는 사람을 날마다 더하게 하시니라[재생산]

도시 사역을 구상할 때는 위의 네 가지 요소부터 고려해야 한다. 어떤 환경에서든 각각의 요소가 적용될 수 있지만, 특히 도시 환경은 네 가지 요소 전체에 대한 도전과 기회를 함께 제공한다. 우리는 이 네 가지 요소를 어떤 상황에서든 결여해서는 안 된다.

복음

예수 그리스도의 복음은 모든 기독교 사역의 중심에 있어야 한다. 이는 상황과 관계없이 지켜져야 할 원칙이다. 복음은 외곽 지역에서 도심으로 들어간다고 해서 바뀌지 않는다. 이 변치 않는 사실은 세계 각지에서 도시 사역을 하는 이들에게 큰 위안이 된다. 물론 당신은 상황화라는 쉽지 않은 작업을 해야 하지만, 복음은 그 자체로 "모든 믿는 자에게 구원을 주시는 하나님의 능력이" 된다(롬 1:16).

그 능력은 당신의 경험이나 지식이나 재능에 의존하지 않는다. 복음은 당신의 자질이나 실력과 상관없이 그 자체가 진리로서 능력이 있다. 다시 말해, 당신이 얼마나 유능하고 뛰어난 실력을 갖추었든 당신의 사역이 복음을 중심으로 돌아가지 않는다면, 그 사역은 계속해서 실패할 수밖에 없다. 따라서 당신은 도시에서 구체적인 사역을 시작하기에 앞서 반드시 복음이 그 중심에 있는지를 확인해야 한다.

복음의 유일성(A Single Gospel): 복음은 유일무이하다. 복음을 간결하게 요약하는 유익한 설명이 많이 있지만, 아래에 인용하는 설명은 그중 복음의 정수를 매우 잘 표현하고 있다.

복음은 예수 그리스도에 관한 좋은 소식이다. 그리고 그 소식은 하나님의 지혜를 드러낸다. 복음은 세상이 보기에는 완전히 어리석게 비치지만, 구원받는 자에게는 하나님의 능력이 된다. 그 좋은 소식은 십자가와 부활을 중심으로 하는 그리스도의 사역을 전달하는 메시지다. 따라서 그리스도가 선포되지 않는 한, 복음이 선포되었다고 말할 수 없다. 또한 그분의 죽음과 부활이 메시지의 중심에 있지 않는 한, 진정한 그리스도가 선포되었다고 말할 수 없다(그 메시지는 "그리스도께서 우리 죄를 위해 죽으시고 … 다시 살아나"셨다는 내용을 골자로 하기 때문이다). 이 좋은 소식은 (기록된 대로 그리스도가 죽으시고 부활하셨기에) 성경적이다. 또한 (그리스도가 우리 죄를 위해 죽으셔서 우리를 하나님과 화목하게 하셨기에) 신학적이고 구원적이다. 그리고 (우리를 구원하는 사건이 실제로 일어나지 않았다면 우리의 믿음은 헛되고 우리는 여전히 죄 가운데 있으며 모든 사람보다 더욱 불쌍한 사람이 되기에) 역사적이다. 더 나아가 (그 메시지가 구원의 사건을 실제로 목격한 사도들에게 맡겨지고 그들에 의해 전수되었기에) 사도적이다. 끝으로 (그 메시지를 듣고 믿음으로 받아 깊이 소유하면 각자가 구원에 이르기에) 개인적이다.[8]

참된 사역은 하나님이 그리스도 안에서 성취하신 사건에 기초하여 이루어진다. 엄밀한 의미에서 복음은, (믿음이나 회개와 같이) 우리가 하나님께 어떻게 반응해야 하는지에 관한 메시지가 아니다. 또한 (기독교인의 행실이나 공동체 생활 또는 구제 사역 등) 신앙에 필수적으로 수반되는 열매에 관한 메시지도 아니다. 복음은 죄인이 하나님께 다가가기 위해 어떻게 해야 하는지에 관한 지침이 아니다. 오히려 하나님이 죄인을 구원하기 위해 어떤 일을 하셨는지에 관한 소식이다. 즉 우리가 하나님을 위해 무엇을 해야 하는지가 아니라, 하나님이 우리를 위해 무엇을 하셨는지에 관한 메시지가 복음이다. 바로 이 복음을 알고 그 복음의 유일성을 드러낼 때, 도시에서 사역하며 상황화를 어떻게 이뤄가야 할지도 분명히 알게 된다.

복음의 다면성(A Multifaceted Gospel): 복음은 유일하지만, 동시에 다양한 측면을 지니고 있다. 여기에 복음의 아름다운 특징이 있다. 우리는 하나의 복음이 성경에서 다양한 형태로 표현되는 모습을 볼 수 있다.

가장 대표적인 예로, 4복음서를 들 수 있다. 하나의 복음이 네 가지 이야기로 표현된다. 즉 누가와 요한이 서로 다른 방식으로, 마태와 마가가 서로 다른 접근으로 복음을 이야기한다. 바울도 하나의 복음이 가진 다면성을 활용하여 청중에 따라 그 메시지를 맞추었다. 그래서 이방인에게 설교할 때와 유대인에게 설교할 때 그 패턴이 달랐다. 고린도에 있는 헬라인에게 설교할 때는, 그들이 숭배하는 지혜의 우상을 다루며 복음을 제시했다(고전 1:22-25). 또 유대인에게 설교할 때는, 모세의 율법이나 선지자의 말처럼 그들이 인정하는 권위를 들어 복음을 전했다(행 28:23).

　　우리는 교리의 정통성을 지키는 데 당연히 관심을 기울여야 한다. 하지만 그렇다고 해서, 복음이 갖는 다양한 측면에 불편함을 느낄 필요는 없다. 오히려 복음의 확고하고 단호한 진리를 드러내기 위해 그 메시지의 다양한 측면을 활용할 필요가 있다.[9]

　　하나의 복음이 지닌 다양한 측면은 도시에 있는 모든 유형의 사람들과 접촉할 수 있는 포인트를 제공한다. 예를 들면 성공지향적인 사람들을 위한 포인트를 제공한다. 그 사람들은 스스로 자신의 인생을 정의하며 일을 통해 권력과 인정을 얻으려고 한다. 이에 대해 복음은 자기를 비워 대리적인 사역을 완성하신 구원자를 소개한다. 그분은 십자가에서 자신의 권력을 사용하지 않고 오히려 우리를 위해 자신을 내어 주셨다. 그 결과 우리가 하나님의 인정을 얻게 되었다. 또한 우리의 정체성이 새롭게 정의되었다. 그리고 우리는 약함을 통해 참된 권력을 사용할 수 있게 되었다. 더 나아가 우리 자신이 하나님께 이미 인정받았다는 사실을 알고 자유함을 느끼며 일할 수 있게 되었다.

　　다음으로 소외된 사람들을 위한 포인트를 제공한다. 이 사람들은 자신이 수용될 수 있는 공동체를 추구하며 스스로를 지킬 수 있는 부귀를 얻으려고 한다. 이에 대해 복음은 인간의 진짜 문제란 하나님과의 관계가 끊어진 데 있음을 가르쳐 준다. 바로 그 관계를 회복시키기 위해 예수님은 하늘의 부귀를 뒤로하고 우리의 죄를 감당하는 대속 사역을 행하셨다. 그리하여 하나님께 수용되지 않고 버림받는 길을 가셨다. 그 결과 우리가 그리스도 안에서 수용되고 받아들여져서 진정한 부귀를 얻게 되었다.

이뿐 아니라 모험적인 사람들을 위한 포인트도 제공한다. 그 사람들은 어떤 경험을 통해서든 즐거움을 얻으려고 한다. 이에 대해 복음은 천상의 즐거움을 내어놓고 하나님의 거룩한 기준을 만족시킴으로써 우리의 모든 죄 값을 치르신 예수님을 소개한다. 이분으로 인해 우리는 죄책으로부터 해방되었고 우리 자신의 즐거움만 구하던 속박으로부터 벗어나게 되었다. 따라서 그리스도와 연합된 관계 속에서 장차 다가올 도시의 시민권이 우리에게 주어졌음을 알고 참된 즐거움과 기쁨을 누릴 수 있게 되었다.

물론 이러한 유형이 전부가 아니다. 복음은 그 외의 모든 유형과 접촉할 수 있는 포인트를 가진다. 왜냐하면 복음을 통해 예수님은 죄인을 대신하여 자기 자신을 내어주신 구원자로 제시되기 때문이다. 즉 하나님의 진노를 누그러뜨리시고 인간의 마음속 가장 깊은 갈망을 채우시는 분으로 제시되기 때문이다. 이처럼 다양한 측면을 가진 유일한 복음이 우리 모두의 인생을 변화시킨다. 우리는 그 복음을 믿음으로 받아들인다. 그리고 우리가 믿는 그 복음은 또한 우리의 행동을 형성하며, 우리가 추진하는 도시 사역에도 결정적인 영향을 미치게 된다.

복음의 구현성(A Shaping Gospel): 복음은 유일하며, 다양한 측면을 지닐 뿐 아니라, 우리 자신을 형성시키는 능력을 가지고 있다. 복음의 영향은 광범위해서 우리의 생활과 사역의 모든 영역이 그 복음에 의해 형성될 수밖에 없다. 교회가 단지 복음을 믿는 일과 그 복음에 의해 깊이 형성되는 일 사이에는 커다란 차이가 있다.

> 우리는 흔히 복음을 정확하게 이해하고 그 복음을 신실하게 설교하면, 우리의 사역도 당연히 복음에 의해 형성되리라고 생각한다. 그러나 이는 잘못된 생각이다. 많은 교회들은 복음의 교리에 깊이 동의하지만, 그 복음에 따라 형성되어 복음을 핵심으로 여기며 복음의 능력을 나타내는 사역을 하지 않는다. 즉 그들이 실제로 어떻게 사역해야 하는지를 고민하는 과정에 복음의 영향이 잘 반영되지 않는다.[10]

도시에 있는 교회는 복음과 그 영향에 대한 포괄적인 이해를 갖추어야 한다. 다시 말해 우리는 복음을 단지 믿을 뿐 아니라, 그 복음의 영향을 드러내는 사람이 되어야 한다. 그럴 때 복음은 여러 가지 차원에서 생동력을 띠게 된다. 즉 교리와 개인과 도시 모두에 좋은 소식이 된다.

먼저 '교리'는 성경이 좋은 충고가 아니라 좋은 소식을 전하는 책이라는 사실을 교회가 깨닫게 될 때 역동성을 갖게 된다. 그리고 이 복음의 교리가 꾸준히 선포될 때, 사람들은 복음이 '개인'의 모든 것을 변화시키는 소식임을 알게 된다. 즉 개인의 정체성, 역사, 행실, 미래를 깊이 변화시키는 소식임을 알게 된다.[11] 그런데 대부분의 교회가 여기서 그친다. 그들은 복음의 영향을 교리와 개인의 관점에서는 이해하지만, 도시의 관점에서는 그렇지 않다. 그러나 진정으로 도시에 영향을 미치기 위해서는, 복음이 단지 개인을 위해서만이 아니라 도시를 위해서도 좋은 소식이 된다는 사실을 보여 주어야 한다.

이미 3장에서 논의한 바와 같이, 하나님은 도시에 만연한 불의와 고통을 끝내려는 계획을 품고 계신다. 곧 하늘의 도시를 이 땅에 임하게 하여 세상에 치유와 회복을 가져다주려고 하신다(롬 8:21; 골 1:20). 바로 그 도시에서 하나님의 은혜를 경험한 자들은 영원히 그분을 예배하며 완전한 연합 가운데 살게 된다. 이와 같은 복음의 영향을 이해하지 못하면, 우리의 도시 사역은 내향적이며 개인주의적인 성격만 띠게 된다. 그 결과 세상의 고통스러운 현실을 간과하며 예수 그리스도의 희생을 통해 그 세상을 새롭게 하시려는 하나님의 마음을 놓쳐 버리게 된다.

그렇다면 복음에 의해 형성된 교회는 어떤 모습을 갖추고 있어야 할까? 우리는 교회를 형성하는 복음의 능력에 대한 이해가 교회의 예배 방식에도 영향을 미친다는 사실을 알아야 한다. 오늘날 도시 교회에서 드려지는 예배를 보면, 도덕주의나 값싼 은혜에 치우

친 모습을 드러낼 때가 많다. 도덕주의는 경직되고 무거운 예배를 야기한다. 그러한 예배에서는 위엄을 느낄 수는 있지만, 기쁨을 느끼기는 힘들다. 따라서 비기독교인은 그와 같은 예배에 거의 적응하지 못한다. 또한 값싼 은혜는 하나님의 거룩하심에 대한 인식 없이 그분이 받아주신다는 사실만을 얄팍하게 강조한다. 이러한 태도는 감상적이고 무력하며 평범한 예배를 야기한다. 그러므로 도시에 있는 비기독교인은 그러한 예배에서 특별한 소망을 발견하지 못한다.[12]

이 외에도 하나님의 거룩하심과 인자하심에 대한 인식이 모두 결여된 예배도 있다. 이런 예배는 한낱 지역 모임과 다를 바가 없다. 복음은 그와 달리 두 가지 속성을 모두 지니신 하나님, 즉 거룩해서 우리를 초월해 계시면서도 인자해서 우리 안에 내재해 계신 하나님을 바라보도록 이끈다. 이 복음 안에서 그분의 내재성을 생각할 때 그분의 초월성은 큰 위로를 주며, 그분의 초월성을 생각할 때 그분의 내재성은 놀랍기 그지없다. 따라서 복음은 교회가 예배할 때 경이감과 친밀감을 함께 느끼도록 만든다. 예수님의 대리적인 사역으로 인해, 하나님이 우리의 아버지가 되셨기 때문이다.

복음으로 형성된 예배는 예수님을 언급하기만 하는 예배나 교리의 조항만 암송하는 예배와는 전혀 다르다. 그 예배에서 예수님은 예배의 진정한 대상으로 경험된다. 도시에 있는 사람들이 그러한 예배를 드릴 수 있을 때 그들의 삶도 변화된다. 이런 방식으로 우리는 여러 사람들에게 복음을 꾸준히 전달하며 도시 사역의 모든 내용을 구성해야 한다.

우리의 경험에 비추어 볼 때, 도시에 있는 많은 이들은 좋은 소식에 굶주려 있다. 그들은 여태까지 자신들에게 공허함과 환멸감을 느끼게 만든 우상숭배와 신념 체계를 버릴 준비가 되어 있다. 바로 그 일은 다른 어느 곳보다도 복음으로 형성된 교회에서 일어나기 쉽다. 그러한 교회에서는 변하지 않는 복음이 여러 아름다운 측면을 드러내며 다양한 사람들에게 상황화되어 전달되기 때문이다. 그렇다면 이러한 복음이 지금 당신의 교회를 형성하고 있는가? 그리고 당신의 도시에도 선포되고 있는가?

공동체

사람들은 타인과 관계를 맺기 위해 실리콘밸리에 오지 않는다. 그보다는 일을 하러 온다. 또 사람들은 공동체를 찾기 위해 보스턴에 오지 않는다. 그보다는 자신의 전문 분야에서 교육을 받으러 온다. 마찬가지로 세계의 여러 도시에서 사람들은 홀로 자신의 꿈을 좇아간다. 그래서 전통적인 가족 관계나 고향 또는 소속감을 뒤로하고 도시에 온 사람들은 사실상 외로움을 안고 살아간다. 아이러니하게도, 서로가 가장 근접하게 모여 있는 도시에서 사람들은 가장 외로움을 느끼게 된다.

복음은 공동체를 일으켜서 도시에 만연한 외로움에 대한 해결책을 제시한다. 예수님은 제자들이 공동체를 이루어 진정한 인간관계가 어떤 모습이어야 하는지를 도시에 보여 주기를 원하셨다. 사도행전 2장에서 확인할 수 있듯이, 처음부터 도시에 세워진 교회는 서로가 함께 말씀을 듣고, 교제하고, 식사하고, 기도하고, 물건을 통용하고 나눠 주며, 기쁨을 공유했다. 그러자 "온 백성에게 칭송을 받"고 "주께서 구원 받는 사람을 날마다 더하게 하시"는 결과가 나타났다(47절). 이처럼 복음이 일으켜 낸 공동체는 그 공동체를 지켜보는 세상의 눈에도 매력적으로 비쳤을 뿐 아니라, 그 공동체에 참여하고자 하는 사람들에게도 호소력을 갖추게 되었다.

안타깝게도 오늘날 많은 교회들은 이러한 공동체의 모습을 제대로 보여 주지 못하고 있다. 오히려 교회의 소그룹은 "타인이 있는 자리에서 자기 자신에게 집중하는 기회만 제공하는" 모임이 되었다.[13] 도시에서 의미 있는 사역을 하기 위해서는, 반드시 하나님이 우리를 통해 세우고자 하시는 공동체를 이루어 내야 한다.

> 복음을 통해 우리는 새로운 공동체를 만난다. 사회의 각계각층에서 모인 형제자매들을 그리스도 안에서 새로운 가족으로 맞아들인다. 그리하여 우리의 마음을 열어 삶을 나누며 하나님의 은혜 위에 세워진 공동체에 깊이 참여한다. 이럴 때 우리는 그리스도 안에서 함께 성장하며 서로를 향한 사랑을 표현하게 된다. 교회는 단지 우리가 참석하는 모임이 아니라, 우리가 속한 관계의

네트워크다. 그 관계는 공동의 신앙을 고백하고 사명을 함께 감당한다. 이처럼 우리가 공동체 안에서 하나님의 말씀을 중심으로 삶을 나눌 때, 제자가 세워진다. 예수님은 우리를 변화시키신 후에 우리를 사용하신다. 우리의 자랑을 줄이신 후에 우리에게 주신 은사를 드러내신다. 그래서 우리는 십자가 밑에서는 모든 사람이 똑같다는 진리를 깨닫게 된다. 이 진리는 우리로 하여금 진정으로 겸손한 자세를 갖게 만든다. 그 결과 우리는 교회 공동체의 까다롭고도 영광스러운 사역을 기꺼이 받아들이게 된다. 우리 공동체가 지향하는 모델은 바로 삼위일체 하나님이다. 성부, 성자, 성령께서는 서로를 사랑하고 섬기시는 공동체성을 드러내시며 영원히 즐거워하시기 때문이다.[14]

우리가 살아가는 도시에 복음을 변증할 수 있는 가장 훌륭한 방법은 다름 아닌 공동체의 모습을 보여 주는 것이다. 예수님이 이렇게 말씀하셨기 때문이다. "너희가 서로 사랑하면 이로써 모든 사람이 너희가 내 제자인 줄 알리라"(요 13:35).

우리가 인생에서 가장 큰 기쁨을 경험하는 자리가 가장 큰 고통을 경험하는 자리가 될 수 있다. 그 인생의 자리는 바로 관계다. 도시에 있는 사람들은 관계가 깨어지는 모습을 보는 데 익숙하다. 그와 달리 서로를 사랑하고 또 이웃을 사랑하기로 서약한 공동체의 모습을 보는 데는 익숙하지 않다. 또한 자기를 핍박한 자들을 위해 자기 자신을 내어주신 주님을 닮은 공동체의 모습을 보는 데도 익숙하지 않다.

그런데 안타깝게도 오늘날 도시에 있는 사람들은 교회를 바라볼 때 이기적인 공동체의 모습을 자주 본다. 그 관계는 서로가 서로에게서 이득을 얻을 수 있을 때까지만 지속되는 것처럼 보인다. 이런 상황에서 교회는 흔히 도덕주의 또는 자유주의를 추구하는 공동체의 모습을 드러낸다. 성경적인 공동체의 모습을 드러내지 못하고 있다.

도덕주의는 서로의 행위에 근거한 관계를 세운다. 이 경우에 공동체 안에서 갈등을 다루는 일은 계속되는 비난과 자신을 정당화하는 모습을 드러낼 때가 많다. 또 한편 자유주의는 관계의 의미를 상호 이익을 위해 협의된 파트너십으로 축소시킨다. 그래서 양자가 서로 즐거워하며 각자의 필요를 채워줄 수 있을 때까지만 관계가 지속된다.

이와 달리 복음은 서로를 위해 희생하고 섬기며 헌신하는 생활이 정상적으로 여겨지는 공동체를 이룬다. 따라서 그 공동체에서 우리는 서로에 대한 사랑으로 진리가 무엇인지를 보여 줄 수 있을 만큼 서로를 깊이 사랑하며 서로에게 헌신한다. 그로부터 어떤 이익을 얻지 못하더라도 말이다. 이러한 복음의 공동체는 한 분의 왕과 그분을 신뢰하는 백성 사이의 언약 관계를 보여 준다. 이는 판매자와 소비자 간에 이루어지는 거래 관계와는 다르다.

비록 사람들은 공동체보다는 개인의 합리적인 이유를 들어 도시로 이주하지만, 도시는 우리가 공동체를 위해 창조되었다는 사실을 강력하게 증언해 준다. 글레이저에 따르면, "도시는 인간의 사회성을 깊이 반영한다. 도시에서 상호 관계를 맺는 우리의 능력은 인간의 결정적인 특징을 나타낸다."[15]

문제는 도시가 (그리고 많은 교회들이) 공동체 자체를 중심에 둔 공동체를 세우려 한다는 것이다. 성경은 우리에게 하나님을 중심에 둔 공동체를 세우라고 요구한다. 교회가 삼위일체 하나님, 즉 우리와 연합된 공동체를 세우기 위해 고통과 희생을 감수하신 하나님께 집중할 때, 교회는 세상이 알지 못하는 진리를 경험하고 드러낼 수 있다. 그 진리란, 우리를 화목하게 하시는 하나님의 은혜가 바로 인간관계 속에서 작용한다는 것이다.

> 공동체 안에 있는 기독교인은 서로에 대한 관계를 결코 포기해서는 안 된다. 우리는 서로를 용서하고 자신의 잘못을 뉘우치며 상호 관계를 회복시키려는 노력을 그만둬서는 안 된다. … 하나님은 우리로 하여금 깨어진 관계를 회복시키는 일에 늘 책임을 지게 하신다. 그러므로 기독교인은 상대와 얼마나 멀어지고 소원해졌든 간에, 화해의 과정을 밟는 데 책임을 다해야 한다.[16]

도시에 밀집된 다양한 사람들은 장차 다가올 새로운 도시에서의 생활이 어떠한지를 바로 교회를 통해 볼 수 있어야 한다. 현재 우리가 속한 공동체는 하나의 미시적 환경(microcontext)으로서 장차 임할 도시라고 하는 거시적 환경(macrocontext)의 그림자와 같다. 즉 미래의 도시에서 실현될 전면적인 회복과 갱신의 모습은 현재 우리가 속한 공동체를 통해 그 전조를 드러낸다.

사도행전 2장에서 사람들이 변화될 수 있었던 이유는, 그들이 단지 복음의 선포를 들었기 때문만이 아니라 그 메시지가 공동체의 모습을 통해 실제로 역사하는 사실을 목격했기 때문이다. 다시 말해, 서로를 사랑하고 도시의 이웃까지 사랑하는 공동체의 모습을 통해 복음의 역동성을 깨닫게 되었기 때문이다.

따라서 우리는 우리 자신을 변화시키는 복음의 능력이 우리의 공동체도 변화시키게 해 달라고 기도해야 한다. 그리하여 우리를 화목하게 하시는 하나님의 은혜가 더 매력적이고 설득력 있게 공동체를 통해 드러나게 해 달라고 기도해야 한다. 지금 당신의 교회가 도시에 보여 주고자 하는 공동체도 바로 이러한 공동체여야 한다.

균형

도시는 매우 복잡한 장소이다. 도시의 밀집성과 다양성은 창의력과 우상숭배를 동시에 확산시킨다. 그 결과 도시에는 수많은 기회와 문제가 함께 양산된다. 이러한 도시에서 사역할 때 진행할 수 있는 여러 가지 일들이 있다. 중요한 문제는, 그 가운데 어떤 일을 반드시 해야 하는가다. 이미 살펴봤듯이, 도시 사역은 복음을 중심에 두고 진행되어야 한다. 이는 복음으로 형성된 공동체에서 반드시 지켜져야 하는 원칙이다. 그렇다면 복음 중심적 공동체는 어떤 일에 그 역량을 쏟아야 할까? 무슨 일을 위해 그 시간을 사용해야 할까? 과연 어떤 일을 위해 헌신해야 할까?

만약 주일 아침에 당신이 살고 있는 도시를 돌아본다면, 자신만의 사역에 헌신하는 여러 교회들을 발견하게 될 것이다. 그 교회들은 저마다 강조하는 고유한 사역이 있어 어떤 일에는 강점을 보이는 반면 다른 일에는 그렇지 않을 수 있다. 예를 들어 복음 선포에 주력하는 교회가 가난한 자들을 섬기는 사역에는 관심이 부족할 수 있다. 또는 공동체를 강조하는 교회가 그들만의 모임에 고립되어 외부 선교를 위해서는 사람들을 훈련시키지 못할 수 있다. 아니면 가난하고 소외된 자들을 위해서는 눈에 띄는 사역을 하는 교회가 기독교 공동체의 정체성을 분명히 드러내는 설교는 미약하게 전할 수 있다. 여기서 우리는 다양한 사역이 여러 교회들에 의해 진행되는 현실을 비판하려는 게 아니다. 우리가 말하고자 하는 요점은, 모든 교회가 저마다 강점과 약점을 지니고 있기에 의도적으로 균형 잡힌 사역을 하지 않으면 한쪽으로 치우칠 수밖에 없다는 것이다.

따라서 핵심은, 교회가 도시의 이야기를 다시 진술하며 그 필요를 채워 주고, 더 나아가 도시의 성장을 도모하는 방식으로 복음을 상황화하면서 설교하는가이다. 이 주제를 팀 켈러만큼 명확하게 다루는 사람은 없다. 그는 《팀 켈러의 센터처치》(Center Church)에서 도시 교회는 네 가지 '사역 전선'(ministry fronts)을 통합적으로 세우는 균형이 필요하다고 설명한다. 그 내용을 간단하게 요약하면 다음과 같다.

복음 전도를 위한 예배(Evangelistic Worship): 도시 교회는 복음을 통해 사람들을 하나님께 인도해야 한다. 교회는 복음 중심적이고 전도 지향적인 예배를 통해 그 일을 제대로 수행할 수 있다. 뚜렷이 상황화되어 예수 그리스도의 좋은 소식을 중심에 두는 예배야말로 신실한 도시 교회가 제공할 수 있는 가장 기본적인 섬김에 속한다. 설교와 기도와 찬양과 성례 등 모든 구성 요소는 하나님이 구속사에서 그 백성을 위해 행하신 일을 전달하는 복음에 의해 하나의 예배로 구성되어야 한다.

도시 교회는 신자와 비신자 모두에게 늘 복음을 전해야 한다. 이런 차원에서 예배 자체가 전도 지향적이어야 한다. 이를 위해 도시 교회가 직면한 세 가지 현실을 주목할 필요가 있다. 그 현실이란, 높은 인구밀도, 심화된 유동성, 그리고 세계적으로 만연한 회의주의다. 이러한 현실은 매주 많은 사람들이 당신의 교회에 새롭게 들러 기독교 신앙에 대한 회의를 드러낼 수 있음을 의미한다. 그렇기 때문에 우리는 신지와 비신자가 모두 이해할 수 있는 방법으로 복음을 전하기 위해 노력해야 한다. 여기서 우리가 제안하는 예배는 구도 자에게 민감하게 반응하는 모델(seeker-sensitive model)보다는 회의론자에게 지성적으로 반응하는 모델(skeptic-intelligible model)이다.

따라서 우리의 설교는 매력적이고 선명하게 들려야지 불필요하게 영적인 느낌을 자아내서는 안 된다. 또한 우리의 태도도 정중하면서 겸손해야지 거만하거나 적대적인 모습을 비춰서는 안 된다. 그리고 교회에서만 쓰는 용어를 사용한다든가 교회에 비신자가 전혀 없는 것처럼 행동해서는 안 된다. 이런 주의를 기울이는 목적은, 이해하기 쉽고 도전적이며 설득력 있게 복음을 제시하여 많은 사람들이 하나님을 만날 수 있도록 돕기 위함이다.

당신이 사는 도시는 사람들이 그릇된 우상을 숭배하는 예배의 중심부다. 이런 환경에서 주일 예배는 유일하신 참 하나님을 올바로 예배하는 모습이 어떠한지를 공적으로 보여 주는 현장이 된다. 따라서 그 현장은 도시의 가치관과 소망과 두려움 등을 복음으로 다루며 그 도시 이야기에 자리한 모든 긴장을 해결하시는 분으로 예수 그리스도를 소개하는 자리가 되어야 한다. 그래야만 도시의 우상숭배가 폭로될 뿐 아니라 유일하신 참 하나님만이 시민들에게 유일한 소망이 된다는 사실이 드러나기 때문이다.

공동체와 제자도(Community and Discipleship): 우리는 이미 공동체에 관해 상당 분량을 할애해서 설명했다. 하지만 복음으로 생동하는 유기적 공동체가 도시 사역에서 얼마나 중요한 역할을 하는지는 아무리 강조해도 지나치지 않다. 설교를 제외한다면, 공동체는 복음이 왜 좋은 소식인지를 가장 잘 보여 줄 수 있는 수단이 된다. 도시에는 고립된 생활을 하거나, 지나치게 과로하거나, 인생의 균형을 잃은 사람들이 가득하다. 그렇기에 교회는 그들이 안고 있는 문제를 해결하는 데 복음이 과연 어떤 역할을 하는지를 보여 주어야 한다. 그리고 참된 안식과 평강은 오직 예수 그리스도 안에서만 발견된다는 사실을 드러내야 한다.

이런 차원에서 교회는 장차 다가올 도시를 사람들에게 미리 보여 주는 공동체가 되도록 부름 받았다. 즉 사람들로 하여금 '그 도시에서 영원히 살고 싶다'라는 마음을 갖게 만들어야 한다. 이와 같이 하나님의 도시에 살게 될 사람들을 인도하고 준비시켜야 할 책임이 우리에게 있다는 사실은 공동체와 제자도의 모든 측면에 영향을 미칠 수밖에 없다.[17] 물론 우리가 그 책임을 다하기에는 늘 부족함이 있겠지만, 그런 와중에도 새로운 도시를 보여 주기 위해 노력한다면, 사람들을 "살아 계신 하나님의 도성인 하늘의 예루살렘"으로 인도할 수 있는 기회를 얻게 될 것이다(히 12:22).

사회적 정의와 긍휼(Social Justice and Mercy): 장래에 임할 그 도시에서는 현재 우리를 둘러싼 타락의 아픔과 고통이 더 이상 남아 있지 않게 된다. 이 사실은 다음 장면 속에 잘 묘사되어 있다. "모든 눈물을 그 눈에서 닦아 주시니 다시는 사망이 없고 애통하는 것이나 곡

하는 것이나 아픈 것이 다시 있지 아니하리라 처음 것들이 다 지나 갔음이러라"(계 21:4). 이 장면에서 그동안 지쳤던 신앙의 순례자들은 온전한 안식을 발견한다. "내가 생명수 샘물을 목마른 자에게 값없 이 주리니"(계 21:6). 그리고 죄와 그 죄가 남긴 흔적은 깨끗하게 제거 된다. 그래서 모든 족속과 나라가 완전히 조화롭게 살아간다(계 5:9). 이렇게 하나님은 세상을 회복시키는 계획을 성취하신다.

사도행전에는 바로 그처럼 새롭게 회복된 공동체의 모습을 도시에 보여 주는 초대교회 이야기가 등장한다. 당시 교회는 "재산과 소유를 팔아 각 사람의 필요를 따라 나눠 주"었다(행 2:45). 이러한 모습은 교회가 "온 백성에게 칭송을 받"고 "주께서 구원받는 사람을 날마다 더하게 하시"는 데 좋은 영향을 미쳤다(행 2:47). 비록 우리는 기독교인이 모든 소유를 다 팔아야 한다고 생각하지는 않지만, 자기희생을 감수하며 타인에게 베푸는 관대한 정신만큼은 복음의 필수적인 결과로서 회복되어야 한다고 생각한다. 앞서 언급했던 사회학자 로드니 스타크는 초기 몇 세기 동안 교회가 급속하게 성장한 이유에 대해 다음과 같이 설명한다.

집 없고 빈곤한 사람이 가득했던 도시에, 기독교는 자선을 베풀고 희망을 제시했다. 다른 지역에서 넘어온 이방인이 가득했던 도시에, 기독교는 서로가 교제할 수 있는 자리를 내주었다. 과부와 고아가 가득했던 도시에, 기독교는 새롭게 확장된 가족의 의미를 드러냈다. 민족 간의 거친 분쟁으로 상처를 입은 도시에, 기독교는 사회적 연대를 위한 기반을 제공했다. 그리고 질병과 화재와 지진의 위험에 노출된 도시에, 기독교는 실제적인 간호 서비스를 실행했다. … 기독교가 출현하여 그처럼 오래된 문제들을 해결해 나간 과정은 그 신앙의 탁월한 특징을 여실히 드러내며 기독교가 확산되는 데 주요한 역할을 감당했다. … 왜냐하면 기독교인은 단지 하나의 도시 운동이 아니라 새로운 문화 자체를 일으켜 냈기 때문이다.[18]

복음은 우리로 하여금 단지 우리 자신을 돌보는 데서 그치지 않고, 사회에서 가난하고 소외받고 격리된 자들을 돌아볼 수 있는 마음을 갖게 만든다. 따라서 제도적 교회 안에 존재하는 관대한 마음은 유기적 교회를 통해 도시 안으로 흘러가야 한다.[19] 이는 우리 개개인이 도시를 궁극적으로 회복시키려는 하나님의 비전을 품게 될 때 일어날 수 있다. 또한 그와 같이 정의를 행하고 긍휼을 베푸는 사역은 그 무엇보다도 우리 각자의 믿음과 행위가 통합될 때 올바로 이루어지게 된다.

믿음과 일의 통합(Integration of Faith and Work): 세상은 일의 중요성을 망각한 적이 없는데, 교회는 그 중요성을 간과하곤 한다. 세상은 사람들이 무엇을 하는지를 끊임없이 이야기하는데, 교회는 사람들이

주중에 무엇을 하고 지내는지를 별로 말하지 않는다. 시골 지역에 있는 사람들은 교회 활동에 자주 참여해야 독실한 기독교인이라고 생각하는 경향이 있다. 그러나 도시에 있는 사람들은 교회 바깥에서, 특히 일터에서 어떻게 행동하는지에 따라 독실한 기독교인의 여부를 판단한다.

도시 사람들은 일터에 매여 살아가기 때문에 사적인 생활을 할 수 있는 여지를 많이 갖지 못한다. 따라서 교회는 구별된 신앙인의 모습으로 직장에서 행동할 수 있도록 성도들을 훈련시켜야 한다. 우리가 속한 교회나 도시에는 다양한 직업을 가진 사람들이 많다. 가령 엔지니어, 교사, 바리스타, 기업가, 전업주부, 재무설계사, 일용직 근로자, 건축가, 학생, 자영업자, 최고경영자, 간호사, 부동산 중개인, 비영리단체 직원 등 여러 직종의 사람들이 있는데, 그들은 모두 동일한 목적을 지닌다. 곧 타인이 성장할 수 있도록 돕는 데 그 직업의 목적이 있다. 이것이 바로 우리가 하는 일에 대한 성경의 가르침이다. 우리는 타인의 성장을 도모하기 위해 일해야 한다. 그런데 각각의 직업에는 그 직업에만 수반되는 도전과 기회와 유혹이 있기 마련이다. 따라서 도시에 있는 교회가 자신의 믿음과 깊이 통합된 방식으로 직장생활을 하도록 성도들을 훈련시키지 않는다면, 도시에 선한 영향을 끼칠 수 없다.

안타깝게도 "전통적인 복음주의 교회의 사역은 교회 바깥에서 신앙인으로 어떻게 행동해야 하는지를 이해하는 데 별 도움을 주지 못하는 경향이 있다. 즉 교회 외부에 있는 예술과 극장, 비즈니스와 금융, 학계와 교육, 정부와 공공 정책 등에 참여하면서 어떻게 기독교인의 바른 행동을 유지할 수 있는지를 잘 가르치지 못한다."[20]

이와 달리 복음이 어떻게 일상의 모든 영역에 깊은 영향을 미치는지를 이해하게 되면, 우리가 하는 일의 가치와 중요성도 더 깊고 풍성하게 이해할 수 있게 된다. 바로 이 사실을 신뢰할 때, 교회는 도시에서 구별된 직장생활을 하도록 성도들을 훈련시킬 수 있다. 그 결과 성도들은 도시에서 이웃 사랑을 추구하며 상대의 필요가 무엇이든 채워 주려고 하게 된다. 그 필요는 회심이나 구원과 같이 영적으로 요구되는 문제일 수도 있고, 또는 물 한 잔이나 새로운 하수 설비처럼 실생활에 요구되는 문제일 수도 있다.

물론 우리의 직장생활이 복음 선포만큼 중요하다거나 누군가가 회심하여 예배하는 일보다 직장에서의 업무가 더 중요하다는 말을 하려는 게 아니다. 여기서의 요점은, 참된 기독교 신앙에 수반되는 영향은 인생의 모든 영역에 미칠 수밖에 없다는 것이다. 이런 점에서 볼 때, "우리 기독교인은 영혼의 구원과 도시의 하수처리장 시설을 동시에 논할 수 있는 유일한 사람들이다."[21] 따라서 직장을 통해 도시를 섬길 수 있는 사람들을 양육하는 과정이야말로 교회가 간과해서는 안 될 사역이라고 할 수 있다.

복음은 그동안 도시에서 우상을 섬기기 위해 과도하게 일해 온 자들에게 자유를 준다. 또한 도시에 있는 모든 이들이 그토록 바라던 깊은 안식을 제공한다. 더 나아가 인류를 성장시키는 창의력을 강화하고 촉진시킨다. 그뿐 아니라 자기 이득에만 매여 있던 인생을 해방시켜 타인의 유익을 위해 일하도록 변화시킨다. 따라서 이러한 복음을 일터에 적용하도록 돕는 일은 교회가 성도들에게 제공할 수 있는 가장 훌륭한 사역이 된다. 그 사역의 결과로 복음에 이끌리는 성도들이 각계각층에 넘쳐난다면, 이는 교회가 도시에 제공할 수 있는 매우 큰 선물이 아닐 수 없다.[22]

지금까지 네 가지 사역 전선에 관해 설명한 내용은 팀 켈러의 이 말로 요약될 수 있다. "복음은 본질상 이 모든 사역 전선에 참여하는 일을 요구한다. 복음의 은혜를 경험하면, 우리를 구원하신 하나님께 친밀하고도 영광스러운 예배를 드리고자 하는 마음만 아니라 이 세상에 복음을 전하고자 하는 마음도 생긴다. 이 은혜는 또한 솔직하게 우리 자신을 열어 보이게 함으로써 공동체에서 깊은 교제를 가능하게 한다. 그뿐 아니라 복음의 은혜는 우리를 겸손하게 낮추고 정의를 향한 열망을 갖게 만든다. 이와 같은 복음의 본질은 우리 인생과 우리가 속한 문화에서 일어나는 우상숭배를 파악할 수 있게 돕는다. 즉 우리의 직장생활과 사회활동을 왜곡하는 우상의 문제를 깨닫게 만든다."[23]

그렇다면 당신의 교회는 유일하신 참 하나님을 예배하는 삶이 어떠한 모습인지를 공적으로 분명히 드러내고 있는가? 과연 당신이 속한 공동체는 장차 임할 도시에서의 삶이 어떠한 모습인지를 설득력 있게 보여 주고 있는가? 또한 복음은 당신이 섬기는 교회의 성도들이 사회적 정의와 긍휼의 문제에 반응하도록 영향을 미치고 있는가? 과연 그 성도들은 자신들이 도시에서 감당해야 할 직업적 소명을 이해하고 있는가?

재생산

피터 와그너(Peter Wagner)는 다음과 같은 유명한 말을 남겼다. "세상에 알려진 가장 효과적인 전도 방법은 새로운 교회를 개척하는 것이다."[24] 우리는 이 말에 동의한다. 1세기에 제자들은 새로운 도시에 새로운 교회를 개척함으로써 자연스럽게 대위임령(the Great Commission)을 수행했다. 교회 개척은 초대교회의 일반적인 사역 방식이었다. 또한 그 방식은 오늘날 급속히 성장하는 도시에서 목회하고자 하는 모든 이들의 일반적인 사역 방식이 되어야 한다. 복음은 단지 균형 잡힌 공동체를 일으키는 데서 그치지 않고, 그 공동체로 하여금 재생산하게 만든다. 건강한 가족이 자녀를 낳듯, 건강한 제자와 교회는 재생산을 하게 된다.

이미 지적한 바와 같이, 현재 교회의 성장 속도는 주요 도시들이 보이는 기하급수적인 인구 성장에 한참 못 미치는 수준이다. 이렇게 늘어나는 인구에 교회가 영향을 미칠 수 있는 유일한 방법은 재생산의 과정을 밟는 것이다. 곧 교회를 개척하고, 개척자를 파송하며, 해당 도시에 새로운 교회들이 개척되도록 지원하는 것이다. 스티븐 엄이 소속된 리디머시티투시티(Redeemer City to City)는 교회 개척에서 더 나아가 다음과 같은 사명을 실행하고 있는 네트워크다. "우리의 사명은 도시에 복음 운동을 일으킬 수 있도록 목회자들을 돕는 것이다."[25] 또한 저스틴 버자드는 액츠29네트워크(Acts 29 Network)에 참여하고 있는데, 이 단체는 짧은 기간 동안 미국과 세계 전역에 400여 개 이상의 교회가 개척되도록 도왔다. 그리고 지금도 도시 교회를 개척하는 데 주력하여 사역을 전개하고 있다.[26]

리디머시티투시티의 사명 선언문이 밝히듯이, 그 네트워크는 도시에 다가가기 위한 운동을 추진한다. 여기서 이 운동이 확산될 수 있는 동력은 교회 개척에 달려 있다. 그런데 교회 개척이 진정으로 도시에 영향을 미치기 위해서는, 여러 교회들이 반드시 더 큰 운동에 함께 참여해야 한다. 즉 복음의 영향이 도시의 더 넓은 지역에 미치기 위해서는, 서로 다른 배경에 속한 교회들이 많이 필요하다. 어떤 이들에게는 초교파 교회가 가장 큰 접근성을 지니는 반면, 다른 이들에게는 장로교회가 그러하다. 또 어떤 이들에게는 대형 교회가 익숙하게 느껴지는 데 비해, 다른 이들에게는 작은 교회가 편하게 느껴진다.

또 프로그램이 많은 교회를 선호하는 사람이 있는가 하면, 프로그램이 적은 교회를 좋아하는 사람도 있다. 그렇기 때문에 우리가 사는 도시에 새롭게 추가되는 교회들은 복음을 선포하는 이상 우리의 경쟁 상대가 아니다. 오히려 예수님이 맡기신 사명을 함께 수

행하는 동료다. 위에서 언급한 두 가지 교회 개척 네트워크는 모두 세분화된 지역 네트워크를 가지고 있어 도시에서 진행되는 다른 개척 사역들과 협력하여 교회 개척 및 확장을 돕고 있다.[27]우리가 예측하기로, 교회의 미래는 그와 같은 파트너십에 달려 있다고 볼 수 있다. 곧 다양한 도시 교회와 네트워크가 서로 협력하여 여러 교회들을 함께 개척하고 훈련시키며 기금을 모아 후원할 때, 우리가 지금까지 설명해 온 도시 사역의 네 가지 요소(복음, 공동체, 균형, 재생산)가 실현될 수 있다.

이런 방식으로 교회를 개척하고 확산시키기 위해서는, 우리 모두가 자신이 속한 지역 교회에 관심을 갖듯 하나님 나라에 깊은 관심을 갖는 기독교인이 되어야 한다. 그런 일은 우리 각자가 속한 교회만이 아니라, 우리 모두가 사는 도시에 대한 비전을 품을 때 일어날 수 있다. 우리의 목표는 도시를 이용하여 교회를 키우는 게 아니라, 교회를 개척하고 지도하여 도시가 훌륭하게 성장하도록 돕는 것이다. 그렇다면 현재 당신의 교회는 이러한 재생산을 계획적으로 시도하고 있는가?

인내와 수고, 그리고 기도

오해를 남기지 않도록 이 사실을 분명히 밝히고자 한다. 지금까지 우리가 설명하고 강조한 그 어떤 지침도 실행에 옮기기란 쉽지 않다. 실제로는 매우 어렵다. 우리가 제시한 비전과 우리가 장려한 도시 사역은 모두 인내와 수고와 기도를 요구한다. 여기에 지름길은 없다.

사람들이 변화하는 데는 시간이 걸린다. 그리고 도시가 변화하는 데는 더 많은 시간이 걸린다. 우리가 요청한 사역은 많은 수고와 기도 없이는 결코 이뤄지지 않는다. 당신이 속한 도시의 평안을 추구하기 위해 하나님의 비전을 품어야 하는 이유가 바로 여기에 있다. 당신이 지칠 때 그 비전이 당신을 붙들어 주기 때문이다. 도시에 선한 영향을 미치기 위해서는, 그 도시에 오래 살며 뿌리를 내리고 또한 도시의 더 나은 미래를 바라보며 일해야 한다. 그러나 우리가 살아가는 도시는 대체로 그 도시를 이용하기 위해 들어와서 얼마 안 가 떠나는 사람들로 채워져 있다. 그 도시를 진정으로 섬기고 사랑하기 위해 들어와서 머무는 사람들은 많지 않다.

그러므로 도시에 상황화된 복음으로 사역하기 위해서는 끈기 있는 인내와 수고와 기도가 뒷받침되어야 한다. 우리 두 저자는 이제까지도 그랬고 지금도 그렇지만, 각자의 도시에서 교회를 목양하기가 힘에 벅찰 때가 많다. 그래서 예전에 좀 더 쉬운 사역을 했을 때보다 현재의 기도 생활이 훨씬 더 역동적으로 일어나고 있다. 끊임없이 하나님께 아뢰어 도움을 구해야 할 필요를 느끼기 때문이다. 그렇게 기도하면, 하나님은 도움을 베푸신다. 곧 도시는 바로 그분의 작품임을 가르쳐 주신다. 따라서 그분은 우리가 신경을 쓰는 정도보다 더 깊이 도시의 평안에 관심을 기울이신다. 그렇기에 많은 인내와 기도가 쌓인 후에 때가 이르면, 우리가 사는 도시는 변화의 정점에 이를 것이다. 그리고 우리가 품은 도시의 비전도 실현되기 시작할 것이다.

> 도시에서 복음 운동이 왕성하게 일어나 그 도시가 변화의 정점에 이르는 일이 과연 가능할까? 복음이 도시 생활과 도시에서 형성된 문화에까지 가시적인 영향을 미칠 수 있도록 진전되는 일이 과연 가능할까? 우리는 하나님의 은혜가 있으면 이런 일이 일어날 수 있다고 생각한다. 지난 교회사는 그에 관한 사례를 많이 보여 준다. 그러나 존 웨슬리와 같이 매우 드문 신앙의 지도자만이 자신이 일으킨 운동이 진전되어 효과를 나타내는 결과를 보게 될 뿐이다. 도시 사역자는 그러한 결과를 목표로 삼고 그에 전생을 바쳐 헌신해야 한다. 그러나 자신의 생애에 그 결과를 반드시 보리라고 기대해서는 안 된다. 우리가 사는 도시가 진정으로 사랑받고 그리스도를 위해 변화되는 모습을 보기 원한다면, 기대와 인내 사이에 올바른 균형이 필요하다.[28]

그와 같이 도시가 변화되기를 소망하며 우리는 하루를 시작한다. 그리고 힘을 다해 헌신한다. 하나님은 지난 역사에서 여러 차례 그러한 변화를 일으키셨기 때문에, 우리가 사는 도시에도 그 변화를 일으키실 수 있음을 믿고 인내해야 한다. '도시의 영혼'(the soul of a city)이라는 표현은 고대에 쓰인 한 편지에서 기독교인이 도시에 미친 영향을 묘사하기 위해 사용된 문구다. 곧 주후 140년경에 '디오그네투스에게 보내는 편지'(Letter to Diognetus)라는 글이 기록되었는데, 이 편지는 어느 정부 관료에게 기독교인은 도시에 위협이 되는 존재가 아니라 도시의 심장이자 영혼이라고 주장하고 있다. 비록 인용하기에는 상당히 길지만, 아래의 편지 내용은 타락한 세상에서 기독교인이 진정한 기독교인으로 살아갈 때 그 결과가 얼마나 놀라운지를 잘 보여 주고 있다.

> 기독교인은 국적과 언어와 관습에서 다른 사람들과 구분되지 않습니다. 그들은 자신들만의 도시에서 살지도 않고, 이상한 말투를 사용하지도 않으며, 이국적인 삶의 방식을 가지고 있지도 않습니다.
>
> … 그들은 어느 도시에 가서 살든 의복과 음식과 생활양식에 있어 그 도시의 관습을 따릅니다. 그 도시가 헬라 문화권에 있든 그렇지 않든 상관없이 말입니다. 그런데 이상하게도 그들의 삶에는 비범한 모습이 있습니다. 그들은 자기 나라에 살면서도, 마치 그 나라를 잠시 지나는 순례자와 같이 살아갑니다. 그들은 시민의 역할을 다하면서도, 법적으로 무력한 거류민의 불편을 안고 살아갑니다.
>
> … 다른 사람들과 같이 그들은 결혼하고 자녀들을 낳지만, 그 아

이들을 유기하지 않습니다. 또한 그들은 자신의 음식까지 공유하지만, 아내는 결코 공유하지 않습니다.

… 그들은 이 땅에서 세월을 보내지만, 하늘의 시민으로 살아갑니다. 또한 법률을 준수하지만, 그 법률을 초월하여 살아갑니다. 기독교인은 모든 사람을 사랑하지만, 모든 사람은 기독교인을 박해합니다. 그들은 이해받지 못하기에 정죄당하고, 결국에는 사형에 처해집니다. 그러나 다시 부활하게 됩니다. 그들은 가난하게 살지만, 많은 이들을 부유하게 합니다. 때로는 완전히 궁핍한 지경에 처해도, 모든 것을 충만하게 누립니다. 그들은 모욕을 당하지만, 그 일을 영광으로 여깁니다. 그들은 비방을 당하지만, 자신들을 변호할 분을 의지합니다. 그렇기에 기꺼이 욕설과 미움을 감수합니다. 거기에 축복이 있기 때문입니다.

… 흔히 사용하는 표현으로 말한다면, 기독교인과 세상의 관계는 영혼과 육체의 관계와 같다고 할 수 있습니다. 영혼이 육체의 모든 부분에 존재하면서 육체와는 구별되듯이, 기독교인도 세상의 모든 도시에서 발견되지만 이 세상과 동일시되지 않습니다. 그리고 눈에 보이는 육체가 눈에 보이지 않는 영혼을 지니고 있듯이, 세상을 살아가는 기독교인도 눈에 보이지만 그들의 신앙생활은 눈에 보이지 않습니다. … 육체 안에 있으면서 그 육체로 하나 되게 하는 주체가 영혼이듯이, 세상이라는 감옥 속에 갇혀 있으면서 그 세상으로 하나 되게 하는 주체는 기독교인입니다. 영혼은 멸

절하는 장소에 거하지만 불멸하듯이, 기독교인도 사라져 버릴 만물 가운데 거하지만 이 변하고 부패하는 세상으로부터 자유해질 시간을 기다립니다. 곧 하늘에서 영원히 누리게 될 시간을 기다립니다.[29]

이와 같은 신앙의 유산이 오늘날 회복되지 못할 이유는 없다. 다시 한 번, 기독교인은 도시의 영혼이 될 수 있다. 즉 하나님의 은혜에 의존하는 비범한 삶을 살며 깨어진 도시를 섬기는 희생적인 삶을 실천할 수 있다. 비록 우리는 우리 각자가 사랑하는 세상의 도시에 어떤 일이 일어날지 잘 알지 못하지만, 우리 모두의 본향이 될 그 도시에 어떤 일이 일어날지는 잘 알고 있다.

장차 다가올
도시

예수님은 이 땅에 교회와 새로운 도시를 세우겠다고 약속하셨다(마 16:18; 계 21장). 그 교회를 위해 지금 그분이 하고 계신 일은 장차 다가올 도시에서 완성에 이르게 된다. 곧 영원한 도시에서 하늘과 땅이 만나 구속받은 백성이 하나님을 대면하고, 타락한 세상에서 경험한 슬프고 왜곡된 일들은 모두 사라지게 된다. 또한 현재 우리가 도시에서 하고 있는 일들도 그 성과가 어떠하든 무익하지 않았다는 사실이 드러나게 된다. 그 날에는 우리를 구원하여 우리와 함께 거할 영원한 도시를 세우고자 기꺼이 고난을 당하신 주님이 만물을 새롭게 하시기 때문이다. 바로 그 도시에는 더 이상 눈물이나 아픔이나 죽음이나 어둠이나 슬픔이 존재하지 않으며, 오직 삼위일체 하나님만이 그 백성과 온전히 함께하신다.

지금으로부터 16세기 전에, 어거스틴은 그의 대작인 《하나님의 도성》(*The City of God*)을 저술했다. 이 책의 마지막 장에서 어거스틴은 마치 사도 요한이 요한계시록에서 그러했듯 장차 다가올 도시를 장엄하게 묘사했다.

> 누가 천상의 행복을 가늠할 수 있겠는가? 그곳에서는 어떤 악도 우리에게 다가올 수 없고, 어떤 선도 우리에게서 벗어날 수 없다. 그곳에서는 삶 자체가 하나님을 영원토록 찬양하는 노래가 된다. … 하나님은 모든 만족의 근원이 되신다. 어떤 마음으로 갈망할 수 있는 만족보다 더 크고, 생명과 건강, 음식과 부귀, 영광과 명예, 화평과 모든 선한 일이 줄 수 있는 만족보다 더 큰 만족이 그분 안에 있다. 그렇기에 바울은 하나님이 "만유 안에 계시려 하심이라"고 말했다(고전 15:28). 그분은 우리의 모든 갈망이 궁극적으로 지향하는 대상이시다. 곧 우리의 끝없는 비전과 줄어들지 않는 사랑과 지치지 않는 찬양의 대상이시다.

··· 영원한 도시에서는 우리 모두에게 그 누구도 빼앗을 수 없는 자유의지가 주어진다. 그 의지는 모든 악으로부터 우리를 자유하게 하고 모든 선으로 우리의 마음을 채운다. 또한 끝없는 행복으로 소진되지 않는 복락을 즐거워한다. 그리고 어떠한 죄악이나 고통스러운 처벌에 대한 기억으로 곤란을 겪지도 않는다. 그러면서도 우리가 입은 구속의 은혜와 우리를 구속하신 분에 대한 감사는 결코 잊지 않는다. ··· 물론 그 도시에서는 그리스도의 은혜를 찬양하는 노래보다 아름다운 소리가 없다. 그분의 피로 그곳에 있는 모든 이들이 구원을 받았기 때문이다. ··· 그날에 우리는 안식하며 바라보고, 바라보며 사랑하고, 사랑하며 찬양한다. 그렇게 끝이 오겠지만, 우리 모두의 삶은 끝나지 않는다. 바로 그 끝없는 나라가 현재 우리의 삶이 지향하는 참된 목적지다. [30]

독자들이여, 우리의 미래가 이와 같다. 그날까지 우리에게는 해야 할 일이 많다. 그러니 이토록 중요한 도시에서, 그 일을 함께 시작해 보자. [31]

1. 당신의 도시 생활을 전체적으로 돌아볼 때, 복음의 증인으로 살아갈 수 있는 기회를 놓친 적이 있는가?

2. 당신이 살고 있는 도시를 향한 하나님의 비전을 설명해 보라. 그 도시를 위해 다른 사람이나 교회 또는 네트워크가 품지 못한 비전을 실현하는 일은 어떤 결과를 가져오겠는가?

3. 이 장에서 설명한 복음에 대한 요점을 다시 한 번 살펴보라. 당신은 현재 수행하는 모든 사역의 중심에 복음이 있다고 확신하는가? 그 복음의 중심성을 당신 자신의 삶과 당신이 속한 공동체의 생활에 지속적으로 적용할 수 있는 방법이 있는가?

4. 도시에서 공동체가 증인의 역할을 감당하는 일이 왜 중요한가? 또한 교회는 어떻게 개인이 전달하지 못하는 방식으로 복음을 전달할 수 있는가? 그렇다면 당신의 교회는 어떻게 도시에서 증인의 역할을 공적으로 감당하고 있는가? 그리고 그 역할의 중요성과 교회 개척의 중요성은 서로 어떤 관계에 있는가?

5. 장차 다가올 도시를 바라보는 일은 현재 우리가 속한 도시에 복음을 전하는 데 어떤 도움을 주는가? 우리가 그처럼 '도시에서' 살게 되리라는 사실은 지금 우리가 살아가며 사역하는 방식에 어떤 영향을 미치는가?

감사의 글

스티븐 엄

먼저 내가 시무하는 시티라이프장로교회(Citylife Presbyterian Church)의 당회에 깊은 감사를 드린다. 그들이 보여 준 후원과 우리가 섬기는 교회 및 도시를 향한 그들의 사랑이 본서의 출판을 가능하게 해 주었다.

이 책의 전반적인 내용에 영향을 미친 분이 있다면 팀 켈러(Tim Keller) 목사다. 그는 오랜 세월을 함께한 친구이자 멘토로서 내가 도시를 이해하는 데 가장 큰 도움을 주었다. 또한 그는 도시에 관한 나의 생각을 형성해 주었을 뿐 아니라 도시를 사랑하는 마음을 품고 성장할 수 있도록 도와주었다. 이 자리를 빌어 감사의 마음을 전한다.

마찬가지로 리디머시티투시티(Redeemer City to City)에서 함께 사역하는 동료들도 도시에 관한 깊은 가르침을 내게 전해 주었다. 특히 세계에 흩어진 여러 도시들을 향한 애정이 깊어지도록 도와준 테리 가이저(Terry Gyger), 제이 카일(Jay Kyle), 마크 레이놀즈(Mark Reynolds), 알 바스(Al Barth), 존 토마스(John Thomas), 게리 와타나베(Gary Watanabe) 덕분에 이 책을 저술할 수 있었다.

또한 마크 영거(Mark Younger)와 그 가족들과 함께 진행 중인 복음 사역의 파트너십은 나를 격려하고 지지해 준다. 복음과 도시에 대해 마크가 품고 있는 거룩한 부담은 나에게 모범이 된다. 이에 고맙다는 말을 전하고 싶다.

나의 조수로 수고하는 저스틴 러디(Justin Ruddy)에게도 고마움을 전한다. 그는 이 책의 저술 기획을 처음부터 담당했다. 그가 지닌 신학적 통찰은 책의 전반적인 논의를 구성하는 데 매우 중요한 역할을 했다. 아마 저스틴보다 훌륭한 동역자를 찾기는 힘들 것이다.

그리고 나에게 가장 중요한 사람을 언급하고자 한다. 바로 세 딸과 더불어 나만큼이나 본서의 저술에 커다란 책임감을 느끼고 있을 아내 캐슬린(Kathleen)이다. 그녀는 뉴욕에서 수년간 살며 나보다 먼저 도시에 대한 사랑을 키웠다. 그녀의 지혜로 이 책이 엮어질 수 있었다. 그 인내와 사랑과 내조가 없었다면, 책을 쓸 수 있는 시간을 내지 못했을 것이다. 그녀가 오래 참으며 관심을 가진 결과, 이제 책이 출판되어 사람들이 도시에 대해 더 깊은 이해와 사랑을 품는 데 작게나마 기여하게 되었다.

끝으로 이 책이 한국에서 출판되도록 도와준 TGC코리아 대표 박태양 목사에게 감사드린다. 그의 수고로 이 책이 한국 사회와 목회자들에게 다가갈 수 있게 되었다. 다시 한 번 이 자리를 빌어 감사를 표한다.

저스틴 버자드

이 책을 쓸 수 있도록 도와준 우리 교회와 내가 살고 있는 도시에 감사를 전한다. 나는 가든시티교회(Garden City Church)의 성도들과 더불어 실리콘밸리에 거주하고 있는데, 이 도시에서 예수님을 따라가며 그분을 위해 선한 영향을 끼치는 사역에 대해 많은 배움을 얻고 있다.

실리콘밸리에서 사는 일은 흥미롭고 역동적이다. 이곳에서의 생활은 언제나 나에게 도전을 준다. 그리고 가든시티교회는 내가 열정적으로 목회하도록 돕는다. 그 대단한 사람들과 어려운 사명을 감당하며 느끼는 리더십의 무게란, 나에게 축복이 되면서도 매주 나를 긴장시키는 부담이 된다. 이렇듯 내가 아직 다 경험하지 못한 평생에 걸친 배움이 이곳에서 이루어지고 있기 때문에 기쁨을 감출 수 없다. 그래서 하루하루 큰 꿈을 가슴에 품고 유치원으로 향하는 어린아이가 된 듯한 기분이다. 이 도시 생활에 대해 배울 게 너무도 많아 마냥 기다릴 수가 없다.

나는 밤이 되면 우리가 사는 도시와 전 세계의 여러 도시들 가운데 하나님이 행하실 위대한 일을 꿈꾸곤 한다. 아무쪼록 이 책을 통해 당신도 그렇게 큰 꿈을 꾸며, 당신이 사는 그 도시에서 하나님이 이루실 일을 위해 함께 기도하게 되기를 바란다.

추천 도서

아래의 각 도서에서 제시된 이론과 견해에 전부 동의하지 않더라도, 도시화와 도시의 복음 사역이 지니는 중요성을 이해하는 데 있어 이 자료들은 유용한 가이드 역할을 할 수 있다. 별 표(★)가 달린 책은 필수적으로 읽어야 한다.

도시의 과거와 현재와 미래

Richard Florida, *Who's Your City? How the Creative Economy Is Making Where You Live the Most Important Decision of Your Life* (New York: Basic, 2009). 리처드 플로리다, 《후즈유어시티》.

★ Edward Glaeser, *Triumph of the City: How Our Greatest Invention Makes Us Richer, Smarter, Greener, Healthier, and Happier* (New York: Penguin, 2011). 에드워드 글레이저, 《도시의 승리》.

Jane Jacobs, *The Death and Life of Great American Cities* (New York: Modern Library, 1993). 제인 제이콥스, 《미국 대도시의 죽음과 삶》.

Joel Kotkin, *The City: A Global History* (New York: Modern Library, 2006). 조엘 코트킨, 《도시, 역사를 바꾸다》.

Lewis Mumford, *The City in History: Its Origins, Its Transformations, and Its Prospects* (New York: Harcourt, 1961). 루이스 멈포드, 《역사 속의 도시 I, II》.

도시 비전

Collin Hansen & John Woodbridge, *A God-Sized Vision: Revival Stories That Stretch and Stir* (Grand Rapids, MI: Zondervan, 2010).

★ Rodney Stark, *Cities of God: The Real Story of How Christianity Became an Urban Movement and Conquered Rome* (New York: HarperCollins, 2006).

Rodney Stark, *The Rise of Christianity: How the Obscure, Marginal Jesus Movement Became the Dominant Religious Force in the Western World in a Few Centuries* (San Francisco: HarperSanFrancisco, 1997). 로드니 스타크, 《기독교의 발흥》.

도시 사역

Augustine, *The City of God: An Abridged Version*, ed. Vernon J. Bourke (New York: Doubleday, 1958). 성 아우구스티누스, 《하나님의 도성》.

D. A. Carson & Timothy Keller, eds., *The Gospel as Center: Renewing Our Faith and Reforming Our Ministry Practices* (Wheaton, IL: Crossway, 2012). D. A. 카슨 & 팀 켈러 외, 《복음이 핵심이다》.

Matt Carter & Darrin Patrick, *For the City: Proclaiming and Living Out the Gospel* (Grand Rapids, MI: Zondervan, 2010).

★ Harvie M. Conn & Manuel Ortiz, *Urban Ministry: The Kingdom, the City & the People of God* (Downers Grove, IL: IVP Academic, 2001). 하비 콘 & 매누엘 오르티즈, 《도시목회와 선교》.

James Davidson Hunter, *To Change the World: The Irony, Tragedy, and Possibility of Christianity in a Late Modern World* (New York: Oxford University Press, 2010).

★ Timothy Keller, *Center Church: Doing Balanced, Gospel-Centered Ministry in Your City* (Grand Rapids, MI: Zondervan, 2012). 팀 켈러, 《팀 켈러의 센터처치》.

Timothy Keller, *Generous Justice: How God's Grace Makes Us Just* (New York: Dutton, 2010). 팀 켈러, 《팀 켈러의 정의란 무엇인가》.

Amy L. Sherman, *Kingdom Calling: Vocational Stewardship for the Common Good* (Downers Grove, IL: InterVarsity, 2011).

팀 켈러 서문

1. Jim Clifton, *The Coming Jobs War: What Every Leader Must Know About the Future of Job Creation* (New York: Gallup Press, 2011), 63. 짐 클리프턴, 《갤럽보고서가 예고하는 일자리 전쟁》.

2. Ian Wylie, "Knowledge Is Power," *The Guardian* (September 30, 2008).

3. *The Guardian*, "Rise of the Megacities," http://image.guardian.co.uk/sys-images/ Observer/Pix/pictures/2012/01/21/urban2.jpg.

4. Parag Khanna, "Beyond City Limits," FP, http://www.foreignpolicy.com/ articles/2010/08/16/beyond_city_limits.

5. Albert Mohler, "From Megacity to 'Metacity'-The Shape of the Future," AlbertMohler. com, http://www.albertmohler.com/2010/04/22 /from-megacity-to-metacity-the-shape-of-the-future.

프롤로그

1. 이 책에서 사용하는 '복음'의 개념에 대해서는 6장의 논의를 참고하기 바란다.

2. 이런 내용을 읽으며 현실에 대한 풍자적인 설명일 뿐이라고 치부하는 사람이 있을지 모르겠지만, 안타깝게도 많은 연구는 미국의 복음주의 진영 안에 실제로 도시에 대한 반

감이 상당한 수준에 이르렀음을 보여 준다. "현재 이용할 수 있는 정보와 더불어 역사적인 자료들이 제시하는 결과는 미국에서 복음주의 진영이 도시에 대한 반감을 더욱 키우고 악화시킬 수 있다는 사실을 드러내고 있다." Mark T. Mulder & James K. A. Smith, "Subdivided by Faith? An Historical Account of Evangelicals and the City," *Christian Scholars Review* 38, no. 4 (2009): 433. 이러한 연구를 통해 우리가 본서를 저술하게 된 이유도 좀 더 명확히 드러나게 되기를 바란다. 그와 같은 연구에서 제시되는 증거에 따르면, 현재 세계는 점점 더 빠르게 도시화되고 있으며 그와 동시에 도시에 대한 반감을 구체적으로 표현하는 복음주의자들도 최근까지 계속해서 활동해 왔음을 알 수 있다. 우리가 도시의 중요성을 논증하려는 이유는, 도시가 사람들을 자극하며 최신 유행을 따르도록 만들기 때문이 아니라, 복음이 들려주는 놀라운 소식이 우리로 하여금 계획성 없이 제멋대로 사역하도록 허용하지 않기 때문이다. 다시 말해 기독교 사역은 전략적으로 이뤄져야 하기 때문이다. 물론 사람들은 어디에나 있으며 그들은 모두 복음을 필요로 한다. 그러나 점점 더 많은 사람들을 세계의 각 도시에서 만날 수 있는 게 우리의 현실이다. 이는 결코 도시에 사는 사람들이 외곽에 사는 사람들보다 더 가치가 있다든가 '복음을 더 들을 만하다'는 의미가 아니다. 그리고 도시에서 진행되는 교회 사역이 외곽이나 시골 지역에서 이뤄지는 교회 사역보다 더 의미 있고 유익하다는 의미도 아니다. 당연히 복음을 선포하는 교회는 어디에든 필요하다. 다만 이 책은 그처럼 신실하게 복음을 선포하는 교회가 그 어느 때보다 도시 지역에 더 필요하게 되었다는 사실을 설명하기 위해 저술되었다. 독자들이 최신에 부각되는 도시에 관한 소식을 자주 들어도, 그 지역에 복음이 얼마나 필요한지는 잘 모를 수 있기 때문이다.

Part 1

1장 도시의 중요성

1. Doug Saunders, *Arrival City: How the Largest Migration in History Is Reshaping Our World* (New York: Pantheon, 2010), 1.

2. *U.S. News & World Report*, "National University Rankings," http://col leges.usnews.rankingsandreviews.com/best-colleges/rankings/national-universities; Massachusetts Institute of Technology, "MIT Facts: Faculty and Staff," http://web.mit.edu/facts/faculty.html. (2012년 1월 11일 접속).

3. *U.S. News & World Report*, "Best Hospitals 2011-12: the Honor Roll," http://health.usnews.com/health-news/best-hospitals/articles/2011/07/18 /best-hospitals-2011-12-the-honor-roll. (2012년 1월 11일 접속).

4. City of Boston, "Boston Common," http://www.cityofboston.gov/freedomtrail/bostoncommon.asp. (2012년 1월 11일 접속).

5. 좌표 42.351139/-71.064935에 위치한 이 2마일 반경의 구역은 보스턴 시내로 간주되는

지역과 그 이웃 도시인 케임브리지의 중요한 지역을 에워싸고 있다.

6. 2010년에 실시된 인구조사에 따르면, 당시 보스턴 자체의 인구는 약 618,000명 이었다. Boston Redevelopment Authority, "Boston: 2010 Census Population," bostonredevelopmentauthority.org, http://www.bostonredevelopmentauthority.org/ PDF/ResearchPublications//Boston.pdf. (2012년 2월 6일 접속).

7. Edward Glaeser, *Triumph of the City: How Our Greatest Invention Makes Us Richer, Smarter, Greener, Healthier, and Happier* (New York: Penguin, 2011), 1. 에드워드 글레이저, 《도시의 승리》.

8. Harvie M. Conn & Manuel Ortiz, *Urban Ministry: The Kingdom, the City & the People of God* (Downers Grove, IL: IVP Academic, 2001), 34-35. 하비 콘 & 매누엘 오르티즈, 《도시목회와 선교》.

9. Joel Kotkin, *The City: A Global History* (New York: Modern Library, 2006), ixx. 조엘 코트킨, 《도시, 역사를 바꾸다》.

10. Lewis Mumford, *The City in History: Its Origins, Its Transformations, and Its Prospects* (New York: Harcourt, 1961), 74-75. 또한 Kotkin, The City, 33을 참고하라. 루이스 멈포드, 《역사 속의 도시 I, II》.

11. Kotkin, *The City*, 3-5.

12. 이 부분의 내용은 도시 역사를 총 네 단계의 물결로 구분한 하비 콘(Harvie Conn)의 접근을 전반적으로 반영하고 있다. Conn & Ortiz, *Urban Ministry*, 35-79를 참고하라.

13. Michael Grant, *From Alexandra to Cleopatra: The Hellenistic World* (New York: Scribner's, 1982). 이 책은 Kotkin, The City, 25에 인용되었다.

14. 도시는 생산에 핵심적인 역할을 하지 못할 정도로 쇠퇴했다. 이런 현상은 주로 이전에 번성하던 도시가 이제 국가나 교회의 간섭에 의해 개인의 봉토로 전락하는 경우에 발생했다. Conn & Ortiz, *Urban Ministry*, 164를 참고하라. 또한 Richard G. Fox, *Urban Anthropology: Cities in Their Cultural Settings* (Englewood Cliffs, NJ: Prentice Hall, 1977)를 참고하라.

15. Craig G. Bartholomew, *Where Mortals Dwell: A Christian View of Place Today* (Grand Rapids, MI: Baker Academic, 2011), 253; Conn & Ortiz, Urban Ministry, 41.

16. Bartholomew, *Where Mortals Dwell*, 253.

17. Kotkin, *The City*, 75.

18. Conn & Ortiz, *Urban Ministry*, 42.

19. 알리스터 맥그래스(Alister McGrath)는 이에 대해 부가적인 관점을 제시한다. "종교개혁은 당시에 매우 필요했던, 어쩌면 좀 더 일찍 일어나야 했던 시도, 곧 새로운 도시 환경에 복음을 전달하려는 시도로 간주될 수 있다. 바로 그 시도를 통해 평신도는 점점 더 지배적인 역할을 감당하게 되었는데, 이는 오늘날 기독교인들도 가지고 있는 사회적, 개인적, 실존적 관심이 그 당시에도 정확히 반영되고 있었음을 보여 준다." *Spirituality*

in an Age of Change: Rediscovering the Spirit of the Reformers (Grand Rapids, MI: Zondervan, 1994), 23.

20. Conn & Ortiz, *Urban Ministry*, 50-52.

21. Kotkin, *The City*, 98.

22 Population Reference Bureau, "Human Population: Urbanization," http://www.prb. org/Educators/TeachersGuides/HumanPopulation/Urbanization.aspx. (2012년 2월 12일 접속); Population Reference Bureau, "2011 World Population Data Sheet: The World at 7 Billion," http://www.prb.org/pdf11/2011population-data-sheet_eng.pdf. (2012년 2월 12일 접속).

23. Population Reference Bureau, "Human Population: Urbanization" (2012년 2월 12일 접속).

24. Robert X. Cringley, "The Five Rules of Prognostication," *Forbes*, http://www.forbes.com/asap/1998/1130/036.html. (2012년 2월 12일 접속).

25. United Nations, Department of Economic and Social Affairs, Population Division, "World Urbanization Prospects, the 2011 Revision," http://esa.un.org/unpd/wup/index.htm. (2012년 4월 9일 접속).

26. United Nations, Department of Economic and Social Affairs, Population Division, "Urban and Rural Areas, 2009," http://esa.un.org/unpd/wup/Documents/WUP2009_Wallchart_Urban-Rural_Final.pdf. (2012년 2월 13일 접속).

27. United Nations, Department of Economic and Social Affairs, Population Division, "World Urbanization Prospects, 2009: Highlights," http://esa.un.org/unpd/wup/Documents/WUP2009_Highlights_Final.pdf. (2012년 2월 13일 접속).

28. United Nations, "Urban and Rural Areas, 2009". 이 수치는 아시아 전체를 대상으로 한 유엔의 평가에 근거한다. 그러나 일본의 인구는 제외되었는데, 그 이유는 유엔이 일본을 개발도상국이 아닌 선진국으로 간주하기 때문이다.

29. Bloomberg News, "China's Urban Population Exceeds Countryside for First Time," http://www.bloomberg.com/news/2012-01-17/china-urban-population-exceeds-rural.html. (2012년 1월 19일 접속).

30. Glaeser, *Triumph of the City*, 7.

31. Glaeser, *Triumph of the City*, 6. 원래는 "사람들과 회사들"까지 도시에 대한 정의에 포함시키고 있다. 여기서 이 내용을 인용하며 "회사들"을 생략한 데에는 두 가지 이유가 있다. 첫 번째는 회사가 도시의 존재에 필수적이지 않은 세계의 여러 지역이나 역사에도 글레이저의 정의를 보편화해서 적용하려는 이유다. 두 번째는 글레이저가 경제학자여서 도시에 관한 그의 개념도 결국 상업 구조의 영향을 받아 넓게 형성되었다는 이유다. 우리는 이어지는 내용을 통해, 다른 구조들도 경제적인 부분만큼이나 도시 생활에 중요한 역할을 한다는 사실을 설명하고자 한다.

32. Glaeser, *Triumph of the City*, 9.

33. 코트킨이 사용한 "바쁜"(busy)이라는 표현을 "사회적인"(social)이라는 표현으로 대체했다. Kotkin, *The City*, xix.

34. 우리는 여기서 '권력'이라는 단어를 중립적인 의미로 사용하고 있다. 많은 사람들이 권력을 완전히 부정적인 용어로 사용하지만, 권력과 연계되는 (경제, 정치, 국방 등과 같은) 구조들은 중립적인 성격을 가진다. 권력 자체는 중립적이다. 권력에 대한 판단은 그 권력이 행사되는 방식에 근거해서 이루어져야 한다.

35. Conn & Ortiz, *Urban Ministry*, 35.

36. 도시화의 세계적 현상에서 나타나는 이주와 이민의 기능에 관한 흥미로운 설명은 Doug Saunders, Arrival City에서 참고할 수 있다.

37. Richard Florida, *Who's Your City? How the Creative Economy Is Making Where You Live the Most Important Decision of Your Life* (New York: Basic, 2009), 9. 리처드 플로리다, 《후즈유어시티》.

38. Richard Florida, *Who's Your City?*, 48.

39. Richard Florida, "The 25 Most Economically Powerful Cities in the World," The Atlantic Cities, http://www.theatlanticcities. com/jobs-and-economy/2011/09/25-most-economically-powerful-cities-world/109/#slide2. (2012년 1월 26일 접속).

40. 이는 글레이저가 관찰한 내용이다. Glaeser, *Triumph of the City*, 70. 글레이저에게 있어 도덕적인 질문은 (예를 들어 더 나은 교통수단이나 공립학교 등) 빈곤에서 벗어날 수 있는 길을 모든 이에게 제공하기 위해 도시가 하고 있는 일은 무엇인가이다. 한편 *The Global City: New York, London, Tokyo* (Princeton, NJ: Princeton University Press, 2001)의 저자인 사회학자 사스키아 사센(Saskia Sassen)은 스티븐 엄과의 대화에서, 도시가 흔히 사회적 불평등을 만들어 내는 시스템에 의해 개발되고 있다는 견해를 제시했다. 즉 도시는 그 안에서 발생된 문제에 대해 자체적인 해결책을 내놓기도 하지만, 도시 자체가 빈곤과 불평등의 순환이 지속되는 방식으로 개발되는 경우가 많다는 것이다.

41. John Reader, *Cities* (New York: Atlantic Monthly Press, 2004), 306.

42. 여기서 우리는 레슬리 뉴비긴(Leslie Newbigin)의 설명을 인용하여 문화에 대한 실제적인 정의를 내리고자 한다. 문화란 "사람들이 살아가는 공동체에 의해 확립되어 세대 간에 전수되는 삶의 방식을 통틀어 일컫는 개념이다." *The Other Side of 1984: Questions for the Churches* (Geneva: World Council of Churches, 1983), 5. 레슬리 뉴비긴, 《서구 기독교의 위기》. 한편 앤디 크라우치(Andy Crouch)는 간결하면서도 유익한 정의를 제시한다. "문화는 세상에서 우리가 만들어 내는 것이다." *Culture Making: Recovering Our Creative Calling* (Downers Grove, IL: InterVarsity, 2008), 23.

43. 오늘날 후기 산업 도시의 부상을 고려한다면 이 문장의 내용이 사실을 과장하는 것처럼 보일 수 있지만, 이미 기술이 집약되어 있는 세계적인 도시들과 아직 산업화에 집중하는 상당수의 도시들을 놓고 판단할 때, 디자인이든 생산이든 현대 기술 산업의 모든 측면은 도시를 거친 흔적을 가지고 있다고 말할 수 있다.

44. Joel Kotkin, "Why America's Young and Restless Will Abandon Cities for Suburbs,"

Forbes, http://www.forbes.com/sites/joelkotkin/2011/07/20/why-americas-young-and-restless-will-abandon-cities-for-suburbs. (2011년 12월 15일 접속).

45. Timothy Keller, *Center Church: Doing Balanced, Gospel-Centered Ministry in Your City* (Grand Rapids, MI: Zondervan, 2012), 149. 팀 켈러, 《팀 켈러의 센터처치》.

46. Mumford, *The City in History*, 10.

47. Mumford, *The City in History*, 9.

48. Jonathan Merritt, "What Skyscrapers Tell Us … About Us," Q: Ideas for the Common Good, http://www.qideas.org/blog/what-skyscrapers-tell-us-about-us.aspx. (2012년 5월 3일 접속).

49. Timothy Keller, *Counterfeit Gods: The Empty Promises of Money, Sex, and Power, and the Only Hope That Matters* (New York: Dutton, 2009). 팀 켈러, 《팀 켈러의 내가 만든 신》. David Powlison, "Idols of the Heart and 'Vanity Fair,'" The Journal of Biblical Counseling 13, no. 2 (1995): 35-50.

50. David Foster Wallace, "Plain Old Untrendy Troubles and Emotions," *The Guardian*, http://www.guardian.co.uk/books/2008/sep/20/fiction. (2012년 5월 3일 접속).

51. Al Barth, "A Vision for Our Cities," Q: Ideas for the Common Good, http://www.qideas.org/blog/a-vision-for-our-cities.aspx. (2012년 5월 5일 접속).

52. G. K. Beale, *We Become What We Worship: A Biblical Theology of Idolatry* (Downers Grove, IL: InterVarsity, 2008), 11. 그레고리 비일, 《예배자인가, 우상숭배자인가?》.

53. Al Barth, "A Vision for Our Cities".

54. Craig L. Blomberg, *Jesus and the Gospels: An Introduction and Survey* (Nashville, TN: Broadman & Holman, 1997), 23.

2장 도시의 특성

1. Glaeser, *Triumph of the City*, 268.

2. Collin Hansen, "The Stay-Home Generation," The Gospel Coalition, http://thegospelcoalition.org/blogs/tgc/2012/03/18/the-stay-home-generation. (2012년 5월 19일 접속).

3. Florida, *Who's Your City?*, 9.

4. 이 인용문은 알랭 드 보통(Alain de Botton)의 Status Anxiety (New York: Vintage International, 2004), 8에서 발췌하였다. 알랭 드 보통, 《불안》.

5. Conn & Ortiz, *Urban Ministry*, 323-35.

6. Glaeser, *Triumph of the City*, 70-71.

7. 이에 대한 실제적인 가이드를 위해서는 Amy L. Sherman, *Restorers of Hope: Reaching*

the Poor in Your Community with Church-based Ministries That Work (Wheaton, IL: Crossway, 1997)를 참고하라.

8. '게이 지수'(Gay Index)에 관해 리처드 플로리다(Richard Florida)가 수행한 여러 연구가 이 사실을 뒷받침한다. 현재 문맥에서 우리는 동성애에 대한 도덕적 견해를 피력하기 위해서가 아니라, 전통적인 소규모 생활권에서 불편을 겪는 사람들이 도시를 찾고 있는 현실을 지적하기 위해 이 사실을 언급했다. 성경적인 관점에서 동성애를 어떻게 이해해야 하는지에 관한 유익한 설명을 듣기 원한다면 Edward T. Welch, *Homosexuality: Speaking the Truth in Love* (Phillipsburg, NJ: P&R, 2000); Andreas J. Kostenberger, God, Marriage, and Family: Rebuilding the Biblical Foundation, 2nd ed. (Wheaton, IL: Crossway, 2010)을 참고하라.

9. Conn & Ortiz, *Urban Ministry*, 88-91.

10. 이에 대해서는 D. A. Carson, *The Intolerance of Tolerance* (Grand Rapids, MI: Eerdmans, 2012)를 참고하라.

11. 이는 마이클 울프(Michael Wolfe)가 '뉴욕매거진'(*New York Magazine*)에 기고했던 내용으로서 다음 아티클에 인용된 부분을 발췌했다. Timothy Keller, "Posteverythings," Westminster Theological Seminary, http://www.wts.edu/resources/articles/keller_posteverythings.html. (2012년 5월 15일 접속).

12. Richard Florida, *The Rise of the Creative Class: And How It's Transforming Work, Leisure, Community and Everyday Life* (New York: Basic, 2002), 9.

13. Mark T. Mulder & James K. A. Smith, "Subdivided by Faith? An Historical Account of Evangelicals and the City," *Christian Scholars Review* 38, no. 4 (2009): 415-33. 여기서 멀더와 스미스는 현재 광범위하게 형성된 도시에 대한 부정적 견해가 2차 세계 대전 후의 군국주의에 뿌리를 두고 있다고 설명한다.

14. 글레이저는 서로 간에 교제하는 능력이 인간의 특징을 결정한다고 주장한다. *Triumph of the City*, 269.

15. Glaeser, *Triumph of the City*, 269.

16. Florida, *Who's Your City?*, 61ff.

17. 인구 밀도와 집중이 단지 인간의 창의력뿐 아니라 사회 구조에까지 미치는 혜택을 심도 있게 살펴보기 위해서는 Jane Jacobs, *The Death and Life of Great American Cities* (New York: Modern Library, 1993), 261-89를 참고하라. 제인 제이콥스, 《미국 대도시의 죽음과 삶》.

18. 여기서 '다양성'이라는 용어는 매우 폭넓은 의미로 사용된다. 물론 민족적 또는 인종적 다양성이라는 개념도 포함하지만, 그 개념만을 의미하기 위해 사용되진 않는다.

19. 디트로이트의 쇠퇴에 대해서는 관련 자료가 많이 있다. 이 도시는 후기 산업 도시의 쇠퇴를 보여 주는 미국의 대표적인 사례로서 자주 거론된다. Glaeser, *Triumph of the City*, 52-58; Joel Kotkin, *The City*, 121; Catherine Tumber, *Small, Gritty, and Green: The Promise of America's Smaller Industrial Cities in a Low-Carbon World* (Cambridge,

MA: The MIT Press, 2012), xxiii-xxiv를 참고하라. 여기서 우리는 디트로이트나 그 시민들 또는 디트로이트를 되살리기 위해 쉬지 않고 일하는 개인과 단체에 대해 도덕적 판단을 하기 위해 이런 언급을 하는 게 아니다. 이 문맥에서 우리의 취지는 실제로 쇠퇴하는 도시가 있다는 안타까운 현실을 예증하며 그에 대한 설명을 제공하는 데 있다. 그리하여 도시 쇠퇴의 근본 원인을 이해함으로써 독자들이 도시를 더 잘 섬길 수 있게 되는 것이 우리의 바람이다. 이어지는 내용에서 우리는 도시가 쇠퇴하는 이유에 관한 글레이저의 광범위한 설명을 따라가게 될 것이다. *Triumph of the City*, 41ff. 참고로 본서가 편집되는 과정에서 한 가지 흥미로운 책이 출간되었는데, 그 책은 디트로이트가 한 번 주저앉자 도시 재건을 위한 이상적인 실험 장소로 바뀌었다고 주장한다. Mark Binelli, *Detroit Is the Place to Be: The Afterlife of an American Metropolis* (New York: Ballantine, 2012)를 참고하라.

20. Jacobs, *The Death and Life of Great American Cities*, 585.

21. '같은/다른'의 논의를 개진하는 팀 켈러의 설명을 확인하려면 Keller, *Center Church*, 167-168을 참고하라.

22. 점차 뚜렷해지는 창의력과 아이디어의 핵심적인 역할을 피력해 온 대표적인 학자가 리처드 플로리다이다. 앞서 소개한 *The Rise of the Creative Class, Who's Your City?* 외에도 *The Flight of the Creative Class: The New Global Competition for Talent* (New York: HarperCollins, 2005)를 참고하라. 그는 창조적 사회 계층이 지난 세기에 나타났다고 주장한다.

23. L. De Propris, C. Chapain, P. Cooke, S. MacNeill, & J. Mateos-Garcia, "The Geography of Creativity, Interim Report: August 2009," National Endowment for Science, Technology and the Arts, http://www.nesta.org.uk/library/documents/Report%2027%20-%20Geography%20of%20Creativity%20v4.pdf. (2012년 4월 26일 접속).

24. Florida, *Who's Your City?*, 27.

25. Florida, *Who's Your City?*, 27.

26. Florida, *Who's Your City?*, 66. 도시의 밀집성이 야기하는 경쟁에 대한 개념은 다음 책에 잘 설명되어 있다. Michael E. Porter, *Clusters and the New Economics of Competition* (Boston, MA: Harvard Business Review, 1998).

27. Glaeser, *Triumph of the City*, 6.

28. David Owen, *Green Metropolis: Why Living Smaller, Living Closer, and Driving Less Are the Keys to Sustainability* (New York: Riverhead, 2009)와 앞서 소개한 Tumber의 Small, Gritty, and Green을 참고하라.

29. Glaeser, *Triumph of the City*, 2.

30. Florida, *Who's Your City?*, 13.

31. Jacobs, *The Life and Death of Great American Cities*와 Lewis Mumford, *The City in History*를 참고하라(다만, 멈포드의 책은 지나치게 낙관적인 휴머니즘으로 흘러가기도 한다는 사실을 유의해야 한다).

32. Glaeser, *Triumph of the City*, 1.

33. "의인이 형통하면 성읍이 즐거워하고"(잠 11:10a). 직업적 소명을 통해 공익을 추구함으로써 이 구절을 실천적으로 이해할 수 있는 방안을 제시한 책으로는 Amy L. Sherman, *Kingdom Calling: Vocational Stewardship for the Common Good* (Downers Grove, IL: InterVarsity, 2011)을 참고하라.

34. Glaeser, Triumph of the City, 268.

35. 필립 베스(Philip Bess)가 페이지 스미스(Paige Smith)와 인터뷰한 내용을 실은 "Architecture and Man: A Reciprocal Relationship." Traces: Litterae Communionis, http://www.traces-cl.com/2010/03/architecture.html(2012년 4월 27일 접속)을 참고하라. 또한 Philip Bess, *Till We Have Built Jerusalem: Architecture, Urbanism, and the Sacred* (Wilmington, DE: ISI Books, 2006)를 참고하라.

36. 최근 도시화의 주제를 다루고 있는 수많은 자료들 가운데 본서에서 다루지 못한 세 가지 책을 소개하고자 한다. 세 작품은 모두 본서가 편집되는 동안 출판되었다. 앞으로 도시화에 관해 연구하기 위해서는 이 자료들을 반드시 참고해야 할 것이다. Alan Ehrenhalt, *The Great Inversion and the Future of the American City* (New York: Knopf, 2012); P. D. Smith, *City: A User's Guide to the Past, Present, and Future of Urban Life* (New York: Bloomsbury, 2012); Jeff Speck, *Walkable City: How Downtown Can Save America, One Step at a Time* (New York: Farrar, Straus, and Giroux, 2012).

3장 성경과 도시

1. Tim Keller, "A Biblical Theology of the City," The Resurgence, http://theresurgence.com/files/pdf/tim_keller_2002_a_biblical_theology_of_the_city.pdf. (2012년 5월 26일 접속).

2. Bartholomew, *Where Mortals Dwell*, 2.

3. Edward S. Casey, *Getting Back into Place: Toward a Renewed Understanding of the Place-World* (Bloomington, IN: University Press, 2009), 13.

4. Norbert Lohfink, *Theology of the Pentateuch* (Minneapolis: Fortress, 1994), 10.

5. Gordon J. Spykman, *Reformational Theology: A New Paradigm for Doing Dogmatics* (Grand Rapids, MI: Eerdmans, 1992), 250.

6. Bartholomew, *Where Mortals Dwell*, 2. 또한 Casey, Getting Back into Place, 29를 참고하라.

7. Walter Brueggemann, *The Land: Place as Gift, Promise, and Challenge in Biblical Faith* (Philadelphia: Fortress, 1977), 3-4. 월터 브루그만, 《성경이 말하는 땅》; Edward S. Casey, *The Fate of Place: A Philosophical History* (Berkeley, CA: University of California Press, 1999), ix.

8. Gordon J. Wenham, *Genesis 1-15*, Word Biblical Commentary, vol. 1 (Waco, TX: Word

Books, 1987), 1-15, 51-53, 61. 고든 웬함, 《창세기 1-15》WBC 성경주석.

9. Bartholomew, *Where Mortals Dwell*, 27.

10. Conn & Ortiz, *Urban Ministry*, 87.

11. Meredith G. Kline, *Kingdom Prologue*, vol. 2 (South Hamilton, MA: M. G. Kline, 1983), 23.

12. Meredith G. Kline, *Kingdom Prologue: Genesis Foundations for a Cove-nantal Worldview* (Eugene, OR: Wipf & Stock, 2006), 70. 메리데스 G. 클라인, 《하나님 나라의 서막》.

13. "창조 세계의 장소를 질서 있게 배치하는 작업은 이미 창세기 1장 1절부터 암시되어 있다. 거기서 하늘과 땅은 하나님의 창조 행위의 대상이 된다." Bartholomew, *Where Mortals Dwell*, 11.

14. Crouch, *Culture Making*, 104.

15. Leland Ryken, James C. Wilhoit & Tremper Longman III, eds., "City," *Dictionary of Biblical Imagery* (Downers Grove, IL: InterVarsity, 1998), 150. 렐란드 라이켄, 제임스 C. 윌호잇, 트렘퍼 롱맨 3세, 《성경 이미지 사전》.

16. Kline, *Kingdom Prologue*, 101.

17. "City," *Dictionary of Biblical Imagery*, 153.

18. 인류가 이룩하게 될 지리적 확장과 문화적 발전에 대한 하나님의 계획은 창세기 2장 10-14절에 분명히 명시되어 있다. 이 본문에서 우리는 동서남북으로 뻗어 나가는 네 개의 강줄기를 보게 되는데, 이는 동산 너머에서 진행될 개발을 위한 자원이 이미 에덴에 있었다는 사실을 보여 준다. 다시 말해 인류가 이 천연자원을 활용하기 위해서는 동산 밖으로 진출해야만 했다. 여기서 창세기는 과연 어디에서 최상의 자원을 발견할 수 있는지에 대한 해설도 독자들에게 제공하고 있다. 예컨대 비손 강을 따라가면 순금과 베델리엄과 호마노를 발견할 수 있다고 가르쳐 준다(11-12절). 우리가 완전히 개발된 종말론적 동산, 즉 요한계시록 21장에 등장하는 새 예루살렘이라는 도시에서 그 모든 자원을 다시 발견하게 되는 것은 우연이 아니다. 앤디 크라우치(Andy Crouch)는 그 점에 대해 이렇게 말했다. "예리하고 정확한 기억력을 가진 독자들이라면, 창세기 2장의 에덴동산에 있던 천연자원들이 … [요한계시록 21장 18-21절에서 소개되는] 새 예루살렘에서 다시 발견된다는 사실을 알아차릴 것이다. … 그 도시는 순금으로 지어졌고, 도시의 기반을 이루는 여러 보석들 가운데 하나도 호마노다. 그리고 베델리엄은 일종의 나무 수액으로서 … 반투명의 백색 구슬처럼 굳어져 값비싼 보석이 되는데 … 이 도시의 성문을 구성하는 열두 진주에서 그 이미지가 반영된다. 결국 에덴동산을 둘러싼 풍부한 천연자원들이 개발되어 이 도시의 외관을 장식하는 데 놀랍도록 아름답게 사용된 것이다." *Culture Making*, 165.

19. 이는 팀 켈러의 미출판 자료를 참고한 내용이다.

20. Conn & Ortiz, *Urban Ministry*, 237.

21. Don C. Benjamin, *Deuteronomy and City Life: A Form Criticism of Texts with the Word CITY ('îr) in Deuteronomy 4:41-26:19* (Lanham, MD: University Press of America, 1983), 23. 이

책에서 저자가 사용하는 양식 비평 접근(form critical approach)이 혼란스러운 결과를 낳기도 하지만, 그의 핵심적인 논점은 유목 생활이 이스라엘 백성에게 이상적인 삶의 방식이 아니었다는 사실을 잘 드러낸다. "본서는 이스라엘을 일종의 '도시 문화'를 보여 주는 공동체로 설명한다. … 간혹 이스라엘은 한 장소에서 다른 장소로 이동하거나 목축을 하며 순회하는 모습을 보일 때도 있었지만, 결코 유목 민족으로 간주될 수는 없었다. 왜냐하면 그 백성은 늘 어딘가를 향해 가고 있었기 때문이다. 이스라엘의 역사와 생활과 소망은 그 자체로 하나의 문화를 형성했는데, 이는 여호와의 약속을 중심에 두고 있는 문화였다. 그리고 그 약속이란 하나님이 이스라엘을 어떤 땅으로 인도하여 거기서 그들로 하여금 안식하게 하신다는 내용이었다. 이처럼 고대 이스라엘의 운명은 그 땅과 밀접한 관련을 가졌는데, 그 땅은 다름 아닌 도시의 터였다"(23).

22. 기독교인이 세상 속에서 "신실한 존재"가 되어야 한다는 사상을 좀 더 깊이 살펴보기 위해서는 James Davidson Hunter, *To Change the World: The Irony, Tragedy, and Possibility of Christianity in a Late Modern World* (New York: Oxford University Press, 2010)를 참고하라.

23. J. Andrew Overman, "Who Were the First Urban Christians? Urbanization in Galilee in the First Century," SBL Seminar Papers, ed. David Lull (Atlanta: Scholars Press, 1988), 165. 이 내용은 Conn & Ortiz, *Urban Ministry*, 121에 인용되었다.

24. 예수님이 새로운 성전이 되시는 내용에 관한 유익한 논의를 살펴보기 위해서는 G. K. Beale, *The Temple and the Church's Mission: A Biblical Theology of the Dwelling Place of God* (Downers Grove, IL: InterVarsity, 2004), 169-200을 참고하라. 그레고리 K. 비일, 《성전 신학》.

25. Conn & Ortiz, *Urban Ministry*, 122.

26. 예수님 역시 자신의 죽음을 성전이 무너지는 사건으로 이해하셨다(요 2:19).

27. 이는 Keller, *Center Church*, 179를 참고한 내용이다.

28. 헬라어에서 '도시'를 의미하는 단어 '폴리스'는 신약성경에 160여 차례 사용되었는데, 그 가운데 (50퍼센트에 해당하는) 80번은 누가복음과 사도행전에서 발견된다. 다른 저자들은 그와 같은 기술적 단어를 덜 사용하는 데 반해, 누가는 의도적으로 그러한 단어를 많이 사용하여 도시를 강조하는 데 관심을 기울인다.

29. 이 질문에 대해 실제로 그랬다는 답변을 확인하기 위해서는 Rodney Stark, *Cities of God: The Real Story of How Christianity Became an Urban Movement and Conquered Rome* (New York: HarperCollins, 2006)을 참고하라.

30. Beale, *The Temple and the Church's Mission*, 81-87을 참고하라.

31. "City," *Dictionary of Biblical Imagery*, 153.

32. John R. W. Stott, *The Message of Acts* (Downers Grove, IL: IVP Academic, 1994), 293. 존 스토트, 《사도행전》.

33. Conn & Ortiz, *Urban Ministry*, 128.

34. 이는 Conn & Ortiz, *Urban Ministry*, 129에 인용된 내용이다.

35. Rodney Stark, *The Rise of Christianity: How the Obscure, Marginal Jesus Movement Became the Dominant Religious Force in the Western World in a Few Centuries* (San Francisco: HarperSanFrancisco, 1997). 로드니 스타크, 《기독교의 발흥》.

36. 좀 더 설명이 필요한 독자들을 위해 부연하자면, 바울이 '하나님 나라' 또는 단순하게 '나라'라는 어구를 어떻게 사용하는지 한번 생각해 볼 필요가 있다. 일단 바울은 '나라'라는 표현을 자주 사용하지 않는다(이 표현은 신약성경에서 총 134회 사용되는데, 바울 서신에서는 오직 14회만 사용된다). 이런 사실에 근거해서 하나님 나라를 중심으로 한 예수님의 복음과 구원을 중심으로 한 바울의 복음을 구분하려는 시도가 있었다. 즉 예수님은 현재 임하였을 뿐 아니라 장차 임하게 될 하나님 나라를 계속해서 선포하신 반면, 바울은 그 나라를 거의 선포하지 않았다는 것이다. 간혹 바울이 그 나라에 대해 이야기하는 경우도 미래에 경험하게 될 세계를 일컫는 경우가 많으며, 주로 부도덕한 생활로 인해 그 나라에 들어가지 못하는 일이 없어야 한다고 경고하는 차원에서 이야기한다는 것이다(갈 5:21; 엡 5:5). 그렇다면 예수님이 전하신 복음과 바울이 전한 복음 사이에 어떤 단절이 있는 것일까? 예수님과 바울은 복음과 하나님 나라를 서로 달리 이해했던 것일까? 그렇지 않다. 바울은 자기 독자들이 도시라는 배경에 있다고 전제했듯이, 자신의 편지를 받아 보는 교회의 지체들이 이미 하나님 나라에 속해 있다고 전제했다(골 1:13). 즉 하나님 나라는 그들이 살아가는 배경이 되어 있었다. 그렇기에 그 배경에 대한 명시적인 진술이 없다고 해서 그 배경을 상정하지 않은 게 아니었다. 오히려 바울은 주권이라는 개념을 통해 하나님 나라를 대신 이야기했다.

37. Wayne A. Meeks, *The First Urban Christians: The Social World of the Apostle Paul*, 2nd ed. (New Haven, CT: Yale University Press, 2003), 9.

38. "너희가 이른"(히 12:22)이라는 표현은 완료 시제로 기술되었다. 이는 살아 계신 하나님의 도성에 도착한 일이 "과거에 완료된 사건으로서 ⋯ 현재에 지속적인 영향을 미친다"는 사실을 보여 준다. Daniel B. Wallace, *Greek Grammar Beyond the Basics: An Exegetical Syntax of the New Testament* (Grand Rapids, MI: Zondervan, 1996), 573.

39. G. K. Beale, *A New Testament Biblical Theology: The Unfolding of the Old Testament in the New* (Grand Rapids, MI: Baker Academic, 2011), 143. 그레고리 빌, 《신약성경신학》.

40. Keller, *Center Church*, 146. "거류 외국인"(resident aliens)이라는 용어는 다음 책에서 빌려온 표현이다. Stanley Hauerwas & William H. Willimon, *Resident Aliens: Life in the Christian Colony* (Nashville, TN: Abingdon, 1989). 스탠리 하우어워스 & 윌리엄 윌리몬, 《하나님의 나그네 된 백성》.

41. "[미래의 예루살렘과] 비교할 때, 지상의 모든 도시들은 단지 일시적인 텐트촌(tent camps)에 불과하다. ⋯ 지상의 예루살렘도 장차 다가올 그 도시의 모형이자 그림자 내지는 상징에 불과하다고 할 수 있다." Hans Bietenhard, "People," *The New International Dictionary of New Testament Theology*, vol. 2, ed. Colin Brown (Grand Rapids, MI: Zondervan, 1979), 803.

42. Keller, *Center Church*, 179.

Part 2

4장 도시에서 진행되는 상황화

1. D. A. Carson, "Maintaining Scientific and Christian Truths in a Postmodern World," *Science & Christian Belief* 14, no. 2 (2002): 107-22.

2. 탈기독교 사회(Post-Christian societies)는 기독교 세계관이 한때는 지배적인 세계관으로 자리했지만 현재는 그렇지 않은 사회를 말한다. 과거 유럽의 많은 도시들은 기독교의 강력한 영향 아래에서 대체로 정통적인 교리를 따랐다. 런던을 예로 들면, 한 세기 전만해도 런던 시민의 대다수는 하나님과 인생과 바른 신앙에 대해 서로 보편적인 확신을 공유했다. 즉 비슷한 세계관을 가진 생활을 했다. 그러나 오늘날 런던은 한 세기 전의 런던과는 전혀 다르다. 기독교인으로 확인되는 사람은 소수의 시민뿐이다. 이런 측면에서 런던을 탈기독교 도시라고 부를 수 있다. 마찬가지로 우리는 뉴욕이라든가 샌프란시스코 또는 실리콘밸리와 같은 미국의 주요 도시들도 탈기독교 사회로 분류할 수 있다. 왜냐하면 그 도시들도 기독교 신앙의 쇠퇴를 경험하고 있기 때문이다. 내(저스틴 버자드)가 목회하는 교회는 한때 크게 성장했던 다른 교회의 건물을 빌려 주일 예배를 드리고 있다. 그 교회는 산호세 지역에 복음을 전한다는 비전을 품고 1898년에 설립되었다. 그리고 1926년에 산호세의 중심부에 있는 토지를 매입했다(그 토지에 현재 우리가 사용하는 건물이 있다). 1926년 당시 산호세의 인구는 대략 4만 8천 명이었다. 이후로 교회는 도시가 커짐에 따라 함께 성장하여, 많은 이들이 그 교회의 사역을 통해 회심하였고 출석자 수도 크게 증가하였다. 더 나아가 계속 부상하는 실리콘밸리의 여러 지역에 다른 교회들을 개척하기에 이르렀다. 현재 산호세 인구는 백만 명이 넘어 미국에서 열 번째로 큰 대도시가 되었지만, 그 교회는 이전과 같지 않아 주일에 평균 60여 명 정도만 모여 예배를 드리고 있다. 바로 이와 같은 상황이 미국의 여러 도시에서 펼쳐지고 있다. 기독교의 영향력이 감소하는 추세를 보이는 것이다. 그러한 도시를 탈기독교 사회로 분류할 수 있다. 그러나 '탈기독교'라는 명칭을 미국 도시에 사용하는 일에는 어느 정도 주의가 필요하다. 왜냐하면 탈기독교 사회의 일반적인 징후가 나타나기는 해도, 미국 도시는 아직 유럽 도시의 수준만큼 기독교 신앙의 쇠퇴를 경험하지는 않았기 때문이다.

3. 이 주제에 관한 고전적인 작품으로 어거스틴(Augustine)의 《하나님의 도성》(*The City of God*)을 들 수 있다. 이 작품은 점차 몰락해 가던 로마 제국에서 기독교인이 어떻게 살아야 하는지 그 지침을 제공하기 위해 주후 5세기에 저술되었으며, 결과적으로 방대한 규모의 역사철학서가 되어 기독교 문학의 주요 유산으로 남게 되었다.

4. Cornelius Plantinga, *Not the Way It's Supposed to Be: A Breviary of Sin* (Grand Rapids, MI: Eerdmans, 1995), 10. 코넬리우스 플랜팅가 Jr., 《우리의 죄 하나님의 샬롬》; Nicholas Wolterstorff, *Until Justice and Peace Embrace: The Kuyper Lectures for 1981 Delivered at the Free University of Amsterdam* (Grand Rapids, MI: Eerdmans, 1983), 69-72 또한 참고하라. 니콜라스 월터스토프, 《정의와 평화가 입맞출 때까지》.

5. 여기서 우리는 기독교 서점이라든가 미션 스쿨과 같은 기관을 평가 절하하려는 게 아니

다. 단지 그와 같은 기관이나 제도가 문화에 참여하기보다 문화로부터 스스로를 고립시키는 경향을 띠고 있다는 사실을 지적하고자 하는 것이다.

6. Ray Bakke, *A Theology as Big as the City* (Downers Grove, IL: InterVarsity Press, 1997), 14.

7. 이는 도시로 분류되지 않는 지역에서는 문화가 형성되지 않는다는 주장이 아니다. 여기서의 요점은, 더 많은 사람들이 도시에 살고 있기 때문에 더 의미 있는 문화의 형성이 도시에서 일어난다는 것이다.

8. Keller, *Center Church*, 88.

9. 이는 "Food for Urban Thought," A City Lit by Fireflies (blog), January 16, 2008, http://citylitbyfireflies.blogspot.com/2008/01/food-for-urban-thought.html(2012년 4월 30일 접속)에 인용된 Bill Crispin의 주장이다.

10. 제도적 교회와 유기적 교회가 어떻게 구별되는지를 확인하기 위해서는 Keller, Center Church, 294-95에 소개된 '교회의 구역과 역할'에 관한 내용을 참고하라.

11. D. A. 카슨은 복음 자체와 복음에 수반되는 결과를 다음과 같이 구분하여 설명했다. "복음은 하나님이 예수 그리스도의 십자가 죽음과 부활을 통해 무엇을 하셨는지를 전달하는 좋은 소식이다. 복음은 선포되어야 할 소식이지, 우리가 무엇을 해야 하는지에 대한 교훈이 아니다. 그런데 이 복음은 능력이 있어 우리로 하여금 하나님과 화목하게 만들 뿐 아니라 우리 자신을 변화시킨다. 그 결과 '필연적으로' 우리의 행동과 우선순위와 가치관 및 대인 관계에 변화를 일으킨다. 이런 변화는 유독 성화된 사람에게만 뒤따르는 선택적인 결과가 아니라, 복음 자체에 수반되는 필수적인 결과다." Don Carson, "TGC Asks Don Carson: How Do We Work for Justice and Not Undermine Evangelism?" The Gospel Coalition, http://thegospelcoalition.org/blogs/tgc/2010/10/18/asks-carson-justice-evangelism. (2012년 5월 25일 접속).

12. Tim Keller, "Preaching the Gospel," PT 123: Gospel Communication (course for Westminster Theological Seminary, Spring 2003), 33-34.

13. 오늘날 복음주의권에서 상황화는 가장 중요하게 논의되는 주제 중 하나다. 이 논의가 어떻게 일어나고 있는지를 알아보기 위해서는 Keller, *Center Church*, 89-134를 참고하라. 우리는 팀 켈러의 다음과 같은 설명에 동의한다. "올바른 상황화란 복음의 본질과 특수한 내용은 변질시키지 않은 채 복음을 전달하는 사역의 방식을 바꾸어 그 복음을 특정 문화에 적응시키는 과정을 의미한다"(89).

14. Keller, Center Church, 24.

15. Richard Florida, *Who's Your City? How the Creative Economy Is Making Where You Live the Most Important Decision of Your Life* (New York: Basic, 2009). 리처드 플로리다, 《후즈유어시티》.

16. 실리콘밸리의 기존 경계선을 확장하려는 최근 움직임을 확인하려면 Chris O'Brien, "What We Call Silicon Valley Now Includes S. F., East Bay," San Jose Mercury News, April 22, 2012를 참고하라.

17. 산호세의 자세한 역사를 알아보기 위해서는 Edwin A. Beilharz & Donald O. DeMers

Jr., *San Jose: California's First City* (Tulsa, OK: Continental Heritage Press, 1980)를 참고하라.

18. 나(저스틴 버자드)는 내가 살고 있는 도시의 옛 이름을 되살리기 위해 현재 목양하는 교회의 이름을 '가든시티교회'(Garden City Church)라고 지었다. 이는 성경이 가든(garden)에서 출발하여 가든시티(Garden City)에서 마친다는 의미도 포함한다. 교회에 대한 자세한 정보를 확인하기 위해서는 www.GardenCitySV.com을 방문해 보라.

19. 산호세 정착 이전 원주민의 역사에 관해서는 이 책에서 다룰 수 있는 공간이 부족하다.

20. 펠리페 드 니브는 산호세의 발견에 관해 안토니오 마리아 드 부카렐리(Antonio Maria de Bucareli) 총독에게 편지로 보고했다. Beilharz & DeMers, *San Jose*, 23.

21. 더 자세한 정보를 확인하기 위해서는 Tim Stanley, *The Last of the Prune Pickers: A Pre-Silicon Valley Story* (Irvine, CA: 2 Timothy Publishing, 2010)를 참고하라.

22. Thomas Chatterton Williams, "Bookshelf: Dark Thoughts in City of Light," *The Wall Street Journal, May* 1, 2012.

23. Peter Newcomb, "Reid Hoffman," *The Wall Street Journal Magazine*, June 23, 2011.

24. Glaeser, Triumph of the City, 188-89.

25. 이런 설명은 다음 책 전반에 잘 소개되어 있다. Saskia Sassen, *The Global City: New York, London, Tokyo* (Princeton, NJ: Princeton University Press, 2001).

26. 물론 대부분의 실리콘밸리 지역이 자동차 도로를 중심으로 개발되었지만, 그렇지 않은 곳도 많다. 현재 나(저스틴 버자드)는 실리콘밸리 안에서도 걸어서 각종 시설이나 기관을 이용할 수 있는 지역에 살고 있다. 이를테면 내가 살고 있는 집에서 반경 1/4마일 안에는 여러 가지 회사 건물뿐 아니라 커피숍과 레스토랑, 학교와 공원, 우체국과 소방서, 예배당과 묘지, 그리고 산책로까지 소재하고 있어 모두 걸어서 이용할 수 있다. 이 지역을 엄청나게 다양한 사람들이 활보하고 다닌다. 우리가 주일 예배로 모이는 구역도 비슷한 환경을 제공한다. 즉 여러 사람들이 걸어서 각종 시설을 이용할 수 있는 복합적인 공간을 이루고 있다. 이런 장소는 성경 저자들이 '도시'라는 개념을 들어 의미하고자 한 내용을 상기시킨다. "도시를 도시로 만드는 요인은 근접성이다. 도시는 사람들을 한데 모은다. 이는 그 사람들의 주거 환경과 일터 또는 문화 시설 등을 한데 모은다는 의미이기도 하다. 따라서 그 어떤 장소보다 거리와 시장에서 활동할 일이 잦아지고, 매일 대면하여 소통하고 교류할 일도 많아진다. 이런 환경이 바로 성경 저자들이 '도시'를 이야기할 때 그리고 있는 모습이다." Tim Keller, "What Is God's Global Urban Mission?" *The Lausanne Movement* (advance paper, Lausanne 2010, Cape Town, South Africa, May 18, 2010), http://conversation.lausanne.org/en/conversations/detail/10282#article_page_5.

27. Glaeser, *Triumph of the City*, 32-33.

28. Jonathan Lehrer & Richard Florida, "How Creativity Works in Cities," The Atlantic Cities, http://www.theatlanticcities.com/arts-and-lifestyle/2012/05/how-creativity-works/1881. (2012년 5월 8일 접속).

29. Glaeser, *Triumph of the City*, 34.

30. Keller, *Center Chutch*, 90-91.

31. Jonathan Dodson, "Five Things New Planters Should Know," Acts 29 Network, http://www.acts29network.org/acts-29-blog/five-things-new-planters-should-know. (2012년 5월 18일 접속).

5장 도시의 이야기

1. Leonardo de Chirico, "Identifying the Idols of the City," Q: Ideas for the Common Good, http://www.qideas.org/blog/identifying-the-idols-of-the-city.aspx. (2012년 5월 3일 접속).

2. 예수님의 공생애 당시 예루살렘에는 약 3만 명의 인구가 있었다고 추정된다. 로마 제국이 지배하던 1세기에 3만 명은 규모가 큰 도시 인구에 해당했다. 참고로 그 시대에 로마 제국에서 인구 15만 명이 넘는 도시는 두 군데가 있었다. 로마와 알렉산드리아다. 이 가운데 로마에는 45만 명 정도가 살았으며, 인구밀도는 에이커당 2-3백 명 수준이었다. Rodney Stark, *Cities of God*, 26-27, 52.

3. 팀 켈러는 사도행전에서 바울이 복음을 상황화했던 청중에 대하여 총 여섯 가지 유형을 들어 설명한다. 곧 성경을 믿은 사람, 다신론 신앙을 가진 일반 시민, 철학에 물든 이교도, 교회의 장로, 적의를 가진 유대 군중, 그리고 로마 통치자 집단이다. Keller, *Center Church*, 112.

4. 도시에서 이루어지는 하나님 나라는 분명 하나님의 주권적 사역의 결과다. 그러나 하나님은 수단을 사용하신다. 가령 신약성경은 하나님이 바울의 사역 방법, 곧 (복음을 섬세하고도 사려 깊게 상황화하여 선포하며) 도시의 이야기를 재진술하는 방법을 그분의 나라를 진전시키는 일에 어떻게 사용하셨는지를 잘 보여 준다. 이러한 수단 내지 방법은 교회 역사에 걸쳐서도 흔히 언급된다. 예를 들어 지난 역사의 위대한 부흥기에 이런 주제가 얼마나 자주 언급되었는지를 확인하려면 Collin Hansen & John Woodbridge, *A God-Sized Vision: Revival Stories That Stretch and Stir* (Grand Rapids, MI: Zondervan, 2010)를 참고하라.

5. 팀 켈러 역시 효과적인 상황화가 세 단계로 진행된다고 주장한다. 먼저 문화에 참여하는 단계, 다음으로 문화에 도전하는 단계, 끝으로 청중에게 호소하는 단계다. Keller, *Center Church*, 120.

6. Glaeser, *Triumph of the City*, 15.

7. Timothy Keller, "Our New Global Culture: Ministry in Urban Centers" (New York: Redeemer City to City, 2010), 2.

8. 성공 이야기가 어떻게 실리콘밸리의 분위기를 장악하고 있는지가 다음 내용에 잘 드러나 있다. "실리콘밸리는 성공적인 기업의 21세기 모델이 되었으며, 지난 수십 년 간 여러 굴지의 회사들이 이 지역에 자리 잡게 되었다. 즉 1939년 휴렛팩커드(Hewlett Packard)의 창립 이후로 인텔(Intel), 애플(Apple), 어도비(Adobe), 제넨테크(Genentech), 에이엠디

(AMD), 인튜잇(Intuit), 오라클(Oracle), 일렉트로닉아츠(Electronic Arts), 픽사(Pixar), 시스코(Cisco), 구글(Google), 이베이(eBay), 야후(Yahoo), 시게이트(Seagate), 세일즈포스(Salesforce), 그리고 최근에는 페이팔(PayPal), 페이스북(Facebook), 유튜브(YouTube), 크레이그리스트(Craigslist), 트위터(Twitter), 링크드인(LinkedIn) 등이 실리콘밸리에 세워졌다. … 지난 세월 동안 실리콘밸리는 그 안에서 세계 시장의 발전에 적응하며 미래를 개척해 온 여러 회사들 덕분에 자신만의 고유한 영향력을 유지하고 강화시킬 수 있었다. 이 회사들은 기업 혁신의 새로운 모델을 제시했을 뿐 아니라 개인의 성공적인 경력에 요구되는 기업가적 마인드도 보여 주었다." Reid Hoffman & Ben Casnocha, *The Start-Up of You* (New York: Crown, 2012), 18. 리드 호프먼 & 벤 카스노카, 《연결하는 인간》.

9. 어번인스티튜트(Urban Institute)에서 프로그램 기획 및 관리 부대표를 맡고 있는 마저리 터너(Margery Turner)는 미국에서 가장 큰 대도시 지역 100군데를 대상으로 하여 "이 어려운 시대에 가족에게 얼마나 큰 경제적 안정을 제공할 수 있는지"에 대해 순위를 매긴 적이 있다. 1위에는 오클라호마시티(Oklahoma City)가 선정되었다. Russ Pillman, Brandon Dutcher & Edward Lee Pitts, "Joining the Big Leagues," *World*, March 10, 2012, 60.

10. 인도의 도시화는 상당히 낮은 수준에 머물러 있다. "인도의 12억 4천만 명의 인구 중 오직 31.3퍼센트만이 도시 지역에서 살고 있다. 이는 이웃 나라인 파키스탄의 36.2퍼센트보다 낮은 수치다. 또한 이 수치는 남아시아 전체 지역의 32.6퍼센트보다도 낮은 수준을 보이는데, 그 이유는 인도와 파키스탄을 포함한 이 지역에는 무려 69.1퍼센트의 인구가 도시에 살고 있는 이란도 있기 때문이다." "Globalist Quiz: Urban Population Dynamics," *San Jose Mercury News*, April 22, 2012.

11. 이는 도쿄에 있는 그레이스시티교회(Grace City Church)의 마코토 후쿠다(Makoto Fukuda)와 헤이르트 드 보(Geert de Boo)가 관찰한 내용이다(http://www.gracecitychurch.jp/english). 헤이르트는 이렇게 설명한다. "'집단'(collective)이라는 표현이 도쿄 문화의 지배적인 이야기를 잘 나타내지만 … '일치'(conformity)가 좀 더 적절한 표현이라고 할 수 있겠다. '일치'는 '집단'이 왜 그토록 중요한지를 설명해 주는 더욱 심층적인 개념이기 때문이다. 말하자면, 집단에 일치하는 행동이 그 사람에게 소속감과 정체성, 그리고 인생의 의미를 부여해 준다. 이런 차원에서 일본 사회가 왜 단일화된 문화를 드러내는지 이해할 수 있게 된다. 집단은 그 집단에 일치한 행동을 할 수 있는 승자에게만 중요한 의미를 지닌다. 그와 달리 일치하지 않는 행동을 하는 사람은 패자가 된다. 결국 (집단과 다르지 않게 행동하려는) 일치에 대한 동기가 일본 사회를 이끌어 간다고 할 수 있다. 개인보다 집단을 중요시하는 문화는 대부분의 서구 사회에서는 이미 상실된 공동체성을 반영한다. 하지만 그러한 동기도 결국에는 자기중심적 성격을 띠고 있어 복음의 은혜를 똑같이 필요로 한다."

12. 대부분의 서구인들은 라고스를 들어본 적도 없다. 나이지리아의 해안가에 자리한 라고스는 아프리카에서 가장 큰 도시로 1천 2백만 명의 인구가 살고 있다. 이 도시는 빠르게 성장하고 있어 경제학자들은 2050년에 이르면 나이지리아가 세계에서 네 번째로 인구가 많은 나라가 되리라고 예견한다. Mindy Belz, "Stressed-Out Cities," *World*, March 10, 2012, 49.

13. 디트로이트는 그 전성기에 미국에서 네 번째로 인구가 많은 도시였고, 그 평균 소득은 미국에서 가장 높았다. "디트로이트는 시카고나 뉴욕에 견줄 만한 역동성, 에너지, 문화, 개발 정신을 자랑한 적이 있다. … 디트로이트는 개인 전화번호를 배정하고, 콘크리트 도로를 깔고, 도시 고속도로를 건설한 첫 번째 도시였다. 1940년대, 50년대, 그리고 60년대에 디트로이트는 그야말로 미국의 위상을 대표했다." Hoffman & Casnocha, *The Start-Up of You*, 13-14. 오늘날 디트로이트는 과거와 같은 지위를 누리지는 않지만, 희망의 이야기 속에서 서서히 재건되는 추세를 보이는 중이다.

14. Michael Wines, "Johannesburg Rises Above Its Apartheid Past," *The New York Times*, http://travel.nytimes.com/2006/07/16/travel/16next.htmlpagewanted=all. (2012년 4월 10일 접속).

15. "Introduction to 1 Thessalonians," *ESV Study Bible* (Wheaton, IL: Crossway, 2007), 2301. 《ESV 스터디 바이블》. 1세기 당시 10만 명은 매우 큰 도시 인구에 해당했다.

16. 리처드 린츠(Richard Lints)는 이 시대의 우상숭배 이야기는 어쩔 수 없이 조합된 또는 '합성된' 이야기라고 주장한다. "이 시대의 합성된 이야기에서 현실은 고정되어 있지 않고 우리 자신의 이미지를 반영하며 만들어진다. 또한 우리의 이미지는 매우 유연하게 바뀌어서 우리의 가장 깊은 갈망을 따라 형성된다. 그리고 그 갈망은 우리가 무엇인가를 선택할 수 있을 때 가장 왕성하게 일어난다." 이런 시대에 교회가 감당해야 할 사명은 그렇게 하나님을 모방하며 자신만의 현실을 만들어 내려고 하는 자들에게 구속사에서 드러난 그분의 이야기를 들려주는 것이다. "성경의 구속 이야기는 … 그 이야기의 구조를 통해 모든 인생을 끊임없이 해석한다." Richard Lints, "The Vinyl Narratives: The Metanarrative of Postmodernity and the Recovery of a Churchly Theology" in *A Confessing Theology for Postmodern Times*, ed. Michael S. Horton (Wheaton, IL: Crossway, 2000), 95, 99.

17. 우상숭배를 간략하지만 탁월하게 설명한 내용으로는 Darrin Patrick, *Church Planter: The Man, The Message, The Mission* (Wheaton, IL: Crossway, 2010)의 12장 '산산이 부서지는 우상'(Idol-Shattering)을 들 수 있다. 대린 패트릭, 《교회 개척자》. 그보다 더 상세한 내용을 확인하려면 Timothy Keller, *Counterfeit Gods: The Empty Promises of Money, Sex, and Power, and the Only Hope That Matters* (New York: Dutton, 2009)와 G. K. Beale, *We Become What We Worship: A Biblical Theology of Idolatry* (Downers Grove, IL: InterVarsity, 2008)를 참고하라. 팀 켈러, 《팀 켈러의 내가 만든 신》과 그레고리 비일, 《예배자인가, 우상숭배자인가?》.

18. Leonardo de Chirico, "Identifying the Idols of the City." 그는 이렇게까지 말한다. "도시에 우상이 어떻게 존재하는지를 인식하려면 주의 깊은 관찰이 필요하다. 즉 완전히 몰입해서 살펴보는 작업이 필요하다. 이 작업은 여러 관점에서 도시의 역사를 검토하는 일을 포함한다. 또한 도시의 지도, 문화의 변천, 지형, 영성, 정치, 예술, 음식, 사회의 정황과 흐름, 인구 통계, 문학, 제도화된 종교, 시민운동 등을 친숙하게 아는 일도 포함한다. 한 마디로 도시의 우상을 파악하기 위해서는 모든 문화 현상에 관심을 가져야만 한다. 왜냐하면 우상숭배는 문화의 전 영역에서 일어나기 때문이다."

19. Andy Sambidge, "Dubai Ranks Top for Luxury Homes in Wealth Index," ArabianBusiness.com, http://www.arabianbusiness.com/dubai-ranks-top-for-luxury-homes-in-wealth-index-18363.html. (2012년 4월 25일 접속).

20. Wikipedia, "List of Tourist Attractions in Dubai," http://en.wikipedia.org/wiki/List_of_tourist_attractions_in_Dubai. (2012년 4월 25일 접속).

21. 이는 2012년 5월 4일에 글로리아 퍼먼이 나(저스틴 버자드)에게 보낸 이메일 내용이다.

22. Keller, *Center Church*, 121.

23. 이는 Glaeser, *Triumph of the City*, 118에 인용된 내용이다.

24. David Cody, "A Brief History of London," *Victorian Web*, http://www.victorianweb.org/history/hist4.html. (2012년 5월 6일 접속).

25. William Kilpatrick, *Why Johnny Can't Tell Right from Wrong* (New York: Simon & Schuster, 1993).

6장 도시 사역의 비전

1. 이 질문과 앞서 언급한 통계는 Alan Hirsch, T*he Forgotten Ways: Reactivating the Missional Church* (Grand Rapids, MI: Baker, 2006), 18에 제시되어 있다. 이 자료의 연구는 거의 Rodney Stark, The Rise of Christianity: How the Obscure, Marginal Jesus Movement Became the Dominant Religious Force in the Western World in a Few Centuries (San Francisco: HarperSanFrancisco, 1997)에 의존하고 있다.

2. Stark, *Cities of God*, 2.

3. Stark, *Cities of God*, 25-26.

4. Al Barth, "A Vision for Our Cities," Q: Ideas for the Common Good, http://www.qideas.org/blog/a-vision-for-our-cities.aspx. (2012년 5월 5일 접속).

5. McKinsey Global Institute, *Urban World: Mapping the Economic Power of Cities*, March 2011.

6. Glaeser, *Triumph of the City*, 1.

7. Matt Carter & Darrin Patrick, *For the City: Proclaiming and Living Out the Gospel* (Grand Rapids, MI: Zondervan, 2010), 24.

8. 이는 더가스펠코얼리션(The Gospel Coalition)의 신앙고백문에서 인용한 내용이다. D. A. Carson & Timothy Keller, eds., *The Gospel as Center: Renewing Our Faith and Reforming Our Ministry Practices* (Wheaton, IL: Crossway, 2012), 276을 참고하라. D. A. 카슨 & 팀 켈러 외, 《복음이 핵심이다》. 카슨의 아티클인 "The Gospel of Jesus Christ (1 Corinthians 15:1-19)"("예수 그리스도의 복음 [고린도전서 15:1-19]")는 이 신앙고백문의 내용을 확장한 설명으로서 *The Spurgeon Fellowship Journal*, http://www.thespurgeonfellowship.

org/Spring08/journal_home.htm에서 읽어 볼 수 있다. 팀 켈러는 사이먼 게더콜(Simon Gathercole)의 3대지 개요를 사용하여 그보다 더 간결하게 복음을 요약한다. "하나님은 예수 그리스도의 인격과 사역을 통해 우리의 구원을 완전히 성취하시는데, 이는 죄에 대한 심판으로부터 우리를 건져 자기 자신과 교제하게 하시는 사건일 뿐 아니라, 우리가 그분과 함께 영원히 새 생명을 누릴 수 있도록 창조 세계를 회복시키는 사건이기도 하다." Timothy Keller, "The Gospel in All Its Forms," *Leadership Journal* (Spring 2008), http://www.christianitytoday.com/le/2008/spring/9.74a.html.

9. 이 부분은 Keller, "The Gospel in All Its Forms"를 참고한 내용이다.

10. Keller, *Center Church*, 28.

11. 개인을 변화시키는 복음에 관한 더 자세한 설명을 위해서는 Justin Buzzard, *Date Your Wife* (Wheaton, IL: Crossway, 2012)의 7장을 참고하라. 저스틴 버자드, 《Date Your Wife》.

12. 이러한 맥락에서 우리는 도시에 있는 많은 교회들이 거짓 복음을 선포한다는 사실을 알게 되었다. 거짓 복음은 "진노하시지 않는 하나님이 죄 없는 인간을 십자가 없는 그리스도를 통해 심판 없는 천국으로 인도하신다"는 메시지를 전달한다. H. Richard Niebuhr, T*he Kingdom of God in America* (Middletown, CT: Wesleyan, 1988), 193.

13. Randy Frazee, *The Connecting Church: Beyond Small Groups to Authentic Community* (Grand Rapids, MI: Zondervan, 2001), 46-47. 랜디 프래지, 《21세기 교회연구: 공동체》.

14. 이는 가든시티교회(Garden City Church)의 핵심 가치관에서 인용한 내용이다. http://www.gardencitysanjose.com/#/about/values를 참고하라.

15. Glaeser, *Triumph of the City*, 269.

16. Tim Keller, *Gospel in Life: Grace Changes Everything* (Grand Rapids, MI: Zondervan, 2010), 69. 팀 켈러, 《팀 켈러의 복음과 삶》.

17. 제자도의 본질에 관한 심층적인 논의는 이 책의 범위를 넘어서는 작업이다. 그에 관한 유익한 자료를 위해서는 Gary Parrett & S. Steve Kang, *Teaching the Faith, Forming the Faithful: A Biblical Vision for Education in the Church* (Downers Grove, IL: InterVarsity, 2009)와 Jonathan Dodson, *Gospel-Centered Discipleship* (Wheaton, IL: Crossway, 2012)을 참고하라. 조나단 도슨, 《복음 중심의 제자도》.

18. Stark, *The Rise of Christianity*, 161-62.

19. 교회가 정의와 긍휼의 사역을 추진할 때 발생되는 여러 복잡한 문제들에 대해서는 이 책의 분량상 다룰 수 없다. 여기서 우리는 제도적 교회가 지닐 수밖에 없는 한계를 존중하면서, 그와 동시에 유기적 교회가 복음에 대한 반응으로 자선을 베푸는 사역에 집중해야 한다는 입장을 지지하고자 한다. 더 자세한 논의를 위해서는 Timothy Keller, *Generous Justice: How God's Grace Makes Us Just* (New York: Dutton, 2010)와 Steve Corbett & Brian Fikkert, *When Helping Hurts: How to Alleviate Poverty without Hurting the Poor … and Yourself* (Chicago: Moody, 2012)를 참고하라. 팀 켈러, 《팀 켈러의 정의란 무엇인가》와 스티브 코벳 & 브라이언 피커트, 《헬프》.

20. Tim Keller, "What Is God's Global Urban Mission?," *The Lausanne Movement* (advance

paper, Lausanne 2010, Cape Town, South Africa, May 18, 2010), http://conversation.lausanne.org/en/conversations/detail/10282#article_page_5.

21. Bakke, *A Theology as Big as the City*, 34.

22. 이와 관련하여 참고할 수 있는 유익한 자료로는 Amy Sherman's *Kingdom Calling* (Downers Grove, IL: InterVarsity, 2011)이 있다. 지금 이 문맥에서 설명하는 사역을 매우 훌륭하게 수행하는 교회가 있다. 바로 텍사스 오스틴에 있는 오스틴스톤커뮤니티교회(Austin Stone Community Church)다. 이 교회는 도시 사역을 확장하기 위해 '포더시티네트워크'(http://forthecity.org)라는 비영리기관을 세웠다. 이 기관은 고아를 돌보고, 이웃 관계를 다시 세우며, 불우한 청소년을 지도하고, 집 없는 노숙자를 지원하는 등 도시를 회복시키는 사역에 개인과 교회와 단체를 연결시키는 사역을 추진하고 있다.

23. Keller, *Center Church*, 291.

24. C. Peter Wagner, *Strategies for Church Growth: Tools for Effective Mission and Evangelism* (Ventura, CA: Regal, 1987), 168-69.

25. 리디머시티투시티(Redeemer City to City)를 참고하라(http://redeemercitytocity.com).

26. 액츠29네트워크(Acts 29 Network)를 참고하라(http://www.acts29network.org).

27. 나(저스틴 버자드)는 다음의 네 가지 네트워크와 파트너십을 맺고 교회를 개척했다. 앞서 언급한 액츠29네트워크 외에 펠로우십어쏘시에이트(Fellowship Associates, http://www.fellowshipassociates.org), 비전360(Vison 360, http://vision360.org), 노컬네트워크(Norcal Network, http://norcalnetwork.org)다.

28. Keller, "What Is God's Global Urban Mission?"

29. "The Letter to Diognetus," Christian Classics Ethereal Library, http://www.ccel.org/ccel/richardson/fathers.x.i.ii.html. (2012년 5월 15일 접속).

30. Augustine, *The City of God: An Abridged Version*, ed. Vernon J. Bourke (New York: Doubleday, 1958), 540-45. 성 아우구스티누스, 《하나님의 도성》.

31. 다른 부가적인 자료와 정보를 더 확인하기 위해서는 두 저자가 각각 운영하는 웹사이트를 방문하라(http://centerforgospelculture.org; http://www.justinbuzzard.net).